天津

天津市档案馆 编

第五辑

档案与历史

天津出版传媒集团

天津人民出版社

图书在版编目（CIP）数据

天津档案与历史 . 第五辑 / 天津市档案馆编 . -- 天
津 : 天津人民出版社，2025.5
ISBN 978-7-201-18261-2

Ⅰ.①天… Ⅱ.①天… Ⅲ.①档案资料－汇编－天津
②天津－地方史－史料 Ⅳ.①G279.272.1②K292.1

中国版本图书馆 CIP 数据核字(2022)第 040421 号

天津档案与历史 第五辑
TIANJIN DANG'AN YU LISHI DI WU JI

出　　版　天津人民出版社
出 版 人　刘锦泉
地　　址　天津市和平区西康路35号康岳大厦
邮政编码　300051
邮购电话　（022）23332469
电子信箱　reader@tjrmcbs.com

策划编辑　韩玉霞
责任编辑　李佩俊
封面设计　卢炀炀

印　　刷　天津新华印务有限公司
经　　销　新华书店
开　　本　710毫米×1000毫米　1/16
印　　张　21
字　　数　310千字
版次印次　2025年5月第1版　2025年5月第1次印刷
定　　价　88.00元

编委会

序 言

李 晶

　　档案是对历史最忠实的记录。不过档案记录的历史深藏于案卷之中,不经开掘,难察其脉络和走势;档案对历史的记录又是庞杂浩繁的,不假批拣,难见其真容和全貌。因此,档案机构有责任通过解读档案,对历史进行书写,让档案中的历史立起来、活起来,呈现在普通民众的眼前。《天津档案与历史》系列文集的编纂,就是出于这样的考虑。

　　《天津档案与历史》是天津市档案馆(天津市地方志编修委员会办公室)工作人员撰写的关于天津历史文化的文章选集,是档案馆(办)天津历史文化研究成果的收获和总结。该系列文集已经出版四辑,收录文章近300篇。

　　此次编辑的第五辑,我们精选了11位作者近年撰写的文章共计73篇,按照内容分为"革命记忆""行业逸闻""南开往事""名人寻踪""皇家印记""市井风情""世海沉浮"七个板块。这些文章将目光聚焦于中华人民共和国成立之前的近代天津,以档案为主要的史料依据,通过一个个鲜活的人物和故事,将那些过往的时代娓娓道来。

　　本书对天津历史的讲述,首先从风起云涌的革命斗争开始。抗战爆发后,以吉鸿昌为代表的中国共产党人在天津坚持抗日。国民党爱国将士喋血抗敌最终无奈撤退后,天津"抗日杀奸团"少年英雄锄奸的枪声,继续鼓舞着国人的爱国情怀。抗战胜利后,在人民的支持下,中国共产党推翻了国民党的腐朽政权,天津终于获得了浴火之后的新生。

　　古老的天津另一种意义上的新生,早在19世纪末就开始了。李鸿章在天津下了一盘洋务大棋,在这块原本保守的土地上炸响一声声惊雷。租界率先引入了电,让天津人看到了近代化的光芒。汽水、洋酒、日化等与百姓生活息息相关的产品,成为天津近代工业的亮点。张伯苓以救国为宗旨,创办南开学校,筚路蓝缕地实践着他的教育思想,并将近代教育的种子播撒到东北和巴蜀大地。在走向近代的道路上,天津甫一起步便一马当先,用物质和精神两方面的创新荡涤着国人旧有的认知和观念。

本书还展示出天津历史上的人文景观、日常生活,描绘出一个有血有肉的天津。古代天津是长芦盐业的中心,盐商、盐官曾经在这里上演兴衰沉浮的故事,有的还因参与天津城的建设而被载入史志。作为京师门户,天津留下了许多皇家印记,包括行宫、皇船坞等皇家建筑,成为天津历史上一道别样的风景。天津还有一些祠庙建筑,虽然没有皇家的气派,却承载着老百姓的寻常日子,比如城隍庙每年举办热闹的庙会,龙王庙供奉着威严的龙王。

从书中我们还会看到旧天津的世态百象:混混儿虽是宵小之徒,却也坚守着自己的"道";冰窖行、车夫、小商贩在社会的最底层挣扎求生,但也被时代的洪流裹挟抛掷。近代天津老风俗仍然在延续,年轻人则已体验着"集团结婚"、夏日冷饮、游泳比赛、冰上娱乐这样摩登的时尚。这就是近代天津将传统与革新相交织的人间烟火。

总之,书中所描绘的天津历史是丰富而鲜活的,因有档案等史料的支撑,又是足够可信和厚重的。希望这本书能够在历史和现实之间、档案和读者之间搭建起一座沟通的桥梁。

书中所用插图除天津市档案馆、天津市河西区档案馆、天津市蓟州区档案馆馆藏档案、照片外,还有一部分选自《重读张伯苓》《图说天津》《近代天津图志》《邮筒里的老天津》《清宫塘沽秘档图典·长芦盐务卷》《中华百年看天津》《雍正朝汉文朱批奏折汇编》《康熙朝汉文朱批奏折汇编》等书籍,在此一并表示感谢。

目 录

革命记忆

行业逸闻

南开注事

名人寻踪

皇家印记

市井风情

世海沉浮

革命记忆

天津电话局职工"抗交"斗争

在电视剧《借枪》中，有这样一个情节：在天津电话局工作的裴艳玲拿着点心去看望因"抗交"而被日本人抓走的同事家属。它取材于抗战初期一段真实的历史：天津沦陷后，为抵制日本侵略者的强行接收，中国共产党领导电话局职工进行了历时三年的"抗交"斗争。电视剧的情节跌宕起伏，而真实的历史远比戏说精彩。天津市档案馆馆藏的档案讲述了这段"抗交"往事。

据档案记载，1936年春，中共党员朱其文受党组织委派打入天津电话局开展工运和情报工作。在天津电话局工作期间，朱其文化名"朱子饰"，充分利用其担任职工教育班主任的职务便利，依靠职工教育阵地开展活动。据他回忆："因为当时电话局的职工待遇较高，都有一定的文化基础，党让我在职工中建立据点，我就通过公开的活动搞进步话剧团，还有时搞一些座谈，从职工的业务入手，逐渐联系政治。"在教育职工方面，朱其文积极联络党组织，选派人员担任职工教师，宣传进步思想。他还借负责招考话务员工作的机会，请党组织派同志来参加考

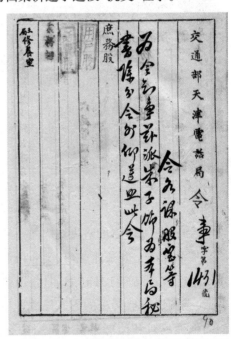

1936年9月1日，天津电话局局长张子奇签署朱子饰（朱其文）任秘书的函及手书便笺（天津市档案馆藏）

3

试,借此招收了一些中共党员进入电话局工作。不久,在中共天津党组织领导下,电话局党支部建立起来。在此基础上,朱其文通过工作逐渐在职工中团结了一批抗日积极分子及上层爱国人士,为"抗交"斗争奠定了基础。

天津沦陷后,日方企图强行接管电话局,以实现其控制天津电讯业的目的。租界以外的各电话分局均被日军接管。因电话三局(也称南局)、四局(也称东局)均地处租界,仍独立存在,成为日伪控制天津电讯业的一大障碍。当时电话局广大职工抗日爱国热情十分高涨,局长张子奇(国民党员)是中共河北省委领导下的华北人民抗日自卫委员会成员,抗日态度坚决。租界当局既不敢公开抗拒日军,亦不愿让日军控制租界电话局。在中共天津党组织的直接领导下,电话局的"抗交"斗争很快发展起来。

天津电话局"抗交"斗争旧址(原和平区烟台道电话局)

为发动和组织电话局职工开展"抗交"斗争,中共天津党组织创办了以中共党员为核心的电话工人救国会,以救国会名义开展工作,就"抗交"问题与广大职工谈心沟通,消除他们心中的顾虑。为鼓舞职工们的斗志,朱其文还曾先后六次在职工大会上讲话,积极动员进步分子带头"抗交"。在中共天津党组织的种种努力之下,电话局全局职工一致表示"绝不把电话局交给日本侵略者",并得到电话局局长张子奇的坚决支持。

日军几经交涉未能如愿,又企图利用伪政权来达到其接收目的。在僵持半年之后的1938年1月17日,日伪市长潘毓桂来到电话局并要召集全局职工训话,企图以突然袭击的方式压服职工造成接管的既成事实,结果遭到职工们的强烈反对和愤怒谴责,潘毓桂只好作罢。随后,日军又采取破坏线路设施、迫害电话局职工、封锁租界及切断三局、四局联系等手段,企图破坏"抗交"斗争,并迫使租界当局就范。面对日伪当局的威胁恐吓,电话局职工没有屈服。3月16日,电话局召开全局职工大会,揭露敌人的阴谋,决心斗争到底。

在"抗交"斗争中,爱国知识分子、总工程师朱彭寿表现了坚贞不屈的民族气节。由于他掌管全局的技术工作,日伪当局曾多次对其威逼利诱,许以高官厚禄,要他交出电话局机线图,都被朱彭寿严厉拒绝。1938年4月,日本宪兵队化装潜入英租界,在墙子河桥头(今南京路与成都道交口)将朱彭寿绑架。朱彭寿面对严刑拷打毫不动摇,最后在狱中英勇殉国。

为避免引起日方注意,朱其文始终以电话局普通职工的身份开展革命活动,不与电话局党支部建立联系。随着斗争逐渐深入,朱其文面临的形势愈加严峻。为此,他搬进局内居住,外出时一手拿着哨子,一手摸着裤兜里的手枪。

1939年9月,英、法、意当局迫于压力,将电话管理权移交日伪当局。鉴于激发民众抗日热情、坚定御敌信心的斗争目的已经达到,根据党的指示,长达三年多的"抗交"斗争结束。电话局职工拒绝交出电话局控制权和电话通信主权的"抗交"斗争,得到了社会各界的大力支持,直接给日伪当局及其电讯事

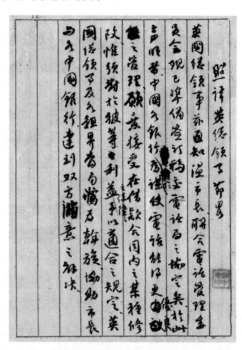

1940年,英国驻津领事为移交签订天津电话局协议问题给伪市长的函(中译本)(天津市档案馆藏)

业以沉重打击,在天津人民抗日斗争史上留下了光辉的一页。《新华日报》曾连续报道了这一斗争的情况,在社会上引起了广泛而深刻的影响。

（于　森）

蓟县人民支援抗战的故事

在盘山抗日根据地流传着这样一句话："盘山打仗靠三多：石多，洞多，干妈多。"朴素的语言，道出了盘山人民与中国共产党和人民子弟兵的血肉联系。

天然庇护所

1944年12月5日，蓟遵兴联合县政府关于发动各村扫雪以利部队转移的通知（天津市蓟州区档案馆藏）

1943年至1944年间，日军对抗日根据地先后发动五次"强化治安运动"，实施"烬灭作战"，推行"三光"政策，在蓟县一带制造无人区。为保存实力，配合抗日活动的开展，蓟遵兴（蓟县、遵化、兴隆，下同）联合县县长贺年率领县政府机关转移到山区，办公地点就选在了蓟县下营镇道古峪村村南崖壁上的一处天然石洞里。这个石洞有上、下两个洞口，上边洞口通到山顶，下边的洞口在石崖上。这里既是贺年的办公室又是居住地，抗战期间蓟遵兴联合县的多条政令，就是从这里发出的。

1944年12月5日，天降大雪，贺年给各村紧急布置了这样的一个任务："于降雪之后将各村与村之间大小道路扫净以利行军。"由于担心部队转移信息被泄露出去，为保障部队的安全，他特地交代村民："不要暴露为军队扫雪,而是各村之清洁工作。"

冰凉洞里的民兵班

在蓟州盘山九华峰下冰凉峪深处,有一个冰凉洞,这里曾庇护盘山民兵班的10位战士躲过敌人的扫荡。1942年,日本侵略者调集大批兵力疯狂扫荡盘山,将这里划为无人区。联合村村民丁福顺等10个民兵组成盘山民兵班,配合八路军游击队坚守盘山。他们以钢铁般的意志,打退了敌人的一次次进攻。

1942年冬天,一场大雪降临,敌人趁机搜山,民兵们每人带了三斤炒米和几块冰,转移到盘山冰凉洞里,与敌人巧妙周旋。因为冰凉洞里环境狭窄,民兵只能躺卧而不能坐立,就这样,他们在洞里坚持了七天七夜,直到大雪融化。

1945年5月,冀热辽军区第十四军分区在平谷县刘家河召开抗日群英表彰大会,盘山民兵班全体战士被授予"民兵英雄"的光荣称号。图为盘山民兵班全体战士合影

"八路军妈妈"

杨妈妈和她救护过的八路军小战士

在蓟县砖瓦窑村，有一位杨妈妈，当地的八路军战士亲切地称呼她"八路军妈妈"。抗战期间，不知有多少八路军战士在杨妈妈机智的掩护下脱险，又有多少伤病员在她的精心救治下痊愈。一次，一位八路军战士为躲避敌人追捕，跑进杨妈妈家里。杨妈妈一面拉过被子盖住来不及换下军装的战士，让他假扮成自己病重的儿子；一面挖出烟袋锅中的烟油抹在眼上，热辣的烟油瞬时令她泪如雨下。这时，敌人闯了进来，杨妈妈"哭"着说："老总们，可别进来啊！我儿子快不行了……老总们看着丧气。"敌人看到杨妈妈一把鼻涕一把泪，怕是什么传染病，连忙捂着鼻子离开了。

冒死"认夫"

在蓟县下营镇道古峪村，有一位为掩护地下党员挺身而出的姑娘王蕴芳，她冒死"认夫"的故事至今为人传扬。1942年3月，300多个日伪军在道古峪村"扫荡"，他们将全村100多名男女老少赶到山下河边，逼着村民指认家人，凡无人指认者，皆视为八路军。在危急情况下，眼看一名叫王崇的地下党员无人指认，18岁的村民王蕴

王蕴芳和丈夫王崇

芳看在眼里,急在心头。她立即跑回家,拿起剪刀剪掉了未成家少女都会留的长辫子,梳扮成已婚妇女的模样,冲回敌人的包围圈,对王崑说:"回家吧。"王崑随即心领神会,随王蕴芳安全离开。后来,王蕴芳决定追随王崑走上革命道路,二人真的结成了伉俪,成为当地的一段佳话。

蓟县等地的人民群众还经常为八路军带路,不辞劳苦地为八路军和游击队运送军粮,救护伤病员。盘山抗日根据地的妇女也纷纷组织起来,纺纱织布,支援前线。青壮年积极参军参战,上阵杀敌。人民群众对党领导的抗日武装的鼎力支持,为抗日战争的最终胜利奠定了坚实的基础。

支援抗战,蓟县青壮年踊跃报名参军,壮大了党领导下的抗日武装力量。这张照片记录了母送子、妻送夫上前线的动人场面

（于 森）

抗日爱国将领吉鸿昌的故事

1931年9月,著名抗日爱国将领吉鸿昌因反对国民党进攻中国工农红军,被蒋介石撤销军职。为笼络人心,蒋介石同意吉鸿昌出国考察。目睹连年内战、民生凋敝的吉鸿昌把出洋考察视为探索民族出路的良机:"多年的夙愿,以及积久横梗在胸中的烦闷与矛盾,均行解决。单就我个人说,不能不说是一件幸事了。"

然而就在他从上海启程前夕,震惊中外的九一八事变爆发了。内忧外患的国内局势令吉鸿昌痛心疾首,他深知国家民族已经到了生死存亡的紧要关头。对于当时的感受,他在书中这样写道:"讵日帝国主义者进兵南满,攻陷沈阳之不幸消息,亦竟于同晚到达沪滨。噩耗飞来,发指眦裂……此正吾全国同胞下动员令,以与彼獠作殊死战,以为我国家争人格,为我民族争生存……"

在吉鸿昌心中,抗日救国是军人的天职,虽然枪杆子被夺走了,但"我还有嘴,还有舌头"。因而在环球考察中,吉鸿昌在学习欧美先进文化及城市建设发展经验的同时,致力于宣传爱国思想,揭露国民党政府"不抵抗"政策,唤醒广大侨胞支援抗日,沿途播撒爱国抗战的种子。

1931年10月6日,吉鸿昌一行到达美国,接受了美国联合通讯社记者的采访,在被问及如何看待国内时政时,他答道:"敝国有一成语,'兄弟阋于墙,外御其侮'。现在大难当头,全中华民族皆觉悟,唯有联合方能图存。"他强烈谴责了军阀混战的罪行,号召全国人民和海外侨胞各抛私见,团结起来共同抗日。

1931年11月1日,吉鸿昌到达纽约后,看到"自沈变以来,国内学生激昂既如彼,而海外侨胞之热心又如此,则知我中华民族并非颓唐暴弃之亡国之民"。他敦促政府当局重视民众抗日救亡的热情，"以与日本帝国主义作一殊死战"。当世界电报社记者问他，中国将来有何方法驱逐日本侵略者时，他毫不犹豫地明确回答："中国人民的热血，现在因日本帝国主义火焰之燃烧，已滚腾到沸点以上，将来一时与日宣战，不难一举而征集数百万义勇军。我国有形之军器，虽较劣于日本，然就无形之军器，即所谓士气

1931年，吉鸿昌在英国

与民气者而言，却优于日本百倍，则知我国终必能胜日本也。"吉鸿昌的抗战决心，由此寥寥数语即跃然纸上。

吉鸿昌在访问沿途作了大量的演讲，激起了广大侨胞的爱国热情。在古巴首都哈瓦那数千名侨胞的集会上，吉鸿昌发表了慷慨激昂的抗日演说："日本侵略中国，早现决心。惜国人醉生梦死，埋首内争，致元气亏伤，授敌以镖。故今日之事，人民不负任何责任。亡国家者，实为少数之军阀官僚耳。"他告诫全国人民，中国是中国人民的中国，并不是少数官僚的中国，指出："当此千钧一发之际，做人与做牛马，间不容发。望及早团结，用热血拥护祖国。"

他的爱国讲演激起了广大侨胞的民族义愤和爱国热情，很多听众当场流下眼泪。许多青年即席发

1932年，吉鸿昌归国后摄于天津

11

言,支持吉鸿昌回国后组建部队抗日,誓作他的后盾,与敌人决一死战。有一个姓魏的青年,听罢吉鸿昌的演讲,把正在经营的商店变卖掉,筹集资金,立即回国抗战。有的侨胞发起了抗日救国的捐献运动,还有的集资发行抗日救国特刊等。各国华侨愿为抗日尽力的爱国热情,给吉鸿昌留下了深刻的印象,使他受到了很大的鼓舞。

在旅居海外的日子里,吉鸿昌的心情没有一天是闲适平静的,海外侨胞的热望和信托,日军的步步紧逼,使他再也无法在国外继续考察下去。因而当1932年"一·二八"事变的消息传来,吉鸿昌未经蒋介石的许可,立即启程回国。

归国后,吉鸿昌起兵抗日的决心愈加坚定,不久即秘密加入中国共产党,由一个爱国的旧军人转变为真正的共产主义者。1932年5月,吉鸿昌将出国考察的游记编辑整理成《环球视察记》一书,并由北平东方学社出版。出版后,因书中内容针砭时弊,以真实见闻宣传了爱国抗日的理念,唤起了人们奋起救国的热忱,故不久即被抢购一空。不少进步青年读者在吉鸿昌爱国之情的感召下,走上了抗日救亡的革命道路。

1933年5月,吉鸿昌检阅察哈尔民众抗日同盟军时发表演讲

1933年5月,吉鸿昌任察哈尔民众抗日同盟军第二军军长兼北路前敌总指挥,率部抗击日本侵略军,一举收复塞外要地多伦。同年10月,抗日同盟军在日军和国民党军队的夹击下失败,吉鸿昌到北平、天津继续从事抗日活动。

吉鸿昌在天津花园路的住宅,因外墙为红色,故被称为"红楼"。在这里,他参与组织中国人民反法西斯大同盟,宣传抗日思想,积极联络各地武装力量,准备重新组织抗日武装。为适应地下工作需要,吉鸿昌将房屋进行了改造,把二楼客厅原有的3个门改为7个门,楼内门门相通、间间相连,并在每层都设小间密室,便于紧急时隐蔽及疏散。三楼作为地下党的秘密印刷室,印刷党内文件及刊物《民族战旗》。

因公开组织抗日爱国活动,吉鸿昌的举动彻底惹恼了蒋介石。1934年11

月9日,吉鸿昌在天津国民饭店被国民党军统特务暗杀受伤,遭法国工部局逮捕,后被引渡至国民政府军事委员会北平分会。1934年11月24日,吉鸿昌被蒋介石下令枪杀于北平陆军监狱,就义时,年仅39岁。

"恨不抗日死,留作今日羞。国破尚如此,我何惜此头。"这是吉鸿昌在就义前留给世人的绝笔。斯人已逝,但其崇高的爱国主义精神和坚定不移的革命意志永存。

（于　淼）

奥地利"白求恩"傅莱的津门往事

抗日战争期间,加拿大著名胸外科医生白求恩不远万里来到中国,为帮助中国人民抗击日本侵略者献出了自己宝贵的生命。无独有偶,在那段烽火连天的抗战岁月,远道而来援助中国人民的,还有奥地利医生傅莱。这位1944年加入中国共产党、1953年加入中国国籍的医者,以其毕生的精力、全部的热忱和对中国共产党的无比赤诚,为中国人民的解放事业和新中国的医疗卫生事业默默耕耘了60多个春秋。他在那坎坷而光辉的生命历程中,曾以医生身份为抗日战争和天津解放作出了杰出贡献,与津城结下了一段不解的情缘。

不惧危险,为抗日根据地运送药品

20世纪40年代傅莱(左)在天津德美医院与院长伯瑞尔夫妇合影(天津市河西区档案馆藏)

傅莱(1920—2004),原名理查德·施泰因,生于奥地利维也纳一个普通职员家庭,早年间他就十分同情工人阶级,参加过维也纳工人斗争和奥地利共产党组织的活动,并在斗争中初步接受了马克思主义。同时,他还参加了医学训练班,接受临床化验、使用X光机和急救防疫等医务训练。1937年,他加入奥地利共产党。1938年底,为逃避纳粹的追捕,不满20岁的傅莱离开维也纳前往中国。1939年3月,傅莱在别人的介绍下来到天津德美医院化验室工作。

德美医院建于1925年,医院的设计建造者是著名建筑师、奥地利人罗尔夫·盖苓,当时的院长是奥地利医生莱奥·伯瑞尔。傅莱初到天津栖身德美医院,一面从事抗日医疗救援,一面为中共地下组织提供必要的帮助。在天津工作的近两年时间里,傅莱利用他外籍人士的身份和行医的便利,在日军的严密监控下,冒着生命危险,为晋察冀抗日根据地、平西抗日根据地采购和协助运送了大量急需的药品。

　　1940年8月,八路军发动百团大战,战况异常激烈,伤员不断增加,急需大量奎宁、消炎粉和红药水。日军为了防止药品进入平西抗日根据地,加紧了对天津外运物资的检查和封锁。傅莱此时正有一批药品亟待运往平西抗日根据地,面对日军的封锁,一时无计可施,心急如焚。当他得知德租界有个商人要把一批化妆品运到北平时,很快与那个德商取得联系,称自己也有一批物资要运到北平,希望能与他们的物资同行。获得同意后,傅莱和他的两个助手对药品进行了严密的包装,并通知中共北平地下组织派人接站。由于日本与德国同属轴心国,因此日军对这批物资没有严格检查。就这样,在傅莱的安排下,药品顺利通过道道关卡,安全地运抵平西抗日根据地,有力地支援了百团大战。为此,傅莱受到晋察冀军区司令员聂荣臻的高度赞扬。

故居洋楼,见证其与津城不解情缘

　　如今,在天津市和平区云南路48号(即当年天津英租界登百敦道262号),有一幢建于20世纪20年代的小洋楼。尽管楼体砖瓦的缝隙里处处透出岁月的余韵,但那高高的老虎窗依然如志士的炯目,执着地寻找红星照耀的地方。这里,就是傅莱当年在天津的居所。

　　初到沦陷中的天津,一心想要参加八路军的傅莱只能秘密寻找。有一次,他听说冀东有八路军活动,就迫不及待地跑到北戴河,不顾危险,只身一人进山寻找。他人生地不熟,在山里乱闯,不料碰上了日军。幸好他隐蔽得及时,没有被发现,这才得以平安返回住所。

　　1940年,傅莱结识了在河北保定基督教青年会任职的进步人士美国人哈本德。哈本德帮助他与中共北平地下组织取得了联系,他终于找到了中国共

1941年傅莱在天津（天津市河西区档案馆藏）

产党！在那一刻，只有登百敦道262号的这栋小洋楼秘密承载了傅莱的狂喜，他形容当时的心情"像黑暗中看到了曙光，像孤儿回到了母亲的怀抱"。此后，在这幢洋楼里，他为抗日根据地一次又一次地秘密采购药品，一次又一次地策划运输路线。这里不仅见证了傅莱对抗日根据地的特殊贡献，也成为他投身中国人民抗日战争的起点。

后来，傅莱接到通知，中共北平地下组织会派一位交通员来接应他，带他从西山妙峰山去平西抗日根据地。傅莱立刻简单地收拾了行李，并将其余物品交给他的厨师保管。那时，天气已经转凉，傅莱只穿着一件皮夹克就离开了家，义无反顾地走上中国革命道路。

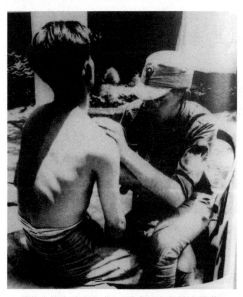

傅莱为战士诊疗伤病（天津市河西区档案馆藏）

抗日战争胜利后，傅莱又带着X光机等医疗设备，参加了解放大同、太原、张家口、石家庄和天津等城市的战役。在解放天津的战役中，傅莱作为华北军区卫生顾问，亲临前线组织伤员救护工作。为确保伤员能够得到及时救治，他根据天津战役的规模、参战的兵力和特点，及时提出组建多个野战医院的提议。在他的积极努力下，天津周围很快建立起10余个野战医院，同时，他还就手术治疗、药品供应和防敌偷袭等问题进行了周密细致的部署,为顺利解放天津作出了重要贡献。

自1949年新中国成立到2004年傅莱去世前,他因工作和访友多次来到这座让他难以忘怀的城市,他对天津始终抱有一种特殊的感情。而天津人民也从未忘记这位来自欧洲,曾为天津地区的抗日战争、解放战争和社会主义建设作出贡献的国际主义战士。

（张　石）

李文田与天津保卫战

七七事变后，日本从中国东北调集兵力运往平津地区。图为日军乘卡车通过万国桥（现解放桥），经法租界开往海光寺日本兵营

1937年卢沟桥事变后，日军紧急向华北地区大批增兵，做好了向北平和天津发动大规模进攻的准备。7月12日，日军强行占领天津总站（现北站）、东站，紧接着又出兵占领东局子飞机场和西站等军事、交通要道，天津局势危如累卵。

7月26日，日本华北驻屯军司令官香月清司向国民革命军第二十九军发出最后通牒，要求第二十九军退出平津地区。27日，第二十九军军长宋哲元在北平发表声明，拒绝日军要求，并通电所属各部队自卫守土。同日，日军向北平守军发动大举进攻，驻津日军也宣布进入战争状态。

7月27日，天气闷热，一种焦躁不安的气息弥漫在天津的大街小巷。在河北区北安道20号的一座二层小楼里，一场秘密会议正在进行：在广大官兵的强烈要求下，当时负责天津地区军事的国民革命军第二十九军三十八师副师长、天津市警察局局长李文田召集军警委员会议，在意租界的家中秘密部署主动出击日军的方案。这场会议史称"七人会议"。会议作出了突袭日军、选任总指挥、部署参战兵力及发布抗日通电等四条决定。

据档案记载，由李文田等人合拟的抗日通电发布于1937年7月29日晨6

时,电文称:"自芦案发生,日本无端分别袭击我平郊各处外,并于今晨,复强占我特四分局,分别袭击各处。我方为国家民族图生存,当即分别应战,誓与津市共存亡,喋血抗战,义无反顾……"在日军兵临城下之时,这封自天津发出的电报言辞恳切、字字铿锵,体现了李文田等爱国官兵誓死抗战的决心。

7月29日晨2时,在李文田的指挥下,部队分三路同时出击:一路袭击敌海光寺兵营,直捣驻屯军司令部;一路袭击日军东局子飞机场,打击空中力量;一路袭击已被日军占领的天津东站和北站,控制铁路线,阻止敌人增兵。驻守天津的国民革命军第二十九军第三十八师和天津保安队,在中国共产党抗日民族统一战线政策的感召和天津人民的倾力支援下,同凶残的侵略者进行了惊心动魄的血战,打响了保卫天津的战斗。

1937年7月29日,天津《益世报》刊登的李文田部通电抗战的消息及战况

战斗开始后,李文田将总指挥部设在了西南哨门,与天津保安司令刘家鸾、第一一二旅旅长李致远等随时听取战况报告。战事开始进展顺利。经过激烈战斗,天津守军先后夺回被日军占领的天津东站、天津总站(现北站)和北宁铁路总局。拂晓,天津守军攻进东局子机场,并烧毁了十几架日机;日租界的敌人被三面包围;海光寺日本兵营的日军龟缩在工事内等待援救。

在天津市区坚守的抗日爱国官兵

东局子飞机场是日军在华北的主要机场,负责攻占机场的是独立第二十六旅朱春芳团第一营和保安队第二中队。据记载,在夜幕掩护下,官兵们跑步冲进机场内部,但由于跑步出汗和天气潮湿,其随身携带的火柴大多划不着,只有一架日军飞机被引燃。这时其他飞机要起飞,情急之下,官兵们有的用手枪打、用手榴弹炸;有的干脆脱下衣服引火;有的不顾烫伤,用手撕下燃烧着的飞机碎片去引烧其他飞机。一时间,机场火光四起,十几架飞机被烧毁。这场战斗给予日本驻津空军以沉重打击,一度削弱了日本空军对华北地区的轰炸力度。

驻津守军主动发起攻击,消灭日军的胜利消息,极大振奋了天津爱国民众的信心。29日,在中共天津各级党组织的动员号召下,广大工人、学生和市民纷纷慰问爱国将士。全市所有的车辆,不分公私,几乎全部出动,帮助第三十八师运送弹药和部队,就连租界的华人巡捕也主动拉开路口的拒马(路障),让车辆顺利通过。海光寺附近商店的主人,主动把自己店铺的铁门卸下来,运往前沿阵地用以构筑防御工事。天津民众强烈的爱国热情,使第三十八师官兵深受鼓舞,一些官兵在战斗中受了伤也不肯下战场,表示一定要同侵略者血战到底。

从英租界拍摄的天津东站被日军飞机轰炸后的场景

战斗打响前,李文田便深知兵力不足,因而他发出抗日通电,除了宣告驻津官兵的抗战决心之外,也在向国民党军政当局寻求增援。通电的最后说"敬祈我各长官、各父老,迅予援助,共歼彼虏"。然而与敌激战了15个小时的官兵们最终没有等到援军的到来,等到的却是日军的大批增兵。29日下午2时起,数十架日机对天津东站、天津总站(现北站)、市政府、电话局、邮电总局以及南开大学等地施行狂轰滥炸。傍晚,大批日本援军从北平等地陆续赶来。无奈之下,第三十八师和天津保安队的官兵含泪撤出天津市区,转赴静海一带作战。7月30日,天津沦陷。

在攻占天津的过程中,日军先后出动数十架轰炸机参战,对市区多地进行轮番轰炸,轰炸和炮击炸死、炸伤大量平民,许多建筑倒塌,天津人民的生命财产遭受严重损失。南开大学的秀山堂、木斋图书馆等精美建筑荡然无存。北宁铁路总局、国民党天津市政府被炸成一片废墟。南开中学、造币厂、稻香村等10余处学校和企业到处是断壁残垣,弹痕累累。日军还纵火焚烧东站附近民房,不及逃避的居民死伤惨重。大经路(现中山路)到北站三四百米内临街的商店全部被毁。全市被毁房屋2500余间,被炮火摧毁的工厂、企业53家,财产损失超过2000万元。据粗略统计,仅抗日官兵阵亡者就达2000多人,市民伤亡更是无法统计,无家可归的难民达10万人以上。

天津保卫战虽因敌强我弱而以失败告终,却激发了天津军民同仇敌忾抗击日本侵略者的斗志和勇气,展示了中国人民不可征服的坚定信念和决心。

(于　淼)

抗日杀奸团锄奸记

1939年4月9日下午，天津大光明电影院放映厅内正在播放电影，突然枪声响起，一男子应声中弹，当场毙命。

《大公报（重庆版）》刊载的"津除一巨奸，程逆锡庚死于影院"文章

经现场查验，被刺者是日伪天津海关监督兼伪联合准备银行天津分行经理程锡庚，他在华北地区推行伪"联银券"，并对拒不执行的爱国实业家、金融界人士进行疯狂弹压，极尽汉奸走狗之能事。之后，《大公报（重庆版）》以"津除一巨奸，程逆锡庚死于影院"为题对此事进行了报道。

在20世纪30年代末的天津街头，汉奸被刺事并不鲜见。1938年秋，推行奴化教育的日伪教育局局长陶尚铭在车中被手枪击中，打瞎一只眼睛。1938年12月27日，参加日伪天津市地方治安维持会，兼任天津物资对策委员会委员长、伪商会会长的王竹林，在法租界丰泽园饭庄门前连中三枪，当场毙命。

接连的刺杀行动，让饱受日伪政府压迫的津门百姓及各界爱国人士拍手称快，而敌伪汉奸人人自危，闻风丧胆。那么这一连串刺杀的幕后执行者到底是谁呢？

1939年4月13日，日伪天津市警察局局长郑遹济给日伪天津特别市市长温世珍的呈文，详细陈述了程锡庚遇刺的经过：

查英租界朱家胡同河沿大光明电影院，于本月九日下午七时二十分，有一身着咖啡色西装少年，年约二十余岁，身体瘦小，至该院柜房，声称打玻璃版找人，旋在玻璃书"程经理外找"五字，将字映放后，未见有人出来，该少年即行上楼进入，至八时三十五分，于幕上映片紧张之间，楼上忽闻枪声，观客紊乱，夺门而逃，后经英工部局捕探赶到，方悉中国联合准备银行天津分行长程锡庚被击身死。

根据呈文中对此次案件的描述可以得知，"刺客"是一位少年，"身着咖啡色西装，身体瘦小"。

这样看来并不能确定"连环刺杀案件"的幕后"杀手"，那么结合陶尚铭的遇刺案件，在1938年11月8日日伪天津特别市公署警察局局长周思靖给日伪天津特别市市长潘毓桂的呈文中，可以找到这样的线索："（陶尚铭夫妇）正在叫开车之刘师傅时，突由南墙角来两骑车青年，均穿蓝色大褂，年纪二十余岁，持手枪向汽车击发数枪，致陶厅长左目上部击有微伤，同时陶太太头部亦有血渍。"由此可判定"杀手"不止一人，且都很年轻。

还有这样一个细节，在刺杀程锡庚的案件中，据郑遹济给温世珍的呈文所述："事后英工部局派警探临场检查，并拾得行凶手枪，系新式黑色六轮手枪，木把崭新，一若第一次使

1939年4月13日，日伪天津市警察局局长郑遹济给日伪天津特别市市长温世珍的呈文（部分）（天津市档案馆藏）

用者，其木把上亦无汗液泥垢，于此可推测，此案当非私人仇恨，想系有组织之党共暗杀机构派遣党徒所为。"

在当时，天津的确有这样一个年轻人自发组成的组织，他们是由耀华学校、南开中学等校爱国学生组成的抗日杀奸团（以下简称"抗团"），抗团的宗旨是开展抗日宣传、破坏日军军事设施和刺杀汉奸等，成员一度发展到近百人。活动的重心在天津英、法租界，活动一直持续到抗战胜利。上文提到的连环刺杀案件正是他们所为。这些爱国热血青年有：

祝宗梁

祝宗梁（1920—2020），抗团主要成员及后期负责人之一。1939年与抗团成员袁汉俊、孙惠书、冯健美等人成功刺杀了日伪海关监督兼伪联合准备银行天津分行经理程锡庚。策划参与多次对日伪汉奸的刺杀行动，他就是档案中那个"身着咖啡色西装"的少年。

当时警方对于刺杀所使用手枪的分析是正确的，祝宗梁使用的的确是一把新手枪，但这并不是他第一次开枪，祝宗梁第一次开枪正是四个月之前刺杀王竹林。至于他的枪法为何如此精准，还要归功于行动之前，在抗团成员孙若愚的掩护下，祝宗梁差不多每天都在利华大楼楼顶平台等处用一个手枪型的气枪练习瞄准，苦学射击。

李如鹏（1917—1940），天津汉沽人，抗团成员，南开中学1937届学生。在校时他积极投身抗日救亡运动，是南开中学"一二·九"学生运动的骨干。1939年9月，李如鹏不幸被日军逮捕，在狱中受尽酷刑却坚贞不屈。1940年6月，惨遭日军杀害，年仅23岁。

袁汉俊（1917—1943），抗团创始人之一。抗战期间，曾策划火烧日军粮库及棉花栈，炸毁日军收买的光陆电影院和日军设的公共汽车，刺杀程锡庚和王竹林等大汉奸，从而引起日伪当局的注意。1943年袁

李如鹏

汉俊不幸被捕牺牲,年仅26岁。

沈栋(1915—?),天津人,抗团创始人之一。曾就读于南开中学,后进入耀华特班学习。1938年,因在住处被查到枪支,承认从事抗日活动,被天津英租界工部局逮捕。被关押一年后,越狱逃跑。

刘永康(1923—2018),抗团成员。曾就读于南开中学。1938年初经耀华学友介绍,参加抗团。曾参与刺杀伪北平工务局局长舒壮怀、伪北平教育督办方宗鳌等活动,后被捕入狱,在狱中受尽酷刑,但毫不动摇,直至日本投降后获释。

袁汉俊　　　　　　沈　栋　　　　　　刘永康

马桂官(1923—2018),抗团成员。曾就读于南开中学,后进入耀华特班学习。系著名教育家马千里之子、张伯苓之甥。抗团早期成员之一。

孙惠书,抗团成员,1923年9月14日出生在河北雄县。父亲是被称为"抗日名将"的孙连仲。1939年曾随兄孙湘德参与刺杀程锡庚。

因抗团成员人数较多,受篇幅限制,无法一一介绍。

马桂官和妻子的合影　　　　孙惠书

祝宗梁本人对刺杀程锡庚的经过回忆道：

(刺杀)当天，我在楼上发现一个人像程锡庚，但不能肯定，因为谁也没见过他。时间仓促，跟着电影又开演了。程锡庚他们一家坐在楼上中间第四、五排，一个女孩坐在最外边，程逆在最里面。中间是他的妻子带了两个男孩，一边一个。我不知他还有男孩，但这女孩正像读初中的年纪。我向刘友深说：把他引出来再打他。于是我就到放映室去写了个寻人广告。上写"程经理外找"。等我回来时，刘友深说，看见广告，他(程锡庚)就要站起来，但被他妻子用手一按又坐下了。这动作，我们肯定他就是程逆无疑。我让刘友深在门口等我，我从另一个方向走到程逆的后面一排，再往里面些就坐在距程逆两米左右。我坐下先看电影，一方面让我心静下来。后来电影里枪声大作，我立刻拿出枪对准程的脑袋，不到一尺远，连开四枪。影院的秩序立刻乱了。我旁边的几位观众，特别为我让路，叫我先走。

天津抗日杀奸团成员在天津金汤桥上悬挂的"打倒日本帝国主义"的巨型标语

第二天，报纸整版都是关于这件事的报道。祝宗梁没有请假，仍然像往日一样去上课，而他的语文老师王则民没讲新课，就把从报纸上看到的刺杀讲给大家听。祝宗梁端坐座位，窃喜老师并不知道做出此举之人就在眼前，祝宗梁沉浸在胜利的兴奋与喜悦之中。

(于　森)

赵天麟与耀华学校"特班"

七七事变后,在日军的轮番轰炸下,南开大学、南开中学等学校损失惨重,多数师生南迁,不便南下的师生面临失业失学困境。为安置失学的学生和失业的教师,耀华学校校长赵天麟克服重重阻力,于1937年9月在耀华学校中学部开设特班,招收失学学生。

在英租界工部局《1937年报告》"耀华学校"一章中,有这样的叙述:"本年7月天津事变以来,英租界居民激增,而学生之失学者尤众。本校原为英租界住户及纳税人子弟而设,乃于9月之初筹备组织特班,10日之内延聘教师、甄别学生、布置设备,煞费经营,始于9月20日开学。授课时间自下午3时30分至6时50

耀华学校校长赵天麟

分,并于星期六下午及星期日上午照常上课。"非常时期特殊的教学安排得到了师生们的支持,为了配合特班的教学时间,教师们早晨7点半就到校备课,至晚上7点才毕课离开。学生们十分珍惜来之不易的学习机会,很快地适应了新的学习生活。

日本侵略者为加强对民众的思想控制,责令日伪天津市治安维持会首先对中小学历史、语文、地理等课本进行删改。1937年11月1日,日伪天津市治安维持会教育局通令各小学高年级每周必须添授日语课,极力强化日语教育,之后又对中小学教科书实行严格检查,并下令学校升日本国旗。为应对日伪政府企图吞噬中华文化的奴化教育,1937年12月12日,赵天麟邀集租界区教育界50多名校长和教师召开秘密会议,在会上发表讲话:"现在国难当头,我们勿忍视倭奴侵占华北领土,况我教育界为四万万同胞之先导,我等均为高尚知识分子,更应速醒,宣传抗日工作,爱国抗日到底,不应坐视倭奴以我华人当犬马及亡国奴。"会议作出三项决议:一、各校使用原有教科书,不更改书中的抗日救国内容;二、各校学生一律不准买日货,抗日爱国到底;三、各校由即日起,对于军训每日加练3小时,随时准备参加抗日战争。

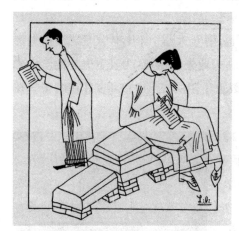

《耀华年刊》中的一幅漫画"特班的临时课桌"(天津市档案馆藏)

当时的英、法租界是一个特殊的"中立地区",日军无法进入,赵天麟就利用这一有利条件积极主动地安排工人救国联合会、学生救国联合会、妇女救国联合会、文化救国会和中华民族解放先锋队等进步爱国组织在耀华学校集会,并且多次将被日军列入逮捕名单的爱国学生保护起来或送出沦陷区。根据《津沽怒涛——天津人民抗日斗争史话》记载,1937年9月,中华民族解放先锋队天津队部成员陈肇源进入耀华特班学习,在这里,他发展了赵恩沐(桑平)同学,后来他们两人在班里建立了一个有二三十人参加的读书会,阅读进步书刊,组织讨论,十分活跃。1938年7月,陈肇源离开耀华学校,奔赴延安,队委陈本坚领导耀华特班的工作,他帮助赵恩沐把读书会的多数同学吸收为队员。这些队员每三至四人编为一个小组,每组指定一人为组长。这样的小组在全校很快发展到五六个,并组成耀华学校"民先"分队。他们在一起不仅讨论文学、哲学、政治等内容,还组织演唱进步歌曲的歌咏队、自编自演的话剧团。此外,还有时事报告会和世界语学习小组等,很是生动活泼。

赵天麟的一系列爱国举动得到了学生家长及社会各界进步人士的大力支持,但也使他成为日本宪兵队的关注目标。他们视耀华学校为抗日分子大本营,有好几次,日本宪兵队和日伪教育局妄图以组织参观、视察的名义进校查看,赵天麟均以学校地处英租界,进校须英方同意为名,拒不允许日军及日伪机构人员进入校内。

种种举动,彻底激怒了日本宪兵队,赵天麟成为日伪特务组织的暗杀对象。"哀莫大于心死,而身灭亦次之。此时正是考验我华北志士是否心死之时也!"尽管特务以各种威胁、恐吓的手段步步紧逼,甚至派出高级汉奸登门劝降,预知凶险的赵天麟依旧泰然处之,他一面镇静地一如往常上下班,一面拟好遗嘱,安放在耀华学校办公室抽屉内,将生死置之度外。

1938年6月底,耀华第一届特班学生学业修满,即将毕业。6月27日上午7时20分,同往常一样,赵天麟告别家人,与贴身警卫于绍周从英租界伦敦道(今成都道)昭阳里2号家中出来,步行前往耀华校园。刚要出门时,赵夫人在后面叫住于绍周交代事情,赵天麟遂一人先走了出来。刚走出不足百米,只见对面来了两个学生打扮的骑车人,行至近前时,突然从怀中掏出手枪,对准赵天麟连发数枪,致其胸部、腰部连中四弹,应声倒地。到张自忠家(今成都道)串门的巡捕刘宝山此时恰好从张家出来,见此情景遂掏枪向枪匪射击,但未能击中。当家人闻声而出时,血泊中的赵天麟已经停止了呼吸,时年仅52岁。

耀 華 年 刊 序　　　　趙 天 麟

夫光陰者,可愛而不可留者也,一彈指間,倏然過去,然日月逝矣,而人事之積日累月以成長者,固赫然在焉。是則精神之不可磨滅也已。耀華之成立,于今十有一年,其堅苦精神,有如一日也。去秋以救濟失學學子,附讀者又千數百人,艱鉅尤倍於曩昔。師長朝夕淬勵,諸生亦困勉有加。今屆第三次畢業期,如坐嘉蔭之林,而數成材之木,其蔚然在望,靡不手澤如新也,云胡不喜。惟是中學畢業耳,以言體用具周,蓋猶有待,進趨之所向,亦不必盡同,而監高基下之譏,庶幾免矣。夫人生之患,莫大於身與世不相收,諸生他日必常有以自見,斯身之可知也。當剝極而復之時,雖一二小儒,必有豪俊邁往之氣,又世之可知也。此後求身世相收,德業之可大可久,苟非篤實踐履之士,即屬庸懦昏敝之人,學如不及,而歲不我與,光陰之可愛爲何如哉?然則欲耀華年刊之永不磨滅,舍堅苦困勉,其道無由,諸生勗哉!是爲序。

1938年《耀华年刊》序言(天津市档案馆藏)

1938年《耀华年刊》序言中,校长赵天麟写下这样一段话:"去秋以救济失学学子,附读者又千数百人,艰巨尤倍于曩昔……今届第三次毕业期,如坐嘉荫之林,而数成材之木,其蔚然在望,靡不手泽如新也。"在他的庇佑下,众多青年得以在心中种下爱国报国的种子。赵天麟是天津抗日的一面旗帜，在他轰然倒地之后，更多的人却因此站了起来。这张1938年的植树合影，参与植树活动的特班男女学生正整齐地站在新植的小树旁，神情活泼，面露笑容。80余年后的今天，他们手植之树，想已成为校长心中的"嘉荫之林"。

1938年4月，耀华学校正特班高中应届毕业生植树合影（天津市档案馆藏）

（于 森）

上池馆大药房支持抗战

　　天津是中国北方乃至全国具有重要影响的工业基地和商业中心。在日本侵华阴谋中,日本政府和军部都把天津看作其侵略战争的华北兵站基地。华北抗日军民也需从天津获得医疗用品,特别是短缺的消炎药、麻醉药和医疗器械等。

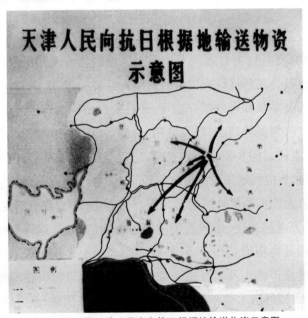

抗日战争时期天津人民向各抗日根据地输送物资示意图

　　留守市内的中共天津党组织积极开辟各种渠道,向根据地秘密运送战略物资,缓解前线燃眉之急。开设于1905年的上池馆大药房,是天津以经营西药为特色的药店。从20世纪30年代起,上池馆大药房就曾以医药物资支援革命根据地的斗争。

天津上池馆大药房(街道左侧)

七七事变后,北平、天津相继沦陷,天津市面已风声鹤唳,对抗日根据地实施严密的物资封锁。为打通从天津至根据地的物资采购渠道,冀中区九地委天津工作委员会在药材行业集中的天津大红桥一带,建立了4个进步组织,组织各方面人员采购和运送医疗物资。通过大红桥码头运送了大量治疗外伤及治疟痢、止痛、消炎的药品,以及酒精、甘油、水银等化学制剂,共达数百种。此外,药业工人还以回乡捎带等方式,将违禁药品改装成滋补药品,把水银灌入自行车车胎,为根据地送去大量急需药品。

据上池馆大药房的伙计回忆:"为把药品运送出去,我把消炎药品碾成粉末,还有水银等送到郊区,送到西于庄外边大同门外,最远送到韩树(今韩家墅),有时送药品也搭渔船往上走。解放区小渔船上天津运鱼来,借此机会就在金钢桥下坡鱼市码头及大红桥一带,把装好药的蒲包码在渔船里,把药品放在船底,上面铺好防水油布,放上水再撂点活鱼来伪装,就可以通过子牙河运往解放区去了。"在药房的另一位伙计杨恩普的记忆中,隔三岔五就有来药房购药的客人,每次都是三四个人拿着清单买药,药量很大。经理钟桓芳、账房先生及各位大师兄时常叮嘱他:"如果来人多,购的药也多,要千方百计提前把药配齐,短缺药品及时外购,不要耽误。"有时药品太多,药店伙计们就把药品分成小包(不显眼),然后送到指定的地点。就这样,大量药品及医疗器械经过各种巧妙的伪装,不断及时送到解放区。

中共天津党组织配合根据地开辟的大红桥码头水上转运站

上池馆的"暗度陈仓"引起了日方的警觉。1938年和1942年,上池馆大药房两次遭到日本侵略者搜查。1944年春天,日本侵略者第三次查抄上池馆,这次也是最为惨烈的一次。当时根据地派来天津购药的人叫焦香山,他对天津供应医疗物资给根据地的药房情况比较熟悉。因该人在工作中有严重的经济问题,组织上正准备处理他,他借机潜逃,先是敲诈给解放区供药的几家药房,未能得逞,最后投靠了日本人(后作为叛徒被依法枪决)。

根据焦香山提供的情报,1944年4月5日,日本宪兵到上池馆搜查,把柜上所有159种医药用品,装满七辆卡车全部拉走。当天夜里,宪兵队又来抓捕药房掌柜钟桓芳,此时钟桓芳没在药房,遂抓走了钟桓芳长子钟振复。当日正值清明,夜间寒气仍重,披上大衣的钟振复,被戴上手铐押出家门。临行前,他看了一眼熟睡中的儿女,殊不知,这一眼便是永别。在狱中,钟振复受尽酷刑折磨,但为了保护中共地下党员,他宁死拒不吐露药房

1940年钟振复结婚照

的任何事情。半年后，年仅29岁的钟振复在保定石门南兵营日本监狱中被残害致死。在牺牲前托人捎给父亲的信中，他坚定地写道："上池馆药房在官银号（天津东北角一带），地点适合经营，请父亲以后还要在那里干，别放弃！"这表明了钟氏父子支持根据地抗战到底的决心。

根据档案记载，1944年春查抄上池馆的是"日寇驻石门一四一七部队"，被掠去的药品达159种，共计经济损失1632220万法币，折合1937年7月法币420784元。档案表格中"重要物品项目及数量"一栏，有一行小字写着"少东钟振复被捕后死亡未还，年二十九岁"，读之令人怆然。

这次查抄使钟家蒙受了巨大财产损失，钟桓芳也因此失去了爱子。但在他的坚持与鼓励下，药房所有员工毫不畏惧，一如既往为抗日根据地和解放区输送药品。1948年4月3日，上池馆被国民党特务机关以供给解放区药品的罪名查封，并派特务长期监守。其间，上池馆所持资产被瓜分殆尽，经理钟桓芳亦被逮捕，直至北平和平解放才获释，一个人徒步从北平走回了天津。

"我这一生，对国家虽无贡献，但我从来亦未做损害国家和人民利益之事，而我之爱国亦不后人也。"钟桓芳晚年给儿子钟振威的信中，如是写道。

抗战胜利后，1946年12月，钟桓芳呈报抗战期间所遭损失，将"直接损失汇报表"及附件呈请天津市商会转呈国民党天津市政府社会局，后未果。这一份沉甸甸的统计表，连同它背后的那些惊心动魄、九死一生的红色记忆，一并封存在了国民党天津市社会局的档案中。

上池馆大药房档案，记录了钟氏家族的往事沉浮，也是抗战时期普通民众为民族大义毁家纾难、不懈斗争的时代缩影。在血与火交织的抗战岁月里，除上池馆之外，天津还有众多默默无闻的商家，不顾个人安危，舍生忘死，通过地下党秘密通道，将药品、无线电器材等重要物资源源不断运往晋察冀等根据地，有力地打破了日本侵略者对根据地的经济封锁，为支援敌后抗战做出了宝贵贡献。

（于　淼）

冀东人民支援平津战役

　　1948年11月下旬,刚刚结束辽沈战役的东北野战军主力在中央军委的统一指挥下,迅速从东北经热河、辽西地区隐蔽进入了冀东,开始平津战役的战斗准备。在此期间,冀东地区既是战斗的前线,又作为东北野战军的后勤基地,担负起了艰巨的支前任务。

　　1948年9月,冀东区党委召开了扩大会议,传达了中央军委关于做好迎接大军入关各项准备工作的任务部署,并在思想政治上作了动员,公布了《对战勤机构与领导关系的决定》,在全区建立起了一套自上而下的完整战勤机构。全区的战勤委员会由区党委、军区、行署和冀东区各群众团体的一位主要领导人组成,并建立了战勤司令部,作为战勤委员会的指挥机关,由冀东行署主任张明远任司令员,区党委副书记李楚离任政委。战勤司令部下设后勤、人民武装、供给、交通运输等部门,分工管理各项工作,并健全各专区(军分区)和县、区的管理机构。会议结束之后,冀东区一方面派遣军区和各分区的部队、民兵武装,开展破交、收复交通据点、保卫、加强情报和争取敌人的军事工作,一方面紧急动员组织群众,抢修道路、桥梁,预征大批公粮,并让随同参加辽沈战役的担架队、大车队继续随军行动,进行合理调配。在11月底之前,将所有组织工作完成,从思想、管理、分工上做好了各项准备。

冀东人民修架桥梁支援东北人民解放军进军天津

由于辽沈战役的胜利,解放军缴获了大批武器装备和交通工具,对运输的道路、桥梁标准也提高了要求,例如宽度要能数车并行,要能承受十轮卡车、坦克等重武器的重量,路面必须平整等。各级战勤委员会组织群众争分夺秒地日夜抢修,在一个半月的时间内,动员民工200余万人次,东起山海关,西至平古路,北起兴隆、冷口,南到渤海沿岸,修垫、展宽、碾压固道近万里,其中主要公路3000余里,修架桥梁500余座,并在公路两侧、桥头和重要路口挖防空洞、掩体和战车掩蔽棚,使全境内凡预计大军经过的地方都畅通无阻,保障了部队胜利进军。

大军未动,粮草先行。入关的部队和民工总计有85万余人、7万匹牲口,上级给冀东地区的安排是按照100万人员、3个月的需求来筹集粮草军需的。部队经过的地区主要以北部山区为主,自然条件差,1948年又逢天灾,加以土改中发生了一些偏差,造成农业减产,群众生活十分困苦。但各县的干部、群众在胜利形势的鼓舞下,克服了重重困难,加倍完成了公粮征收,3个月的时间里,全区共筹军粮1.3亿多千克(每人负担达14千克),食油40万千克,食盐50余万千克,猪2万头,马料2500万千克,马草3000余万千克,烧柴8500余万千克,仅蓟县就共交军粮500多万千克,运粮用工总数达40多万人次,超额一倍完成了任务。中央军委从东北调配到冀东的大批豆类、高粱、土豆等作物,群众日夜加工,粗粮细作,想尽一切办法使战士们吃好,领导干部和机关工作人员自觉降低了伙食标准,把细粮让给部队。除粮食、副食外,战勤司令部还筹集了大批棉花、布匹、鞋袜、鞋垫以及棺木、板材等随时备用。

在筹集粮草、军需的过程中,各级干部日夜操劳,以身作则,有的干部昼夜装运粮食,因疲劳过度昏倒;有的干部新婚之夜不离岗位,随时听候召唤。广大群众也以极大的热情投入支前,一次,丰润县政府接到命令,2小时内集中30万千克公粮备用,当时没有粮库,粮食都分散在各户家中,但命令一下,不到2个小时就超额完成了任务。

冀东的担架团,曾随部队参加了辽沈战役,在平津战役中,组织情况更加完备。在区级战勤委员会的领导下,组成担架队,并按照年龄、体力强度分工,其中18~35岁的成员组成前方担架队,其余人员组成后方担架队,担架由各村负责征集,每副担架配备5人(1人为民兵),队员自备行装及部分口粮。按照军事编制的原则,3副担架为1班,3班为1排,排配备畜力车或轻便手推车,以及1名卫生员,3排为1连,配备木工、杂务、炊事等人员。对全体人员进行训练,包括如何搬运伤员,如何给伤员喂水喂饭,如何走路能保持担架平稳,以及防空、防毒等知识,使每个队员都能适应临战状况。经过1个多月的努力,全区共动员30万群众,组成270个担架团,总数在5万副以上。在战场上,担架队员和战士们一样,冒着枪林弹雨往返于火线和临时救护所之间,在危急关头以身体掩护伤员,涌现了很多模范人物和先进集体。

大量的粮草和军用物资需要大量的民工和车辆,除了冀东行署和专区的运输队之外,冀东全区组织了60万头牲畜、25万辆大车和46万余人的运输大军为部队服务。在进关主要路线上的贫瘠山区,山路崎岖,车不能走,从各地区调运来的粮食只能靠人力和牲口运送,其艰难程度难以想象。就是在这种条件下,运输队始终保持各供应站的粮食充足。在整个东北野战军进关和平津战役期间,冀东区专署运输队运送

在解放天津战役中中国人民解放军使用的重型武器

的粮食就不下225万千克,部队走到哪里,运输队就跟到哪里。在进军路上,部队行进在中间,两旁是运送物资的群众,大车、手推车、牲畜驮子,车水马龙,络绎不绝。群众和战士前呼后应,互相鼓励,斗志昂扬。在战场上,民工们冒着枪林弹雨,背送弹药和攻坚器材,和战士们一起浴血奋战,有不少民工牺牲了宝贵的生命,为解放平津立下了血汗功劳。

百万大军的沿途接待工作是十分繁重的,对此,各级战勤委员会进行了充分准备。从北部山区到平津前线,各县的干部、群众都积极行动起来,各村设食宿站、茶水站,组织起妇女拆洗组、缝衣组、烧水做饭组等,把最好的房子腾出来,把最好的被褥让给部队使用,部队每到一处,一切早已齐备,各司其

天津市九区民众追悼为解放天津牺牲的革命烈士纪念大会

职,井井有条。驻有部队的村庄,群众对战士体贴入微,为战士们拆洗军装,提供需用。有时候部队急行军,不能宿营,所过村庄的群众便在路边摆上茶水、食品,亲手送给战士们。由于接待工作准备充分、细致,件件落实,部队上下都非常满意,长途行军的部队经过每一处,都感受到群众无微不至的关怀。

地方政府、广大群众的积极行动激励着部队指战员,全军上下纷纷表示要勇敢作战,奋勇杀敌,报答冀东人民的深情厚谊。蓟州区档案馆珍藏的人民解放军第43军127师赠给蓟县父老兄弟的感谢卡片中写道:"敝部奉令入关,配合关内解放军解放华北,解放全中国,誓为迅速打垮蒋匪政府,实现中共中央号召而努力!行经贵地,深蒙各界热烈欢迎慰问,指战员感激万分,杀敌意志更坚!除在实战中以行动回答父老兄弟厚意外,谨此致谢!并祝身体健康!"东北野战军政治部主任谭政在回忆录中写道:"战役的胜利,不能忘记各地的人民群众,他们以极大的人力物力支援前线,无数的民工、骡马、大车和卡车,把粮草、军需品、慰劳品源源不断地送上前方,给了战争以强有力的支援。"

(赖新鹏)

行业逸闻

李鸿章的洋务大棋局

天津的洋务事业开始于19世纪60年代末。时任三口通商大臣的崇厚首创天津机器局,生产枪炮、火药,创业之初,筚路蓝缕,收效甚微。清政府意识到洋务事业必须有强大的执行力和过人的胆识作为保障,时任直隶总督的李鸿章无疑是最合适的人选。1870年,清政府将三口通商大臣裁撤,改设北洋通商大臣,并且规定由直隶总督兼任。清廷发上谕说,所有天津洋务事宜,李鸿章必须"随时相度机宜,悉心筹划"。李鸿章从天津机器局入手,在天津着着实实下了一盘洋务大棋。

天津机器局:造就"洋军火之总汇"

天津机器局作为天津洋务的"龙头企业",被清政府寄予厚望。这个工厂在崇厚的手里一直不温不火,李鸿章接手后,立刻开始了人事大换血。他撤去了原来的洋总办密妥士,代之以自己的亲信、原上海机器局督办沈保靖,其他人员也大量换成了南方人,李鸿章由此完全掌控了机器局。此后的十几年间,李鸿章对天津机器局先后进行了五次规

天津机器局东局外景(天津机器局后更名为北洋机器制造总局)

41

模较大的扩建,到了19世纪90年代,天津机器局每年可以生产火药六十万至一百多万磅、铜帽五千万粒、子弹四百万颗、炮弹六万余发、水雷数百个,除了供给北洋防务和淮军之用,还可以供应河南、吉林、热河、察哈尔、黑龙江等地的军需。李鸿章得意地把天津机器局称为"洋军火之总汇"。

这个颇具规模的军工厂对天津乃至整个北方的工业近代化都起到了带动辐射的作用。工厂的蒸汽动力需要大量的煤作为燃料,而当时中国土产煤的质量不能满足锅炉的使用,崇厚筹建的时候,启动所用的一千多吨煤是随着机器从英国运来的,后来又改用日本长崎的煤,致使机器局的成本居高不下。此外,轮船招商局、北洋水师也是用煤的大户,如果都依赖进口,清政府根本无力负担。为了改变这种被动的局面,李鸿章令人于天津附近勘探煤矿,这才有了1878年开平煤矿的创立。后来为了减低运煤的成本,从1880年至1888年,李鸿章又决定修建唐山至天津的铁路,成为我国早期铁路建设的里程碑。

军事自强:从购买洋船到自制"潜水艇"

1875年,李鸿章奉命筹建北洋水师,最开始只订购了4艘"蚊子船",这是一种船身小但装有巨炮的浅水炮船,只能用于近海防御,根本无法出大洋作战。随着日本海军实力的增长,中国急需能够与之抗衡的巡洋舰。但最为强大的铁甲巡洋舰价格高昂,李鸿章因一时经费不足,只能退而求其次,先购买了

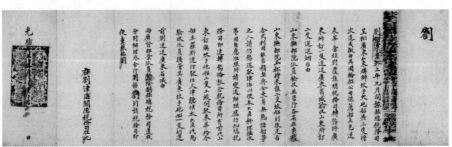

1881年2月21日直隶总督李鸿章为山东订购英国蚊子炮船运津代为验收事致天津海关税务司德璀琳札(天津市档案馆藏)

2艘非装甲巡洋舰,即由英国制造的"扬威"号和"超勇"号,北洋水师终于开始展现出近代化海军的面貌。在"致远""镇远"等铁甲巡洋舰到位之前,"扬威"和"超勇"一直是北洋舰队的主力战舰。到19世纪90年代为止,李鸿章先后为北洋水师购买了25艘战舰,打造了一支硬件实力在亚洲首屈一指的近代化海军。

船只投入使用后需要保养、修理,最初每次都要远赴上海、福州,路途遥远,一旦遇有战事,很容易贻误军机。1880年,李鸿章奏请在天津大沽口建造一座军用船坞,专门用于修整北洋水师的军舰,这就是大沽船坞。到1885年,大沽船坞已经拥有6座船坞,还建成了打铁厂、锅炉厂、铸铁厂、模件厂等配套设施。这座船坞平时修理军舰,冬天可用于军舰驻泊避冰。北洋水师的25艘战舰中,除了"定远""镇远"等7艘因吨位过大进不了大沽口,其余的18艘都在大沽船坞进行过多次修理。

大沽船坞从装配合龙外购船舶中积累了经验,开始制造一些吨位不大的挖泥船、驳船,后来又在外国技师的指导下装配一些比较大的轮船。其中最大的一艘是1886年建造的"遇顺"号钢壳拖船,其长度达38.4米,宽6米。到1911年,大沽船坞共建造过兵轮12艘。当然,造船所用的机件主要还是购自国外。

大沽船坞

天津机器局的造船历史比大沽船坞更为"传奇"。早在1875年,天津机器局就已经造出了中国第一艘抓斗式挖泥船,当时的文献描述其样貌道:"以铁为之,底有机器,上有机架,形如人臂,能挖起河底之泥,重载万斤。"后来又为李鸿章建造了"仙航"号小汽船,为慈禧太后建造了"翔云""捧日"两艘小汽船。更神奇的是,在1880年9月,天津机器局还造过一艘"水底机船"。这艘船"式如橄榄,入水半浮水面。其水标缩入船一尺,船即入水一尺。若涉大洋,能令水面一无所见"。这是见于史料记载的我国自己制造的第一艘潜水艇。

科技前沿:电报引来"得律风"

电报于1844年由美国人莫尔斯推向应用,但清王朝迟迟未能引进。1880年中俄伊犁谈判过程中,因为消息传递缓慢给中国造成了极大的损失。李鸿章由此看到了电报这种新技术在军事上的巨大作用,即可以"号令各营,顷刻响应",于是奏请试办电报。清廷批准李鸿章先在天津铺设一条电报线,这条线以天津直隶总督行署为起点,经天津机器局东局及紫竹林租界和招商局,至大沽炮台及北塘兵营,是为中国近代电信事业的开端。1881年,又建成了从天津至上海的长途电报线路,并设电报总局于天津东门内,李鸿章担任总裁。到1889年,中国已经建成了以天津为中心的电报干线通讯网,按照李鸿章的说法,其范围"遍布二十二行省,并及朝鲜外藩,殊方万里,呼吸可通,洵称便捷"。

电报将它的"孪生姐妹"电话也引进了天津。1885年3月15日,李鸿章给天津海关税务司德璀琳发去一件札文,商议设立"得律风"局的事宜,其费用由天津海关承担。"得律风",即电话telephone在当时的音译。此事的筹备始于1884年,天津电报局奉李鸿章之命规划了两条电话线路,分别是从紫竹林新关南栈起至大沽海神庙新关公所止,自大沽新关公所起至炮台内新关挂旗处止。可以看出,电话线路和最早的电报线路基本是重合的。到了1885年底,电话线已经铺设完毕,并设立两个得律风总局、四个得律风分局,由天津电报局

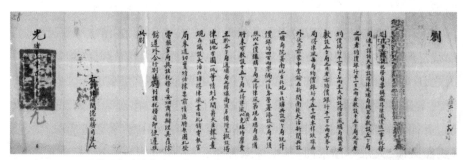

1885年3月15日直隶总督李鸿章为天津设得律风局价格事致天津海关税务司德璀琳札(天津市档案馆藏)

洋人璞尔生负责管理。这是国内最早由中国人自己铺设的电话线路。

　　李鸿章在天津的洋务事业还包括邮政、教育、航运等。这些事业虽然并没有引导中国走向富强,但毕竟开创了风气、培育了人才,并在天津这一方土地上生根开花,使天津成为近代中国北方的经济中心。

（吉朋辉）

法国电灯房的传奇

　　天津地处九河下梢,九国租界林立,中西融汇,俨然是个国际化都市。其间,各国商人纷纷设立洋行,经营商贸,赚取来津的第一桶金。而电力这一新兴能源也伴随着商贸的发展在天津这座城市生根发芽。

　　清光绪十四年(1888),英租界内的比商世昌洋行在伦敦路(今泰安道)绒毛加工厂内安装了一台小型发电机,除供本厂照明外,还向邻近的荷兰使馆提供照明用电,这便是天津最早的电力。不要小觑这台发电机,它给荷兰使馆带来的光明,促使各国纷纷在自己的租界内建立发电厂。随着电的使用,天津这座古老而年轻的城市变得不一样起来。

　　在这些发电厂中,有一家特别惹眼,它就是法租界内的发电厂,也称"法国电灯房"。为什么它特别惹眼呢?因为它与其他租界兴建的发电厂同而不同。同的是它最早也是由租界"小政府"——法国公议局创建的,不同的是它后来转为私人经营,并且在中华人民共和国成立后一度独立发展。让我们来看看它的传奇故事吧。

法国电灯房的初建

　　法国电灯房是在法国公议局对法租界进行大开发大建设时建立的。清光绪二十八年(1902),法国公议局率先在海河西岸的法国桥(今解放桥)旁开建一座直流发电厂。1902年发电厂建好后,在法国领事馆旁(今哈尔滨道与吉林路交口)正式成立了法国电灯公司,老天津人称之为"法国电灯房"。它是天津历史上的第一座直流发电厂,也是华北地区第一座营业性质的发电厂。

法国人想得很明白，建电厂不仅是为了给租界市政建设增光添彩，更要名利双收。一方面，法国人在租界内大兴土木，填沼泽、修道路、建高楼、装路灯、铺线路，把法租界内建得漂漂亮亮的，一到晚上，万盏齐点，灯火通明，吸

法国电灯房厂房内部（天津市档案馆藏）

引着人们争相前往。另一方面，法国人把租界内的土地、建筑或出租或出让，吸引商家来做买卖，商家为了吸引顾客，都会装设上夺目的电灯，有的还装设上霓虹灯，而装设灯盏、安装电力就得花钱。就这样，法国电灯房开始了它的营业之路。

布吉瑞的改革

随着法租界的发展，电力供不应求，法国电灯房开始捉襟见肘，到1910年，眼见着支撑不下去了。中国有句俗话说得好：穷则变，变则通。如何改变，需要魄力。浪漫唯美的法国人有这变通的魄力吗？事实证明：有。这个人就是时任法国驻津领事馆领事兼公议局董事长的甘司东。甘司东在租界里绝对是个有头有脸的人物，他不但在天津法租界搞出了很多名堂，后来还到上海法租界搞出了更多的名堂。面对法国电灯房的困境，他主张将公司转让出去，让私人继续经营。这一方面既可以满足法国公议局优先用电的权利，另一方面还能规避为亏损买单的风险。甘司东早就物色好了一个人，那就是当时法国电灯房里的工程师克利孟·布吉瑞。在甘司东眼里，这位工程师有技术，有雄心，还扎实肯干，是接下这烫手山芋的最佳人选。甘司东在请示法国驻华公使马若利同意后，便将法国电灯房的专利权让渡布吉瑞，专利期限为50年。法国

公议局将法国电灯房各种机器、电线、机房及用户电表,估价为天津行平银8.5万两。只要布吉瑞交上这笔费用,电灯房就是他的了。

当时布吉瑞刚来天津没多久,一时之间难以筹措这么多的费用,为此法国公议局做出妥协,让他先交银5000两,剩下的30年内还清。不过法国公议局有个条件,就是要在两年内建成新发电厂,供出电流。布吉瑞果然不负众望,苦心经营,从电厂选址到购买设备,从线路铺设到设备安装,事事亲力亲为,呕心沥血,1912年按期将新电厂建成。新电厂地址选在贝拉扣路与葛公使路之间(今哈尔滨道和滨江道之间)。新厂完成后,法国桥旁的旧电厂被法国公议局收回改建成变电所。

事实证明,法国公议局这一步走对了。新电厂的建成横扫法租界内以煤油灯为主体的照明体系,一时之间,公私电灯用电、实业用电都有了资源。法租界再也不用担心没电用了!在别的地方动辄停电的时候,只有法租界供电充足,昼夜闪亮,这使法租界大放异彩,拥有了独特的魅力,逐渐成为天津租界中最繁华的区域。

为了更好地经营,布吉瑞征得法国公议局同意,于1916年10月,将法国

法国电灯房配电盘(天津市档案馆藏)

电灯公司改组为法商电力股份有限公司,公司资本25万银圆。1922年9月,增资为50万银圆。法国电灯房发电设备实力雄厚,规模不断扩大,从最初的两台50千瓦小型发电机,发展到拥有3000千瓦发电机一部、2500千瓦发电机一部、1250千瓦发电机两部,发电容量共计8000千瓦的较大的发电厂。因此法国电灯房所发的电量,不但能供应法租界全区域,还能向邻近的日租界供应。

逃过劫难后的重生

日租界的供电在一段时间内要靠法租界供应,这应该为日本人所不能忍。1937年七七事变后,法国电灯房因处于租界内,尚且能苟安一时。但1941年底太平洋战争爆发后,日军侵占法租界,法国电灯房便为案板上待切的鱼肉了。但由于法国电灯房为私人经营,与法国公议局并没有隶属关系,因此日军并不能像对待英租界工部局电务处那样唾手可得。法国电灯房在日军威逼利诱几欲强行购买下,一直苦苦支撑。1945年,日军给法国电灯房下了最后通牒,要将其买下并入日伪华北电业天津分公司。

1939年天津水灾时法国电灯房前被淹之状况（天津市档案馆藏）

就在这迫近生死关头的危急时刻,日本宣布投降,从而使法国电灯房逃过一劫,成为抗战爆发后天津华界、租界内所建电厂的幸存者。

抗战胜利后,法国电灯房仍然继续经营,与当时接收了日伪华北电业天津分公司的资源委员会冀北电力公司天津分公司保持着良好的业务关系,一度将剩余电力供给冀北电力,以保障全天津市的供电。1946年8月,法商电力公司遵照法国政府法令在法国注册,设总公司于巴黎哈斯满大街96号,资本为1亿5千万法郎,共5万股,每股3000法郎,正式定名为"法商电力股份有限公司天津分公司"。天津解放后,法国电灯公司仍由法国人经营,直至1953年,法国人将该公司交由天津市人民政府天津电业局代管,法国电灯房进入了它新的历史时期。

（夏秀丽）

英租界工部局电务处的成立与发展

20世纪初,天津的电能如火如荼地发展起来,逐渐在照明上显示出独特的魅力。英租界当局电费支出在1897年到1906年的十年间翻了一番。为了解决自身用电问题,英工部局于光绪二十九年(1903)委托英商仁记洋行建立了"天津使馆发电所",正式给英工部局供应照明用电。

然而电力需求的不断增长,使原来的发电所很快捉襟见肘,发电厂扩建已成为必然。光绪三十二年(1906),英工部局委托仁记洋行筹集资金25万元,在伦敦道(今成都道)建立了直流发电厂,称"天津电气股份有限公司",该电气公司负责给英工部局及英租界部分地区供电,合同规定到1920年8月。

在英租界的不断发展中,直流供电已经满足不了日益增长的电力需求,英工部局便萌生了将直流供电改为交流供电以及统一管理电力供应的想法。至迟在1918年10月以前,英工部局便曾致函天津电气股份有限公司,希望将直流供电改为交流供电,天津电气股份有限公司对此兴趣阙如。1919年4月28日,英工部局召开电力方面会议,决定在与天津电气股份有限公司合同期满后收回电力管理权。天津电气股份有限公司拒绝将发电厂拱手相让,提出要英工部局将发电厂所有的厂房设备全部购买,并一度威胁购买金额达不到预期要求便会另寻买家。英工部局同样措辞强硬,指出对它提出的全部厂房线路设备折合天津行平银153594.69两(后公司一度降到6948.10两)这一金额不能接受,并且不同意购买它的全部设备,可以考虑购买其供电线路。双方就购买全部资产还是购买主要线路、购买价格、合同到期后是否断电以及更换设备期间的损失谁来担负等问题进行了长达一年多的谈判。最终在1919年12月达成协议:英工部局以天津行平银4000两购买天津电气股份有限公司主要供电线路及附加设备,并负担1920年8月8日双方合同到期后设备更换过程中公司维持供电所产生的费用。

双方达成一致后,英工部局电务处便着手设置电杆、铺设电缆,购买机器设备、交流电扇等。因重要设备及配件都要从英国运来,故一直到1920年5月电务处才开始进行实质性工作。开始的工作主要集中在装设电杆、改造供电线路。改造线路的难点在于将直流配电系统改为交流配电系统后新设线路如何与旧有配电网连接。1920年7月底,电务处克服困难,将整个线路输送及配电系统改造工作完成并开始铺设电缆,至1920年底共铺设23660码(约21635米)电缆。1920年9月,在英国订购的十台变压器中的七台运达天津,电务处便着手从马场道开始进行直流交流的配电转换。10月9日,整个直流供电系统切断,用户连接上新的交流供电系统。除个别区域用户还由法国电灯房供电外,英租界电力用户均被英工部局电务处收入囊中。从1920年10月开始正式供应交流电,到该年年底,英工部局电表用户从1195户到1231户,3个月增加了36户;电量使用上,私人照明是976987瓦,动力用户是28000瓦,公共照明是36525瓦,合计1041512瓦。这时发电厂的容量可以基本满足需求。

值得一提的是,英租界装设的路灯成为当时远东城市中一个夺目的存在。它的设计十分科学合理:路灯之间相距不超过150英尺(约46米),离地面30英尺(约9米)高,既可以避免灯光晃眼,又能使光亮均匀地散布到路面上,避免了其他城市路灯设计中存在的眩目刺眼等问题。怪不得英工部局电务处骄傲地说:"天津的路灯比起中国其他城市路灯来说是一个决定性的进步。"这自然也包

英租界英国俱乐部前的路灯

括同时期的上海。可以说，英工部局电务处的路灯装设在一定程度上促进了天津城市的现代化进程。

　　除给本租界供电，英工部局发电厂的剩余电量还供给天津市特别一区。在第一次世界大战期间，中国政府收回了德租界，改为天津市特别一区，原德租界发电厂随同收回，由天津市特别一区公署经营，其营业区域主要是原德租界。这个发电厂每年发电180千瓦，而该区需求量至少为250千瓦，不足部分便从英工部局电务处购买。1923年原德租界发电厂关闭后，天津市特别一区用电全部从英工部局电务处购买。

英工部局电务处发电厂外景(天津市档案馆藏)

　　然而英工部局电务处还没来得及庆祝升级换代取得的成就，就被汹涌而来的电量需求打了个措手不及。1923年10月，英租界电的总消耗量已达到224000码，是1920年年底的两倍多。这个增长速度是十分惊人的，反映出20世纪20年代天津英租界电力事业的飞速发展。为此，1923年英工部局电务处将电厂进行扩建，发电量增至2000千瓦。此后，英工部局电务处发电厂不断进行扩建，规模不断扩大，分别于1924年、1927年增设2500千瓦发电机各一部，总发电量达7000千瓦。

　　英租界的繁荣以及英工部局电务处科学管理所带来的丰厚利润，不免令人垂涎。抗日战争爆发后，1941年12月8日，日军侵占英租界，将英租界电务处强制实行军事管理，变相地把英工部局发电厂占为己有。1942年，日军将旧英租界交还伪天津市政府，原英工部局电务处改隶特别行政区，仍称电务处。1943年5月，该电务处被伪华北电业股份有限公司购买，改称天津兴亚二区出张所。1944年4月1日，其行政部分亦合并于伪华北电业天津分公司。英工部局电务处及其发电厂最终没有避免被强夺的命运。

抗战胜利后,国民政府接收伪华北电业股份有限公司,1946年3月在其基础上成立了资源委员会冀北电力公司,原英工部局电务处发电厂随之并入天津分公司,称天津市第二发电所。

（夏秀丽）

天津第一家官办发电厂的前生后世

　　1936年8月20日，津沽大地发生了一件大事——天津电业股份有限公司成立，这是天津市政府投入巨资兴建的电业公司，建成后的发电厂成为天津市最大的发电厂。这应该是一个值得开心的好消息，天津人终于可以不在电力事业上仰人鼻息。然而这天津电业股份有限公司也并非空降部队，它与租界内的发电厂有着千丝万缕的联系。细细论来，还得从德租界发电厂说起。

原德租界发电厂

1912年英、德租界位置图

　　天津德租界设立于甲午中日战争后，与英租界比邻。早在光绪三十一年（1905），德租界内便建了个小型发电所，并开始在威廉路（现解放南路）等主要街道安装路灯。光绪三十四年（1908），德国工部局成立电灯公司，在租界南端设立了一座直流发电厂（在今琼州道变电站），发电容量为300基罗瓦特。不过远在欧洲大陆的德国人始终忙于在欧洲巩固势力，陷入第一次世界大战的漩涡后更难腾出精力来经营天津租界区。

　　1917年3月，第一次世界大战结束前夕，北洋政府宣称收回德租界，改为天津市特别一区，德租界发电厂随同收回，由天津市特别一区政府经营，其营业区域主要是原德租界。该发电厂成为天津市第一家官办发电厂。可惜，积贫积弱的中国政府以及长期处于军阀混战的天津地区，无力从事公用事业建设，导致该电厂营业不振，至于改革增设发电厂等事，虽经数次计划均未能实现，该电厂日益消耗，

琼州道变电所进线铁架及油开关（天津市档案馆藏）

赔累不堪，难以维持，后来只得停止发电，改从附近英租界购买电量继续经营。

天津电业新公司

天津开埠后，在很多领域均开风气之先。电气这一新生事物虽为公用事业，如果经营有方，势必可以盈利。1926年12月，由商民倪少忱集股成立的北辰电汽股份有限公司与天津市特别一区市政局订立合同，由北辰电汽承办天津市特别一区电灯事业，期限为20年。合同中规定，在北辰电汽建成新电厂之前，仍然可以从别处购买电量以供天津市特别一区需求。这本是天津商民自主发展电力事业的良机，遗憾的是北辰电汽未能实现自建电厂。在购电经营两年后，1928年12月，北辰电汽股份有限公司被天津市政府勒令收回，归市政府电业公司管理，又称"天津市电业新公司"。

就档案记载来看，北辰电汽公司被天津市政府收回与北伐战争有关。众所周知，关内平津一带始终是各种军阀势力竞相争夺的地区。北伐战争之前，平津地区各种军阀势力如走马灯一样令人眼花缭乱，颇有你方唱罢我登场的感觉。在北辰电汽公司与天津市特别一区政府签订供电协议时，直隶军政为褚玉璞，倪少忱呈天津市政府要求发还北辰电汽公司的一文中称之为"先大元帅"。北伐战争爆发后，褚玉璞与阎锡山的晋军作战，兵败下野。阎锡山的老部下南桂馨与崔廷献先后出任天津市市长，档案中称之为"晋军"。或许在普

55

通商民眼里,奉系跟晋军都是拿枪杆子的,打来打去都是在争地盘,并不能理解北伐战争的重要意义。南桂馨处事果敢专断,认为电业为公共事业,必然由政府经营。作为一种补偿,天津市政府拨给北辰电汽公司一万元。不过倪氏并未完全放弃北辰电汽公司。

1930年10月,臧启芳出任天津市市长。这让倪氏看到了希望,他觉得"晋军"的人走了,或许可以把北辰电汽公司要回来。于是他先后多次呈文天津市政府,对"晋军"强制收回北辰电汽公司诸多不平之处条陈具晰。臧启芳在征询了天津市电业新公司暨天津财政局电业监理处的意见后,并未随倪氏心愿,将电汽公司交还他。电业监理处给出的不能交还的原因有很多,比如北辰电汽不能履行合同发电、电业为公共事业,必然由政府经营等,但最能打动臧启芳的或许是一年十几万元的纯收入,对于财政捉襟见肘、百废待兴的天津市来说,这笔收入十分可观。1931年2月,天津市市长臧启芳正式发布训令,指出北辰电汽公司请求发还一案经提交第九十七次市政会议议决:不准发还。

这段小插曲,或许预示了天津官办发电厂在发展的道路上必定会磕磕绊绊。即使不将北辰电汽股份有限公司交还,天津电业新公司也没能建成新电厂,天津市的用电还继续仰人鼻息。这种情况一直到1936年,才发生了变化。这就是开头提到的天津电业股份有限公司的成立。

天津电业股份有限公司

天津电业股份有限公司并非天津市政府独立投资,而是与日本兴中公司共同投资兴建的。从这个角度来看,它其实是日本图谋中国的产物。日本为了达到把中国作为其殖民地的险恶目的,可谓步步为营,煞费苦心。它首先从经济侵略入手,插手并逐渐控制华北经济,为军事侵略打基础。兴中公司就是日本控制华北经济的重要推手。它起源于东北的满铁株式会社,1935年12月底在天津正式运营。七七事变前后,该公司已控制了包括河北在内的华北重要工矿企业,是日本在华北最大的经济机构,被称为"日本经济进入华北的桥头堡"。

从晚清到民国,天津的电气事业在很长的时间内是外国势力独大的局面。一些有骨气有见识的商民,早就对长期靠外人供应电力感到十分耻辱,他们一方面积极寻求途径收回比商电车电灯公司,一方面希望政府能建立自己的发电厂以争取电力供应的主动权。嗅觉灵敏的日本人恰恰利用了这种舆论来推动所谓与天津市政府合作建立电厂,以达到逐步控制天津电气事业的目的。1936年,作为各方面妥协产物的冀察政务委员会成立,宋哲元委派张自忠担任天津市市长。在日租界当局的鼓吹与压迫下,张自忠同意与日本兴中公司合作建立发电厂,这便是天津电业股份有限公司的由来。

天津电业股份有限公司注册资本800万元,由中日双方出资各半,成立后便吞并天津市电业新公司。1936年11月开始在特别第三区即河东六纬路建设3万千瓦最新式发电厂,工程进行还不到一半,便爆发了七七事变,工程被迫中断,之后继续建设,于1938年2月竣工,同年3月1日开始发电,称“天津发电所”。

天津发电所外景(天津市档案馆藏)

天津电业股份有限公司营业区域为英、法租界及比商营业范围之外的其他区域。至此,加上比商电车电灯公司、英工部局电务处以及法国电灯房,覆盖天津租界、城区及部分郊县的电力网络初步形成。

1940年2月1日伪华北电业股份有限公司在北平成立,合并天津电业股份有限公司,改称华北电业股份有限公司天津分公司,日本人利用电力来控制天津及华北的野心昭然若揭。

(夏秀丽)

天津的近代日化产业

　　在天津市档案馆收藏的诸多商标中,有几十枚化妆清洁用品类商标,包括香粉、胭脂、脸霜、头油、牙粉、牙膏、香皂、肥皂、鞋油等,这些商标大多印制工艺考究、用色艳丽,能够反映出近代天津日用化工业的发达程度。

　　近代天津的日化企业主要涉及化妆品业与香皂、肥皂业,与其他的民族工业一样,其发展经历了从无到有的坎坷,从最初的低劣仿造到能够出产优良制品,这一过程凝结了津门实业先驱的心血。

　　胭脂、香粉与肥皂,我国古法早有制之,但上等制品做法复杂、价格昂贵,不是普通人所能享用的;价格低廉的又制法简陋、品质粗劣,且不能用机器大量生产。近代天津开埠后,外国商人将大量洋货倾销至我国市场,雪花膏、香粉、香水、香皂涌入天津,国人眼界大开,认为洋货新奇、物美价廉,于是纷纷购买。因有利可图,我国洋广货商(经营杂货的商家)亦派人远赴日本、西洋竞相采购,在长期的接触中逐渐了解了所用原料及技术之粗简,有的以金钱购买秘法,有的直接聘请国外技师。1903年,天津造胰股份有限公司率先

光荣香粉商标(天津市档案馆藏)

创办,有识者纷纷响应,开始大量生产肥皂,并增加香皂及药皂。1914年后,天津也有了化妆品的粗制仿品,但仅占本市销量的百分之一,并无正式工厂,所以未受到重视。

　　一战时期,我国造胰民族工业继续发展,造胰厂陆续建立。这一时期已逐渐脱离旧的制法,吸收西洋及日本的新法,国人对国产胰皂渐有认识。外国化

妆品仍然颇得国人喜好,销量日增。一般洋广货商为获得更多利润而设厂制造,出品有雪花膏、头油、沤子(一种润肤的油脂香蜜)、香粉等。但此时国产化妆品品质低劣,难与洋货媲美。

1917年之后,因天津地区制胰原料充足,胰皂消耗巨大,促成了本地造胰工业的发达。20世纪30年代,天津市有造胰公司一家、中等造胰厂多家,稍具规模的有俄国人经营的光润造胰厂及兴业、中昌、大业等数十家民族企业,技术品质均有进步,每年生产量在两万至三万箱,大量销售于京津地区及华北各省。

20世纪20年代,一些民族工业化妆品厂相继成立,并潜心经营,改进工艺,逐渐做到制品优良,得到国人称许。国产化妆品

天津香皂商标(天津市档案馆藏)

逐渐畅销,可与洋货抗衡。至20世纪30年代,交通发达,津产化妆品已深入农村,东北至长春、哈尔滨,西北达绥远、山西,向南输入津汉线、津浦线沿线的市镇。天津的化妆品工业欣欣向荣,虽有洋货充斥,也不能遏制其蓬勃发展。

七七事变之后,化妆品、造胰等民族工业受到沉重打击,一个重要原因是,虽然国内技术已经进步,但原料一直依靠欧美等国进口。天津沦陷后,日寇施行物资统制,原料配给断绝。加之日本公司大肆倾销化妆品成品,并倾注日资,大量生产、收购胰皂,导致本市的民族工业完全处于被动地位。

穷则思变,这一时期,植物油胰皂以及以杏仁油为主要原料的化妆品配方应运而生。继而青岛、抚顺等地开始出产化妆品原料硬脂酸,为民族企业带来一线生机。

二战后,政府开始对胭脂、口红、香水、指甲油等高端化妆品征税,加之国统区对

环童芭兰香油商标(天津市档案馆藏)

解放区实施封锁,导致本市与广大农村隔绝,化妆品销货地区日渐缩小,销量锐减。1946年至1947年,国民党政府还将日寇历年囤积的大量胰皂标售,价格奇低,市民争相购买,本埠肥皂无人问津。资本薄弱者相继倒闭,余者惨淡经营。

　　中华人民共和国成立后,社会风气陡变,人心趋向朴实,奢靡之风化为乌有,那些香艳的化妆品产销均减少百分之八九十,多家化妆品厂转营与国计民生有关的化工用品。天津的日化企业在人民政府的有力领导和合理规划下得到发展,牙膏、牙粉、脸霜、鞋油、香皂、肥皂等生活必需品都产生了广受消费者欢迎的国产品牌。

（刘轶男）

旧天津的冰窖行业

在旧社会不像今天有冰箱、冰柜,在夏天只能依靠天然冰存储物品和消暑,因此就产生了冰窖行业。冬季最寒冷的三九天,他们把河中、池塘中的冰凿成条块状,运到事先准备好的窖中存储,到了夏季再开窖出售。照片中这些在河面上拉冰的人,是整个行业的最底层,多是来自天津周围的农民和市区的无业贫民。他们按冰块的条数领取计件工资,每条冰的大小为宽1尺2寸,长3尺。这样一条冰块,约有150斤重。

冬季白河取冰

天津的冰窖行业,从明初设卫建城时就出现了,此后一直没有间断,以至于在冰窖所在地形成了两条"冰窖胡同"。在封建社会,窖冰主要给官府使用,平民百姓用得不多。到了清代后期,尤其是天津开埠以后,经济繁荣,人口激增,新出现的许多工商企业也需要冰。有些人看到了商机,就投资冰业,经过

古代冰窖

斗争、兼并,最终形成了五家最大的冰窖。为了垄断冰窖行业,这五家联合起来,设法让天津县署批准了他们的专营权,不允许其他冰窖存在。但在租界出现以后,有外国人参与的冰窖如雨后春笋般开办起来。到了1935年,全天津市共有规模比较大的冰窖15家,并且成立了冰业同业公会。在最兴盛的时期,整个天津每年的冰储量有160余万条,售价最高时每条一二元,大冰窖一年的利润可达三四万元之多。

冰窖只是整个冰业的一环,另一个重要的环节就是冰贩子,他们负责把冰从冰窖运送到用户那里,有的用肩挑,有的用手拉车,实力比较强点的就用骡马驾车,因此就被称为"冰车"。冰车是独立于冰窖的,当时在天津经营冰车生意的主要有三个帮派:青县帮、沧县帮和杂帮,都聚居于固定的地点。不要小看冰车,他们是连接冰窖和用户之间的唯一纽带,手里掌控着供求两端的信息,在夏季用冰的高峰时段,冰窖、用户都要看他们的脸色,他们也因此赚取了高额差价,甚至每天能赚100至200元。

中华人民共和国成立后,冰窖行业仍然存在了一段时间。经过公私合营的改革,垄断专营被打破,农民的家庭冰窖也多了起来。直到20世纪70年代,天津仍有五个天然冰生产供应站。此后随着冰箱、冰柜的普及,冰窖才逐渐退出了历史舞台。

(吉朋辉)

近代天津的洋酒酿造

天津的酿酒业有着悠久的历史,"名酒同称大直沽,香如琥珀白如酥",这话要说起来都是在辙的。现在我们还经常能见到已近耄耋之年的老人们,拎着个白塑料桶,去直沽酒的专卖店打上几斤,回家用人参、枸杞泡在各种瓶瓶罐罐里,以供日常饮用。天津的直沽烧酒堪称津门名品,享誉海内外,民国时期已专销闽粤,转至东南亚及欧美各国,是当时直隶省出口国货之一大宗,也是政府税收的重要来源。

随着近代天津开埠,洋风渐盛,新的消费群体带来了新的商业品种,威士忌、白兰地、朗姆酒、啤酒、红白葡萄酒、金酒、香槟……这些洋酒也渐渐为人们所熟悉与接受。笔者有幸在天津市档案馆珍藏的档案中看到了一百多枚不同种类、品牌的洋酒商标,时间跨度从1905年到1948年。

民国初年,天津的洋酒多为经营进出口贸易的洋行代售代销的洋品牌。外国商人依仗租界当局和不平等条约的庇护,极易获取高额利润,加之天津海关为中国本土货物外销与洋货进口的重要关口,天津市成为洋商倾销货物的第一个集散地,许多洋品牌甚至是知名品牌在当时的天津都有售卖,当时主要的消费群体还是在津的外国人。随着租界的不断扩展,有洋商看到天津市洋酒消费的巨大市

三星牌葡萄酒的商标(天津市档案馆藏)

场,就专门进口机器设备,在津设立酒厂,专做洋酒制销的生意。天津洋酒制造业由此兴起。

1926年之前,在津制销洋酒是无须课税的,无论代销还是制售都极易获利。鉴于洋商营运及本埠仿造的洋酒日渐增多,直隶烟酒事务总局于1926年9月颁布了《天津洋酒税征收处暂行试办条例》,税率按洋酒的价值征收15%,购贴印花粘于酒瓶封口处。当时规定先以天津为试办点,有成效了再推行至全省。1927年,国民政府财政部又将洋酒税率提高为30%。

20世纪二三十年代,旧天津灯红酒绿的歌舞场,租界地气氛靡醉的酒吧间,到处充斥着排遣异乡寂寞的外国人、企盼好运降临的投机者,这些地方成为洋酒的消费窟。据统计,1929年,不包括洋商代销的进口品牌,仅天津市制销洋酒的厂家即有至少53家。

当时天津市经营比较成功的本地厂家有天津三星酿酒厂、天津怡泰酒厂、斌茂隆酒厂、德润昌酒厂、天津利达酒厂、天津仁义公酒厂、天津永丰泰酒

厂、新美洋酒汽水工业社等十几家,这些厂家除了制销洋酒外,大多还兼营食品、罐头、糖果、饮料等,所生产的洋酒除了行销天津市,还畅销河北、青岛等地,甚至远销出口。三星牌葡萄酒还曾获得农商部国货展览会一等奖。除了本地品牌,在当时的天津还能见到许多

Schlitz牌啤酒的"蓝带地球"商标(天津市档案馆藏)

著名的洋品牌。比如,一家美国啤酒公司的Schlitz牌啤酒,该公司1856年创立于美国威斯康星州密尔沃基,二战后成为美国销量最大的啤酒品牌,以"红带地球"为商标的啤酒闻名全美。光绪三十一年(1905),该公司在中国注册时的商标图样为"蓝带地球"。

20世纪40年代,洋酒作为一大消费品逐渐为天津的市民所熟悉和接受,天津市对洋酒在制销等各环节的管理也日臻完备。1948年,青岛市卫生局局长郭致文曾为征询洋酒生产管理办法致函天津市政府卫生局局长陆涤寰。当

时的青岛因有美军驻扎,有酒吧一百余处、洋酒制造商二十余家,但对于洋酒的进口、转口及检验技术等问题还没有一个较成熟的管理机制,而天津市早在20世纪30年代就已出台了相关规定。1932年12月,天津海关发布布告规定,凡报运酒精进口,必须持有天津商品检验局所发的证书,呈关验明方能通行。各生产厂家要报送各种酒类产品的样品,经检验合格方发给经营许可证。

20世纪40年代末,市面萧条,洋酒已属奢侈品,市民消费不起,除美军兵营附近的酒馆尚能支撑外,各制酒厂家均营业不振,天津市的洋酒制造业日渐衰微。

（刘轶男）

旧天津的人力车夫

人力车起源于日本,在19世纪末传入中国,很快风行于各大城市,天津也不例外。与其他地方相比,天津的人力车行业及其从业人员既有共性也有其独有的特点。

从铁皮车到胶皮车

天津最早的人力车被称为"铁皮车",车架高大,有状如旧时轿车的车厢,木质车轮上裹着一圈铁皮,因而得名。这种车十分笨重,铁皮在石路上轧轧作响,令乘客觉得聒噪难忍,且容易损坏马路。后来将铁皮拆去,裹上一层胶皮,但这层胶皮是死的,不能拆卸。后来又改为可以拆卸的充气活胶皮,车身也发

清末天津的洋车

生了变化,更加简便灵活,成为后来通行的样式,"胶皮"也就成为天津人对人力车约定俗成的称呼。

人力车起初都从日本购买,但很快就可以自制了,然而所用的重要零部件还是从国外进口的。制造、修理人力车的手工业称为"车行",与出租人力车的车厂、拉车的车夫共同组成了天津的"胶皮业"这一行当。人力车进入天津后发展很快,1917年就已组织起胶皮业同业公会,参加者有车行、车厂39家。根据民国时期《东方杂志》的统计,1928年天津有人力车18424辆。到1930年,根据《大公报》的调查,全市有车厂500余家,人力车21000辆以上。1934年《益世报》又做了一次调查,当时天津约有六七十家车行,车厂530余家,估计车两万辆。大体来说,20世纪二三十年代天津的人力车一直维持在两万辆上下。

胶皮业同业公会只维护车行、车厂老板的利益,人力车夫是被排除在外的。天津的人力车夫分包月、散车两种。包月的车夫过得要好一些,如果加上各种额外奖赏、小费,有的每月甚至能挣到34元,在当时已算是相当可观了。但能拉包月车的毕竟是极少数,绝大部分都是散车车夫。他们一般都租赁车厂的车,每日分早晚两班,租赁哪个厂的车可以自由选择,有的上午赁一厂的车,下午赁另一厂的车。车夫的人数很难准确统计,按照2万辆车、每两人一辆车计算,20世纪30年代天津市的人力车夫约有四五万人,而靠人力车生活的人口至少有15万人。除了本地人外,天津市的人力车夫以静海县人最多,其他如文安、霸县、沧县、大名等县人次之。

挥洒血汗艰难度日

人力车夫的生活是很艰难的。根据调查资料,1915年北京人力车夫的收入为每天51枚至80枚铜板不等,而当时一个四口之家每天至少要60枚铜板方可勉强糊口,天津的情况应该也差不多,但比北京还多了一重负担:每出入华界及各租界、特别区一次,都要交一道捐。一辆车如果要通行华界、天津市特别一区、特二区、特三区及英、法、日、意租界,就要纳八道捐,大大加重了车夫的负担。因此他们挣的是血汗钱,收入却极其微薄,运气差一点的,甚至奔

◁ 語 成車 及 麼侷津天 ▷
Tientsin ners Ricksha Bargain.

废話之八——關於洋車夫 詠心

《北洋画报》1927年8月17日文章《关于洋车夫》

跑终日，交完车租后剩下的钱都不够填饱肚子。

车夫因为挣得少，饮食极简单，不外乎玉米饼、饽饽、大饼、馃子、稀饭、面汤，就着豆腐、咸菜、锅巴菜吃下去。单身的车夫经常买一张发焦大饼，裹一根大葱吃下去就是一餐，如此每天花两角多钱吃饭，每个月能寄数元回家。如果有了家庭，人多口多，就只能吃玉米面就咸菜了。车夫家庭多住在新老车站附近、河北偏僻地方及陈家沟子、河东一带的土房子，单身的车夫则多住在车厂。好一些的车厂会提供土炕，差一些的就只有"吊铺"了。所谓"吊铺"，又名"吊楼"，以柱子支撑木板搭盖，上面住人，下面放车。这种房屋根本不会考虑居住的舒适度，空间逼仄、潮湿黑暗，墙角堆放着垃圾，臭气刺鼻。就是这种房屋，每天也要交六到八枚铜板的住宿费。车厂老板一般也是拉车出身，靠着辛苦劳动赚来的钱，从租车到买自己的车，从一辆车到数辆或更多的车，最终变成车老板。这大概是人力车夫最好的归宿了。

天津的车夫没有统一的服装，一般来说，夏天穿一身蓝布或白布裤褂，冬天一身棉裤棉袄，脚上穿一双号称"劳动鞋"的胶皮鞋，无论寒暑，奔跑在大街小巷。根据1932年《中国劳动年鉴》的调查，天津的人力车夫拉车时间最短在4到5个小时，最长达12个小时。在民国时期的报纸上，经常看到有车夫倒毙街头的报道。比如《益世报》报道，1927年7月11日一天之内，在南市三不管及西广开一带就有三名人力车夫因炎热、劳累而倒毙街头。

政府管理名存实无

数量众多的人力车也给城市交通带来了一定的麻烦，人力车夫在道旁、电车站随意停车揽座，有的甚至手挽洋车停在电车道上。一有电车进站，车夫蜂拥而上，以至于电车乘客竟不能上下车。对这种情况，天津警察厅一开始只是驱逐了事，后来设立了若干停车处，以木牌标示，有岗警监督，不得随意停放。人力车夫与岗警之间也有"潜规则"，有的车夫每日给岗警铜圆10至12枚，名为"把口钱"；有的则按月或按节纳贡。贿赂了岗警，就可以在停车处附近随意停车揽客，否则一旦停错了位置，岗警便会拿着警棍敲打人力车扶手板，甚至扣留车垫，非多方求人说项不能赎回。

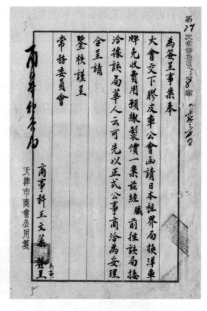

1938年3月24日天津市商会商事科王文藻为赴日租界洽商换洋车牌免收费用事呈天津市胶皮车业同业公会常务委员会公文（天津市档案馆藏）

早在1905年，天津南段巡警总局就出台了《管理洋车办法》，将所有洋车登记注册，发给牌照，对于车夫及其行为还有很多具体的限制，比如：十五岁以下、六十岁以上或身体病弱者均不得拉车；洋车于日落后必须点灯；车夫和客人讲价，必须站立车辕内，不准离车辕争揽坐客；等等。当然这些规定并未得到严格执行，就拿年龄来说，贫民受生活所迫，小孩、老人拉车的随处可见。1929年、1935年，天津市公安局又曾两次对车夫年龄作出限制，但效果并不明显。

天津市政府曾经出台过一些保护人力车夫的政令，最人性化的有两个，一个是1931年夏天，天津市公安局禁止车夫"拼命疾驰，相互赛跑"："查人力车夫，为最苦劳动分子，每希图多得车资，拼命疾驰，或争先恐后，互相赛跑。

当此天气日渐炎热,烈日浩暑,空气亢燥之际,此项激烈动作,因肺部膨胀,头昏目眩,往往发生紧急病症,一蹶不起,危险实属堪虞。"一个是1935年7月,天津市政府禁止人力车载运货物,政令内称:"一般商人利用人力车替代运货,不但重量过高,非车夫能力负荷,且押运者多坐车厢竖板之上,车夫气喘呻吟,令人惨不忍观。惟以生计所迫,故不惜拼命,直如牛马。每每以车夫竭力而丧命者,不知凡几。"

1936年3月,市工务局曾计划为人力车夫修建24处休息所,但工程进展得很慢,直到全面抗战爆发前夕,只盖好了6处,且"所"简化成了"棚",用松杆、芦苇搭成,新站、老站、第一公园对过、大胡同南口各1处,南市2处。

华界与日租界交界处的人力车

取缔洋车无果而终

人力车自产生之日起,就因为其对车夫身体的极大损害而饱受诟病,被视为一种极不人道、不文明的交通方式。比如胡适曾经说过:"人力车代表的文明就是那用人作牛马的文明。东西洋文明的界线只是人力车文明与摩托车文明的界线。"20世纪二三十年代,人力车迎来了一个强劲对手——三轮车。抗战期间,由于汽油短缺,三轮车备受青睐,到1946年天津已有三轮车9350

辆,其中营业用车8368辆。三轮车比人力车轻便省力,又显得"人性化"了一点,有了这样的替代方案,废除人力车便被提上了日程。

1946年1月25日,国民政府行政院正式颁布命令,规定从当年5月1日起,三年内全国取缔人力车,并颁布了《禁止使用人力车实施要点》及《人力车夫安置就业办理要点》。天津市由社会局牵头,会同公用局、警察局共同办理此事。先对人力车进行登记,共登记11000余辆。然后从1946年5月1日起至1947年10月底止,以六个月为一期,分三期逐次废除人力车。

第一期的2000辆人力车取缔比较顺利,车夫们经劝令都自动改为三轮车夫,所以没有发生失业的情形。但以后两期因为要淘汰的人力车数增加,三轮车业容纳力有限,不能保证全部改为三轮车夫,而且当时天津市各工厂、企业及各交通机构原有的工人尚未尽数复工,向这些部门安置人力车夫的计划也成为空谈。天津市政府于是出台了《天津市人力车夫救济办法》,对眷属众多、生活确实困难,或愿返还本籍的失业车夫发给救济费,拟每人国币2万元,共需救济款国币8768万元。这笔钱,让天津市政府犯了难,向行政院请求拨款,而行政院此时也正被取缔人力车夫的事弄得焦头烂额。由于再就业安置不到位,上海的人力车夫甚至准备发动游行请愿。在这种情况下,行政院不得不于1947年2月下令:"取缔人力车等政令易招反感,各省市宜酌情缓办。"

天津市政府、社会局也就顺水推舟,承认每个人力车夫仅补助国币2万元,"显属杯水车薪,既未解失业者之穷困,亦未除社会不安之隐机",于是"一面暂缓取缔,一面极力开办转业之路"。取缔人力车夫一事遂不了了之。

(吉朋辉)

"一品香"与旧天津糕点业

　　天津建卫600多年，卫戍京畿，人烟渐盛，五方杂处，南北交融，在漕驳码头每天的呼喝声里，在运河上下川流的鱼盐味中，天津卫的市民逐渐形成了自己的饮食文化。

　　要说起天津的传统美食、特色食品，没有一部20集的"舌尖上的天津"是说不完的。中华人民共和国成立前，天津的食品业虽然品种五花八门，老字号久负盛名，但留存下的商标极少。这大概是因为传统的津式食品均出自家庭手工作坊，靠口碑相传享誉津门，像狗不理包子、耳朵眼炸糕，吃完美食，那包装也油乎乎了，谁还留着啊。所以说，那时天津的传统美食大多是有品牌、无商标的。

　　但是天津市档案馆却珍藏着这样一枚中华人民共和国成立初期留存下的一品香糕点商标。这枚包装糕点的商标用红色金粉纸印制，图样字体设计古朴、印制精美，而且竟然保存如此完好，令人惊叹。据说，这枚商标背后还有一段当年的纠纷故事。这还得从头说起。

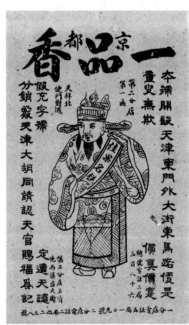

一品香茶食店天官牌糕点商标（天津市档案馆藏）

　　一品香茶食店于光绪三十年（1904）由经营盐务的郑荣禄独资创设，总店坐落在第七区东马路。产品以天官商标为记，档案中记载其自拟的广告词为："材料取诸鲜美,花样迭次改良,做法所宗卫生,颇蒙各界嘉许,遐迩闻名。"后又在大胡同开设了分销处,相继有总店、一分店、二分店、三分店等多个销售点,可见其经营之好。在民国初年就有不少月饼糕点冒充其字号,甚至丰润、唐山等处皆有冒"一品香"之名开设的茶食店,亦可见当时其品牌名号之响。逢年过节,提着印有"一品香"字样的糕点包走亲访友,一定很有面子。

然而纠纷也由此产生。原来,当时有字号的食品店铺,大体可分为糕点业与茶食糖果罐头业两类,这两业经营上虽有相似,实则征收税率不同。1931年,天津市营业税征收处专门发文表示:凡售卖细质茶食及糖果罐头,无供客食用之设备者,均为茶食业,按千分之五课税;凡售中国家常糕点,有供客食用之设备,可在该号食用,并不兼售糖果罐头者,均为糕点业,按千分之二课税。于是有人提出,一品香名茶食店,店内无供客食用之设备,东西都能打包提走,怎么能按糕点业标准课税呢?许多商家联名上书,请求有关部门裁断。后来经过调查,判定一品香不售糖果罐头,专售旧式糕点,且做法并无特别精细之处,应按糕点业课税。且规定以后商店不可"糕点""茶食"两名并称,以杜混淆。至中华人民共和国成立初期,这两业已渐渐合一,统称糕点罐头南味业。

经营糕点业,需购进面粉、香油、糖等原料,经加工制成熟食,在门市店铺零售。由于经营模式简单,技术含量不高,投入可大可小,原料及成品即使不易卖出,也不会浪费,因此从业者不少。经营此业,若想获利较易,地段很重要,这直接关系到客流量多少以及消费群体的身份阶层问题。20世纪40年代,糕点业同业公会还特别拟定了价目表,按地区繁荣偏僻分为甲、乙、丙三等,将萨其玛、槽子糕、桃酥、大小八件等几十种传统点心在每一等的售价作出了明确规定,各家商号按定价售卖,不准私自涨落。

20世纪二三十年代,本市制作糕点的商家最多时有130余户,从业人员1200余人。后因七七事变影响一度受损,营业减半。40年代增至209家。国统时期,物价飞涨,市面不稳,原料缺乏,营业困难,各号均亏累不堪,以致数家歇业。中华人民共和国成立后一品香等糕点店均改为国营,直至今天,其物美价廉的津式传统点心仍然广受消费者好评。

鸿字牌酱油商标（天津市档案馆藏）

除了糕点业，食品业还包括糖果、罐头、南味。店铺售卖糖果、各种罐头及南味（如）火腿糟鱼等，需要顾客带走食用。中华人民共和国成立前，人民生活水平不高，但靠海产盐，鱼虾不缺，天津的老百姓就地取材，制作各种虾酱、酱菜，积存起来，每日喜以酱类佐餐，口味重咸。当年天津产的各种酱类罐头也行销各地。天津市档案馆就珍藏着几十枚此类商标。有一枚为中华人民共和国成立初期标准家庭工业社生产的番茄酱，当时为特种商品，外埠少有生产，天津市仅此一家，因此供不应求。

标准老牌番茄酱商标（天津市档案馆藏）

民以食为天，米面油盐酱，样样都与老百姓的日常生活息息相关，食品业的兴衰正是一座城市生存、生活状态的反映。

（刘轶男）

清末民初的小摊贩管理之路

　　天津历来是商业发达的城市。清朝末年,虽然历经兵火战乱,但天津的商业凭借其自身的生命力,顽强地延伸着它的枝蔓,小摊贩兴旺就是有力的证明。当时天津的小摊贩集中在几个地方:北门外(北大关马路一带)、北马路、东马路、估衣街、大胡同、南市、金华桥以东河沿等地。天津市档案馆保留着一份1908年的清单,从中可以看到东马路至东门口一带以及北马路小摊的情况。东马路戒烟局南北就有手巾摊、刀剪摊、镜子摊、钟罩摊、书摊、古玩摊、估衣摊等。北马路有一处前天津知府潘黎阁的房屋,名曰"北海楼",是当时有名的"写字楼",楼上楼下共有商户数十家,其旁就有糖摊、钱摊、书摊、京货摊、铜锡摊等。北门外估衣街有晓市,已延续二百余年,仅糖果干鲜等货摊就有二百余家。这些小摊贩一般都是城市贫民,赖此养家糊口。

清末天津北门外钞关附近的热闹景象

小摊贩虽然丰富了市场，给贫民提供了生计，但也的确带来了一些问题。1901年，袁世凯接任直隶总督兼北洋大臣，开始在天津推行"新政"，在租界以外的地方建设了现代化的马路、电车等交通设施后，小摊的问题就显现出来了。比如北马路是电车总汇之区，车轨左右是上下客的必由之路，路边便道宽度从七八尺到一丈不等，如果小摊占住便道，一旦顾客环绕，连电车上下客所需的空地都没有了。再加上针市街、竹竿巷等处车马行人如织，电车来了躲都没地方躲，十分危险。还有很多小摊任意侵占便道，并且在摊铺前架设招牌、风挡、牌坊等，几乎要将行人挤到马路上去。1912年，天津县议事会为此专门向警务公所交涉，说北大关、大胡同及围城马路等各处小贩占地十分严重，以致"便道形同虚设，秩序为之混淆"，如不清理，"势必互相乱走，恐电车车马碰伤行人之事，以后在所难免"。

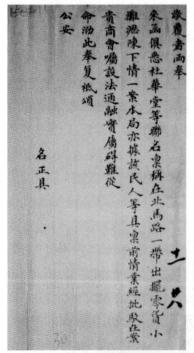

1906年11月28日天津巡警总局为不准在北马路一带出摆货摊事致天津市商务总会函（天津市档案馆藏）

除了容易发生危险，众多随意摆放的小摊也让天津城的市容显得杂乱不堪，尤其是和整饬洁净的租界一对比，更是相形见绌，这让那些当官的很丢面子。比如1915年，警察厅厅长杨以德在颁布《整顿路政办法》的告示里愤愤不平地说道："各国通都大邑，未有不讲求路政以为政治文明之标示者。即各租界之路政，亦皆异常整肃，取缔谨严。乃一入我中国境，则龌龊腐败，其景象竟与各租界判若天渊，文明开通者往往引为国耻，深诋官家政治之不修。"

天津对于小摊贩的治理开始于1906年，也就是光绪三十二年，最初整顿的方法十分简单粗暴。这一年，天津巡警总局下令将北马路、估衣街等处小摊一律取缔驱逐，不准再行设摊。北马路的71名小摊贩、估衣街干鲜晓市的16名摊贩同时向商会求助，商会将他们"数口待哺嗷嗷,一旦失业,转瞬流离"的现状转达给巡警总局,恳求保留小摊,并保证此后出摊"紧挨墙根台阶,不敢再侵占便道"。但被巡警总局以一句"碍难从命"驳了回来。

但这只是小摊贩们和巡警总局斗争的开始,为了生计,他们通过商会发起了一波又一波的请愿。根据档案统计,从1906年至1914年,因为取缔摊贩而上告商会的小摊贩有近900人次。在这样的情势下,巡警总局改变了一开始简单粗暴的做法,拿出了一些解决方案。1907年10月,巡警总局允许无业贫民暂时在路边摆摊,但规定只能紧靠便道边缘,占地不得超过二尺。1911年又增加到了二尺五寸。1908年4月,巡警局提出在贾家大桥一带仿照菜市办法修建百货售卖场,令小商贩一律移入,交税售货。但商会不认同这个办法,因为对于这些小摊贩来说,一日不出摊一日就没有生计,而卖场就算资金充足,建成也需要时日,更何况建设这样一个卖场筹款将会非常困难,最终难免成为烂尾工程,小摊贩们则要空等一场。而且小摊离开原有地点,势必造成顾客流失。所以商会还是主张按照先前的办法,在路边划定设摊范围,让这些贫民们不至于生计无着。

值得指出的是,天津总商会在小摊贩与巡警局的斗争中,尽职尽责地承担了小摊贩保护者的角色。正如商会给上诉的摊贩的一份批语里所说的:"本会以维商为宗旨,小摊亦商之支派,应详议便商之处,以保小本经营。"因此那些小摊贩们一旦被取缔,第一反应往往是诉诸商会,恳求其出面解决,而此时商会也会义不容辞,代表申诉的小摊贩向有关部门交涉。商会在小摊贩和管理机构之间起着润滑剂的作用。给小摊贩留出二尺设摊空间的办法,最初就是在光绪三十三年(1907)由北门外马路众摊贩提出,然后由商会转达给巡警局、工程总局而获得通过的。

可以看出,商会确实是在维护小摊贩的利益。在一份批语里,商会是这样告诫小摊贩的:"至路政一节,特其末焉者也。稍一敛束,即已达到目的,万勿喧宾夺主可耳。"这是在告诉小摊贩,巡警局那些官僚们号称维护"路政",只不过是做做样子,只要小摊贩们自己不把事情闹大了,稍稍做些让步,就不会被完全取缔。

清末天津河边的小吃摊

事实也正是如此。虽然从清末到民初,天津市一次又一次取缔小摊贩,小贩们则在商会的保护下,一次又一次地劫后重生,当局也只能是睁一只眼闭一只眼,天津的小摊贩始终如春天的野草般蓬勃。1914年,对小摊意见颇深的警察厅厅长杨以德下定决心要清理小摊贩,声称"决不听人民请求从中掣肘"。他颁布了《整顿路政办法四条》,将小摊贩能占用的空间一下子缩减到了一尺五寸,并且规定到农历新年前所有小摊必须一律进入夜市或者商场营业。当然这也并没能让小摊从天津绝迹。毕竟经济薄弱,民生凋敝,所谓路政的"龌龊腐败",是万千贫民需要如蝼蚁般在城市的夹缝中偷生的必然结果,若要做到"整肃谨严",除非把这些穷人的饭碗都砸掉,当官的日子大概也不会好过。直到1932年,当局终于意识到这一点,由天津市公安局出台了《管理摊贩规则》,不再限制小摊贩路边设摊,只要求他们花一角钱办一个执照,按照规定的要求摆摊即可。当局对小摊贩的管理这才走上了正道。

(吉朋辉)

民国初年的天津汽水厂

"现在流行喝什么?格瓦斯——非一般的液体面包!"这是一句现在电视上天天都在播的广告语,讲的是一种叫"格瓦斯"的饮料,不喝你就落伍了!但是,笔者在天津市档案馆珍藏的档案中,发现了几十枚天津的老汽水商标档案,其中有两枚"葛瓦斯"饮料的商标,这才知道,几十年前的天津就已经流行喝这种饮料了。翻拣馆藏的几十枚汽水老商标,多少可以领略到当年天津汽水行业的辉煌。

天津市山海关汽水厂葛瓦斯汽水商标(天津市档案馆藏)

汽水是随着近代天津开埠而由外国流入天津市并渐渐时兴的一种洋玩意。传统的消暑解渴饮料,如酸梅汤、凉茶等,虽然用料天然、滋补营养,但熬制时间长,不易保存,口味单一。汽水的制作保存则具备了机器生产、适宜大规模推广的现代意义。再加上天津人爱赶时髦的特点,喝汽水渐渐成了风气。这就促成了汽水行业在近代天津的兴起和繁盛。

据档案资料记载,民国初年天津市的汽水厂仅有3家,产品基本只供给洋人经常光顾的餐饮娱乐场所进行售卖,这可以算作汽水工业的兴起阶段。至20世纪30年代,天津市经济状况稍显繁荣,许多市民日常生活日渐富足,特别是善于迅速接受新兴生活方式且家境殷实的年轻人,对于饮用汽水等饮料接受度高,继而渐成习惯。这一时期,天津市的汽水工厂增至十多家,且销量也呈渐增趋势。抗战胜利后，美军在天津市及青岛等地驻军，各处酒馆相继开业，市场销量增加，促成了汽水业的极盛时期。1947年仅加入汽水工业同业工会的中小型厂家就有39家。此外还有未加入工会的私厂三四家及大川、山海关等大企业。

天津市山海关汽水厂鲜菠萝汁商标（天津市档案馆藏）

天津市山海关汽水厂鲜苹果果汁商标（天津市档案馆藏）

说到天津的汽水品牌，不能不提"山海关"。这个名字深深烙印在无数"70后""80后"童年的记忆中。档案中记载，该厂于1900年成立，为英国人创办，专做汽水。最初定名为天津万国汽水股份有限公司，因山海关地区水质优良，于1902年秋迁往该地。1903年出产新品，定名为"水晶牌"。1918年与美国可口可乐汽水公司接洽代理，成为天津乃至中国北方地区独家制售可口可乐的企业。由于其原料由美军供给，所生产的汽水成本低、质量高，在市场上一直处于垄断地位。除了可口可乐，留存下商标的还有橘子汽水、咖啡汽水、柠檬汽水、鲜菠萝汁汽水、鲜杨梅汁汽水、樱桃汽水、柚子汽水等十余种口味的汽水饮料。1953年与天津市企业公司签订转让契约，结束了该公司的外资历史。1984年迁入红旗路新厂，生产工艺、技术水平有了很大提高，所生产的几种饮料始终使用"山海关"牌商标，深受广大消费者欢迎。

受生活习惯和条件所限，当年汽水的制销是有季节性的，每年在农历三四月间开工生产，至八九月间则为销售旺季，其余的时间做收集瓶子、整理瓶盖等工作。由于汽水业只有半年营业期,因此对厂方资力有一定要求。中华人民共和国成立前,天津的汽水业市场一直受英美厂商的垄断,外资企业资本雄厚,原料供给稳定,在原料涨价时期仍能保证产品不涨价,这就使得一般的汽水企业无法经营,逐渐不能开工。20世纪40年代末,天津市统计在册的汽水厂家仅剩20余家。

(刘轶男)

皇商王惠民家族的兴衰史

在清代的盐商中,有一类人身份特殊。他们隶籍于内务府,与皇室关系密切,因此号称"皇商",在盐业经营过程中具有得天独厚的优势。长芦盐商王惠民家族即其中之一。王惠民自康熙中后期开始经营长芦盐业,经其子王至德、孙子王同文,历经三代,跨康熙、雍正、乾隆三朝,由盛而衰,可以看作清代皇商家族的典型代表。

私卖余盐牟取暴利

王惠民家族属于正白旗包衣旗鼓佐领,身份为"内府仆人"。这个家族和北京的权贵关系密切,与一等英诚公丰盛额、乾隆嘉贵妃之父三保都有亲谊。王惠民的盐务生意开始于康熙朝中期,康熙四十五年(1706),他抓住机会一举扩大了经营规模。此前天津大盐商张霖被参革治罪,其所拥有的专卖区也就是"引地"被罚没归公,其中八处被交给长芦盐商梁樟接办。但很快,王惠民便利用其身份和人脉从梁樟手中夺走了这八处引地。此后王家的引地数量不断增加,到乾隆十七年(1752)达到22处,每年的食盐销售配额达一千七百余万斤,为王家带来五万多两白银的利润。王家成为名副其实的大盐商。

总管内务府之印及印文

　　然而经营规模的扩大所带来的,除了利润还有名目繁多的税费。除了额定的盐税外,接办参革盐商的引地时需要接手引地原主人欠下的各种罚款和债务;作为皇商,他还需向内务府缴纳"节省银""帑利"等各种费用。这些费用的总额,最多每年可达白银两万两左右。另外当朝廷需要捐输和报效的时候,王家又必须表现得比其他盐商更加慷慨。比如乾隆九年(1744),长芦三十八商捐银10万两用于水灾赈济;乾隆十三年(1748),长芦盐商捐银20万两用于金川兵饷。虽然王家捐银的具体数字不详,但这两次都是排在捐款清册及议叙名单的第一位,应该是数额最多的。如此算下来,王家经营盐业一年的收益并没有多少。

　　如果王家只是老老实实地按照合法途径行盐,虽然不至于亏损,但远远达不到他们对盐业所能带来的暴利的预期,所以他们开始以私卖余盐的方式牟取无须与朝廷共享的利润。所谓"余盐",就是各盐场在当年配额运销完毕后剩余的盐。在运销畅旺的时候,朝廷为了弥补供应缺口会允许盐商运销余盐,但必须登记在册作为余引,并征收相应的盐税,称为"余盐银"。若不经过官府许可征税私自运销余盐,则被视为私盐。王惠民从梁樟手中接办的蓟州等八州县引地食盐非常畅销,供应的缺口常常多达数万包。从康熙四十五年(1706)到雍正十年(1732),王惠民每年在这八州县引地私卖余盐四万余包,值银七到八万两不等。二十多年内,王惠民已经非法获利百万两之巨。王惠民及其两个儿子王至德、王慎德都因此成为巨富,在京津等地购买了大量田产房屋,但同时也为自己埋下了祸根。

倚势豪纵诬告盐政

　　皇商的身份和巨额的财富为王家赢得了显赫的社会地位。王家与大部分长芦盐政都保持了良好的合作关系,享受着盐政的特别优待,而盐政们对其他的盐商则严厉多而体恤少。王家甚至可以无视地方官的权威,更无须遵守其他盐商长久以来约定俗成的各种规矩。乾隆二年(1737)就任长芦盐政的准泰,曾将王惠民的儿子王至德列为"津商陋习"的典型代表:"津商陋习居奇炫耀钻刺营求，视盐政为一家眷属。即如商人王至德者，赋性骄奢，不守本分，因与侍卫安宁（丰盛额之子）有亲，与前任盐政三保亦系亲谊，出入盐署，倚恃威福挟制众商，人人侧目。"

　　准泰属于少数不与王家合作的长芦盐政之一，并且因此给自己的仕途平添了一段波折。乾隆二年（1737）闰九月，准泰接到了乾隆帝发下来的一件奏折，其中开列了他三条罪名，这三条罪名如果成立，足以让准泰丢掉长芦盐政的职位。虽然乾隆帝有意隐去了上奏人的名字，但准泰一眼就看出这是谁在兴风作浪。在他赴任长芦盐政之前，丰盛额曾经找到他，托其照看王至德，"给以脸面"。对王家而言，这是再平常不过的事情，也可以说是历任盐政上任时的"惯例"。但王家没想到的是，准泰并没有像其他的盐政那样容易合作。

　　按照准泰自己的说法，王家曾想要染指某处利润丰厚的引地，准泰以"不准私谒"为由让其吃了闭门羹；准泰还出告示劝谕盐商"以戒浮华"，在崇尚浮华的王家看来其实就是针对自己。因此二事，王家怀恨在心，这道罗织罪名的奏折，应当就出自丰盛额或三保之手。准泰将奏折中所揭发的三件事解释清楚，并将王家在天津的嚣张跋扈及与自己结怨的过程一一奏明。乾隆帝只批了一句"知道了"，既没有调查准泰所奏是否实情，也没有追究王家诬告之罪。

东窗事发由盛而衰

　　雍正十二年（1734）年初，因为被夺走引地而痛失厚利的梁樟终于等到了报复王惠民的机会。他偶然知晓了王惠民私卖余盐的秘密，便向直隶总督李卫告状。但王惠民再一次显示了其通天手段，案子被雍正帝下令移交到北京，由果亲王主持审理。审理的结果是，王家补缴一笔余盐银了事。这笔银子数额在三十万两左右，远远低于王家已经获得的额外利润。这件案子对王家并没有产生太大的影响。

雍正十二年(1734)二月二十日直隶总督李卫奏陈盐商王惠民私卖余盐情形折(部分)

事情并没有到此为止。王惠民父子在缴纳余盐银的过程中竟然"一银两抵",也就是用一份银子交两份差,按照户部后来解释的说法,是"误将余盐银扣抵帑银",二十多年间隐瞒了数十万两。这件事在乾隆十九年(1754)被人揭发。王惠民私卖余盐案的主办人是果亲王、庆复,这种把戏如果没有他们的配合是不可能完成的。乾隆帝在得知真相后愤慨地说:"使果亲王、庆复等此时尚在,定当重治其罪。"尽管如此,乾隆帝还是对王家网开一面。本来户部建议按王家隐瞒银两的数额加罚三倍,但乾隆帝最终下令从宽只加罚一倍,罚银总额是71万两。乾隆帝并不想王家真正破产,毕竟培养一个能持续为内务府输送利益的皇商不是那么容易的事。

但对此时的王家来说,71万两这个数额还是太多了。受自然灾害等因素的影响,王家的盐业生意已经在走下坡路,引地数量不断减少,引盐滞销,王惠民的儿子王至德不得不一次次向内务府借帑银来维持生意运转。乾隆三十五年(1770),王至德在苦苦支撑十多年后去世,留给儿子王同文的欠款未减反增,已经达到96万余两。王同文并没有父亲的经验和手腕,到了第二年将欠款又提高了好几万两,总额已经达到了一百余万两。十二月,王同文不得不向户部呈请清查产业。最终王同文被革去盐商资格,盐商吴肇元被选中接办王家的引地,同时认领了这一百多万两的欠款,历史进入了一个新的轮回。

(吉朋辉)

盐商晋城王氏家族的经营之道

　　长芦盐区的中心在天津,但盐商却来自全国各地,其中山西人一直占据优势,以"王克大"作为引名的晋城王氏就是其中的佼佼者。这个家族在长芦的盐业生意开始于明末清初,经历明清易代,王家的经济实力不但没有衰退,反而不断加强,直到乾隆朝中期一直长盛不衰。

　　明末清初,王氏家族事业的开创者王自振从山西来到直隶省的邺郡业盐。很快,他凭借自己的眼光和魄力,从政府手中取得了河南怀庆府的盐专卖权,奠定了王氏家族兴盛的基础。王自振的儿子王璇将家族盐业生意继续做大,使王家成为长芦盐区首屈一指的大盐商。

　　从乾隆二十六年(1761)的一件奏折中可以看出王家的实力。这一年,王璇的孙子王镗在延绥道任上病故,此前王家的盐业生意是由他主持的。乾隆帝考虑到长芦盐商殷实的少,亏空的多,就让长芦巡盐御史金辉查一下王镗有没有拖欠过盐课。金辉的奏折中开列,王家拥有河南彰德府属之安阳、林县引地,每年共配运一万九千余引,应交课银一万余两;又领借内务府本银七万七千余两,每年应交利银九千三百余两;又承办内务府永庆号祥符等二十一州县引地,每年应交利银八万八千余两。加起来,王家每年要上交银子十万余两,却从来没有迟误拖欠过。王家能够长期保持这样的经济实力,除了深谙盐业经营之道,还有最为重要的两大法宝。

经商为官两条腿走路

　　专商引岸制实质上是一种官督商办的模式,这就决定了盐商天然与官

87

府、官员之间有着盘根错节的密切联系。且不说盐商直接受到巡盐御史和盐运使的双重管制，举凡引岸的取得、盐引的申领、销量的调剂、官帑的借贷、盐税的宽免等环节无不仰赖于这两位"官老爷"，就是行盐过程中的大小地方官，也有权力盘验引盐，甚至有可能借盘验之名行需索之实。如果盐商想要采取点灰色甚至违法的手段牟取暴利，那就更少不了官员们赐予的"方便之门"。为了让这扇方便之门更加方便，清代前中期的大盐商家族很多都是用经商和出仕两条腿走路。这种出仕并不是在捐输或报效之后，由朝廷象征性地赐给品级很低的虚衔，而是实实在在进入官场。

清代叶芳林绘《九日行庵文宴图》中的盐商形象

自王璇这一辈开始，晋城王氏家族很多子弟都读书入仕为官。本来盐商有的是钱，纳捐买个功名是非常普遍的做法，大部分盐商只要一个虚衔而已，王氏家族却并非如此。王璇的长子王廷抡做过户部员外郎、福建汀州府知府、山东盐法道，次子王廷扬也做过户部员外郎、郎中，后来升至太仆寺少卿、户部右侍郎、工部左侍郎。王廷抡的长子王钧做过浙江盐运司副使，后来升任光禄寺卿兼霸州水利营田副使，最后官至其叔父王廷扬担任过的工部左侍郎。王廷抡次子王镗从户部员外郎做起，后升任太仆寺少卿、刑部郎中，出任延绥道。他们所担任的差不多都是实干职位，在任上全都颇有政绩，官声卓著，上得朝廷褒奖,下受百姓拥戴,显示出其家族所具有的勤慎干练的优良品质。这样一来,其家族内部有了明确的分工:一部分人经营着盐业生意,另一部分则负责在官场中铺设人脉,为家族生意保驾护航。这种家族发展模式,可以说是大盐商保证经营规模与持久性的法宝。

值得注意的是,他们几乎都不是通过科举途径走上仕途的。王廷抡是以太学生的资格任青州通判开始仕途;王廷扬年轻时,学政使只因器重他的"学识品格"就委任他为户部四川司员外郎;王钧以秀才入选贡院,以父功授予知府;王镗则在其兄王钧病故后"奉旨入京奉对",授户部浙江司员外郎。王氏家族的这种入仕方式,是清朝政府与盐商之间达成合作的典型例证:朝廷以政治地位来拉拢盐商,便于利用其巨额财富和在地方的巨大影响力,而盐商则借此使自己的家族在国家政治体系中获得与其财富相匹配的地位。

配合朝廷捐输报效

作为对朝廷的回报,王氏家族除了忠于职守、勤慎办事之外,还会毫不吝啬地付出各种巨额捐输、报效。虽然不排除真诚的急公好义,但绝对不能否认其本质上还是一种政治投资。继王璇之后主持家族盐业的王廷扬在这方面做得就很好。据称,王廷扬为人"端庄持重,不苟言笑",但在捐输方面他绝对是一个激进人士。康熙六十年(1721),为了支持朝廷西北用兵,他以长芦盐商的身份一下子捐出了白银二十万两,第二年又追加八万两。与之相较,雍正十年(1732)长芦众商集资捐输的数额才只有十万两白银而已。这让雍正帝对他印象颇佳,雍正元年(1723)赐其条幅"晨摇玉佩趋金殿,夕捧天书拜琐闱";雍正三年(1725),在给莽鹄立奏折的朱批里评价他"不但良商,此人大有意思的人"。皇帝的青睐,对巩固其自身和家族的政治地位至关重要。

雍正三年(1725)七月,雍正帝决定重修天津大沽口海神庙。这座庙由康熙帝"敕建"于康熙三十六年(1697)。既然是"敕建"庙宇,待遇自然和其他庙宇不同,除了享受官方祭祀,还每年由盐商缴纳公费修理。雍正帝即位后,继续给这座庙宇以皇家待遇,于雍正二年(1724)十二月敕封"东海显仁龙王之神"。当他决定重修这座庙，考虑到资金问题时，"王廷扬"这个名字立刻就被联想起来，因为此时王廷扬正好有两万两银子掌握在雍正帝手里。这些银子，是王廷扬以前贿赂权臣隆科多的赃款，在雍正帝调查隆科多的时候浮出水面。有意思的是，雍正帝给长芦巡盐御史莽鹄立的朱批里，特意将这些银子表述为"王廷扬被隆科多诈去二万银两"，并且声称"今朕着他要回，将此项作修庙之用"。本来这些银子可以抄没充公，拿来修庙自然没有任何问题。但雍正帝偏偏要卖个人情给王廷扬，由他领回再自己上交作为修庙费用。

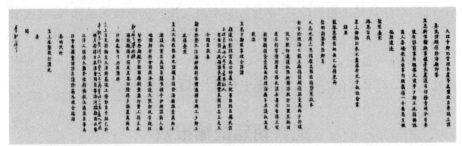

雍正三年（1725）八月二十二日《长芦巡盐御史莽鹄立奏太仆寺少卿王廷扬情愿捐修海神庙折》

王廷扬对雍正帝的意图自然心领神会，很快通过莽鹄立向雍正帝表达了自己的感激之情："窃扬一介庸愚……皇上御极以来不弃菲材，父子叔侄皆蒙录用，宠眷恩荣有加无已。而扬更荷圣明渊鉴，畀任卿员，天高地厚之恩，涓糜莫报。"当然感激不能只凭嘴说，他的行动是，不但不领受那两万两银子，还另外捐银一万两用于修庙。按照惯例，盐商每有报效捐输，朝廷都会赐给一些职衔作为回报，王廷扬又以谦卑的口吻声明，他虽向朝廷捐银，却"不敢仰邀议叙"。其实他当时任太仆寺少卿，也用不着这些虚衔。最终那名义上属于他的两万两银子，被雍正帝交给莽鹄立用于天津修堤工程了。

雍正四年（1726）四月，海神庙工程竣工。雍正帝仿照父亲的做法，赐给碑文一篇，由成亲王允祉亲自手书。王氏的名字虽然没有出现在碑文中，但他们的功绩却深深镌刻在了皇帝的心中。依靠着最高统治者的支持，王氏子孙将家族鼎盛势头一直保持到乾隆朝中期。

（吉朋辉）

南开往事

南开大学近津救济队

1925年12月,国民军围攻天津之战爆发,以津北沿京津线一带最为激烈。冯玉祥、李景林两军精锐分布于北仓、汉沟、梅厂镇一带,东西延长五六十里,血战十余昼夜。李军环津防线首在北部被冯军所破,12月24日上午,国民军直入天津。因李军曾在韩家墅、刘家码头设立临时军医院和营垒,故而这一带也曾发生激战,村民损失惨重。鉴于此,同年12月,南开大学成立救济队,赈济四野灾民。救济队分为近津和长途两队,近津队队长丁子培在1926年第27期《南大周刊》中刊登的《南开大学近津救济纪事》一文,详细记述了该队赈济灾民的全过程。

南开大学校徽

近津救济队的职责是调查、赈济北仓至天津间的灾民,队长丁子培,书记陆沆,会计兼庶务杨景才。因时间、款项有限,不能逐村详细调查、赈济,故先视察近津各村的大概灾情,然后对受灾最重者给以赈济。

1925年12月28日上午8时,丁子培与同学张松龄、陆沆、黄继开、朱法文及校役,各佩袖章,由校出发,鱼贯北向,步行至同文书院,乘车直达北仓。是日,北风凛冽,砭人肌骨,尘沙扑面,双目难张。时值冯军某部调回,人马塞道,车陀拥途,车行甚缓。他们到达北仓时已是中午12时余。他们先走访了村长和警察官,询问该村战时情形及受灾居民状况,然后到村中实地考察。据查,北仓、南仓、中仓一带,房屋皆未损坏,居民亦无伤亡,唯粮食、柴草损失颇巨,尤中仓受灾较重，其多户墙上有数处弹痕。村人言，此处战事约经6小时，并无抢掠，唯有数家门板为军士夺去作为军用器具。马庄、阎家街、刘园村、王庄、吴家咀诸村情形与南仓一带略同。穆庄子、天齐庙、郭辛庄距津较近，波及其微。

29日上午8时，丁子培再次偕同学高许培、陆沅、唐家琛及校役，由校出发，乘车至中区第五警察所，徒步向韩家墅进发。沿途难民甚夥，老少男女，提携载道，形容憔悴，饥寒毕露，领章、弹壳等军用品狼藉遍地，间有未炸之开花弹落于冰上。居民称，该村名为刘家码头，战时曾为李军临时军医处，有三十余家，房屋损坏者有数家，其家具、粮食等损失甚巨。路上时见无家可归之老幼曝日，薄衣单裳，饥寒之状，甚为可怜。此村东北二里许即为韩家墅。该村苦寒者约200余户，房屋被毁颇多，各家衣被、柴米均被抢掠、毁坏殆尽。因门板均被掠去，故在巷内即可洞见其室内狼藉、家徒四壁之状。居民称，战时枪炮，轰响竟日，入夜枪声，密如连珠。未及逃走的青壮年尽被拉夫，老弱妇孺惨遭士兵殴打，死者虽少，伤者甚多。村西有李军营垒，西北围以战壕，外壕宽且长，壕内尚有二具死尸未及掩埋，头烂股破，形状惨极。救济队后至杨家咀，村中柴草丰盈，房屋如旧，盖未受偌大损失。随即确定韩家墅、刘家码头为受灾最重之地。

早期南开大学校门

1926年1月2日上午8时许,丁子培与救济队监理人戚赞鼎,同学尹贤容、高许培、林文彪、杨景才、黄继武、朱法文、宋作楠、陆沅、侯汝勋及校役,由校出发,携款赴韩家墅,赈济灾民。

清末天津郊外农民的居所

午后1时,救济队抵韩家墅后立即找到该村村长,另由陆沅、林文彪二人到军营中谒访国民军一军军长,要求遣兵保护、维持秩序。官长招待甚殷,积极响应。丁子培等移款入村长室内,布置办公所,村长、村代表及一排军士先后到场。救济队当即分为四组,各组由三名学生和一名村代表组成。一、二、三组出外逐户详细调查,一人写票,一人记录,一人为助手。四组在室内准备赈济手续。调查内容为户主姓名、人口(男女老幼)、受伤或死亡人数、被毁房屋数目、牲畜损失、大车损失、衣服粮食及零星家具损失、未受灾前家境、现在家况、其他情形等十项,并依此分为A、B、C三等,以便发款。4时许,调查完毕,计算各等数量,确定各等给款数目。发款时,现场既无喧哗,更无争先,秩序井然。5时余,发款完毕,村长和村代表缮写收据、签字、盖章。救济队乘车而返,难民欢呼相送,久久不去。

(周利成)

张伯苓的中学教育思想

　　民国时期首次直隶全省中学会议于1916年7月20日在天津召开,会议为期九天,地点设在河北公园。参加人有直隶省署教育科人员、省视学、各中学校长及教员代表、各高等专门大学及实业学校校长,共九十余人。代表们白天审读议案,研究国文、英文、算学、历史、地理等科教法,晚上听取专家演讲。张伯苓以南开中学校长、省公署教育顾问的身份主持此次会议,并于26日晚间做了《中学训育之经过》的演讲。

　　张伯苓此次演讲,以南开中学的实际经验为根据,向大家介绍了中学训育的重要性、原则、方法等。他认为,学校训育工作的一个重要方面,就是培养"校风"。在这一过程中,校长是核心,要以身作则;教员是中坚,大家志同道合;学生受教既久,感染校风,于是带动新生,循循步入学校正轨。如此形成一个良性循环,校风由此成矣。张伯苓强调身教重于言教,他举了一个例子:南开中学禁止学生吸烟,终日劝告,但效果不甚好,后来张伯苓本人果断戒烟,以为表率,南开在校学生终于无一人抽烟。

早期南开中学堂全貌

学校育人的目的在于培养人、塑造人,增长其能力,将来为国效力,而不是消极的束缚,仅仅以不为非而已。所以禁绝陋习不是最终目的,强力禁止也不是最佳手段。南开中学鼓励学生创办社团,参加社团活动,在有益的事业中获取正能量,发展能力。首先校方大力支持,社团组织活动全部由公款拨划,逐渐培养学生自己组织、经营,渐渐地,不但活动搞得有声有色,而且款项也可以靠募捐得来,不用再由学校担负。这样不但丰富了课余生活,还锻炼了学生的能力,增加了社会实践经验。南开学生在戏剧演出、体育运动等方面一直引领当时社会风气之先。

南开的训育以宽容为主,认为学校扮演的角色相当于医生,而不是警察,所以没有必要疾言厉色,抓住学生错处不放。有的学校对于学生犯错,书写于大牌,悬于明处,以示惩戒,南开则不然,写于小牌,悬挂在学生身侧,既警其心,又留有余地,改过即可摘除。所以南开中学的师生之间关系融洽,老师爱护体恤学生,学生敬爱体谅老师,不会出现学生越懂事越和老师、学校作对的现象,学校的训育工作也就水到渠成,形成风气了。

张伯苓早在 1908 年即赴欧美考察教育发展情况,西方宽容民主的教育思想已深深地影响了他,加之办南开教育十余年的成功经验,使他逐渐形成了一套渐趋完善的育人理念和方法。1912 年他在中华民国南京临时政府召开的临时教育会议上,即提出德智体三育的教育宗旨,此后在多个场合演讲都反复申说

1927 年南开中学篮球队"五虎队"合影

"三育并进不可偏废"。在此次大会闭会词中他针对大会提案关于智育者多、体育者少的现象,再次强调"教育当德智体三者并重"。

演讲毕,张伯苓专门留出时间,解答现场听众提出的问题。提问者多为校

长、学监等教育部门主导者,所提内容多为学校日常管理中的琐碎问题,如学生在食堂用餐时讲话是否合适,学生就寝后谈话如何制止,学生在校外购饭应否干涉⋯⋯张伯苓都一一进行了解答,并举出欧美学校食堂师生围坐,言谈相宜的例子,主张"学校须如家庭,使有快活之余地",既不能放任自由散漫,也不能严厉压制,管理要采取适度有效的方法,开诚布公,酌宜处理。

张伯苓的话显示了一个大教育家高瞻远瞩的宏观教育理念,和处置细枝末节的高超教育手段与智慧。

(刘轶男)

南开大学最先创办特种奖学金

　　南开大学自1919年创办后，学风纯正，成绩卓著，人才辈出，声誉鹊起。为适应社会需要，辅翼贫寒学子，1931年7月，校长张伯苓率先创办特种奖学金，对外公布《南开大学特种奖学金章程》，面向京津沪三地学子公开招考。

　　1931年7月14日《时事新报》中《南开大学创办特种奖学金，奖励勤学寒士之新事业》一文，介绍了此项奖学金的缘起、办法、金额和名额。张伯苓爱惜人才，时常感到生活中坚韧耐劳的学问家或成功者，以出身贫寒者为多。当时在国内获得大学教育的机会极不容易，一些聪俊有志的寒家子弟或家道中衰的勤勉青年，虽有向上之心，但均因经济供给不足而望而却步。另一方面，那些有幸得到高等教育的富家子弟，往往不知珍惜而无所成就。鉴于此，为国家前途计，为社会幸福计，为奖励勤苦寒士，他遂与老友吴达铨商议，请其出资，

早期南开大学北部全景（马蹄湖、木斋图书馆）

在南开大学创办特种奖学金。银行家吴达铨热心公益，更重国家教育，积极响应，促其实施。

当时，全国各大学均设有普通奖学金，可使优秀学生免纳学费和住宿费。但获得普通奖学金的学生，因衣食费用不得资助，仍不能维持生活。南开大学的特种奖学金为每年每人350元，若能撙节，除学宿费外，尚能吃饭、穿衣、买书、零用等。且得此奖学金的学生，入校以后，如成绩优良，还可连得四年。也就是说，他完全可以不依靠家庭资助而大学毕业。

特种奖学金第一年作为试办，暂定名额为20人，试办顺利后，由奖金委员会进一步推广。张伯苓在接受记者采访时说："这种办法，用钱本不甚多。如果推行着有效，得着社会人士的同情，募集起来，总比让人家捐成万的钱兴学容易得多。中国虽穷，一年节省一点奢靡费用，出三百多元，供给一名学生的人，还可以说到处都有。进一步说，与其供给自己庸才子弟，劳而无功，还不如援助一个不认识的高才青年效果大些。因为人才的养成，对于我们民族的盛衰，国家的兴亡，很有关系。"

南开大学思源堂

特种奖学金章程一经公布，《大公报》《国闻周报》《时事新报》等十数家报刊均做相关报道，均给予很高评价，并希望其他学校竞相仿效。《国闻周报》的《南开大学之新事业》一文称："虽仅有20名，但事属创行，愿宏力绌。自教育上之意义者,此事在中国社会,开一风气,造端虽微,收效必大。故吾人不独盼该校此举之成功,并望其他各方面之继起。南开倡行之办法,任何校皆可提倡,任何地皆可发起。盖使人捐款巨万兴学,其事难;担负一人或数人学费,其事易。"《现代学生》写道:"此事确属创举,真是穷学生的一线曙光。我们不但应当极端地赞佩南开,而且应替穷学生庆幸。但是,阴霾中的一线微光,怎能照彻去路?杯水车薪,哪能有济于事?希望享受最高物质生活的阔人,荣华都市里的财翁,国立、私立各大学的诸公,步着南开的踪迹追随上去。那么,不但穷学生的求学问题得到初步解决,就是国家社会也受益不少。"

据史料记载,中国航空仪表专家昝凌,1932年自南开中学毕业后,以优异的成绩考入南开大学;革命烈士刘毓璠1935年秋考取南开大学。他二人均因成绩优异而获得特种奖学金。1933年8月15日,张伯苓致函大陆银行经理谈丹崖,对其资助16名学生特种奖学金一事表示感谢。

(周利成)

张伯苓扶助东北大学

东北大学创建于1923年，1928年起由张学良兼任校长，但实际不直接负责校务。由于管理不善及人事矛盾，1930年底发生了副校长请辞离去的事件，这样，东北大学就遇到了无人掌校的难题。张学良决心改造东大，请了东北籍的南开学生宁恩承出任秘书长，并代理校长职务。张学良此举不仅是将东大全权交给宁负责，更是看重宁背后的南开教育背景，希望借重南开的力量重新梳理东大。在经过深思熟虑，并亲赴天津听取了张伯苓的意见后，刚刚30岁的宁恩承接受了任命。

东北大学校门

宁恩承从1931年3月正式接任，至当年九一八事变发生全校疏散入关，虽然只有短短的半年时间，却让东大发生了翻天覆地的变化，成为一所师资雄厚、管理完善的名校。这期间，张伯苓对于东北大学的建设给予了全面有力的支持，不但派出南开"四大金刚"之一的孟琴襄到东大襄助校务，而且义务担任东北大学委员会常务委员,每次会议必自掏腰包,亲赴参加,给出了很多建设性的指导意见。

按照章程,校委会每年于3月、6月、9月、12月举行四次会议,1931年3月第一次会议为成立大会,第二次会议由于校务待议事项较多,提前至5月21日举行。张伯苓除了这两次亲赴辽沈,中间4月份还去了一次,是为了平息学生风潮迫宁辞职之事。宁恩承甫接校务,有一番自己的打算和作为,可是年轻气盛,遇事稍显急躁,正赶上学生们因之前积累的不满而闹情绪,两相较真,宁恩承愤然求去。他还一直兼任着东边实业银行总稽核,这么一闹,打算索性回边行干自己擅长的金融业。这可急坏了其他常委,4月18日晚张伯苓接到急电,请其速去"挽劝,迟则难救",并且要他先给已回边行的宁发电报,稳住其本人。

张伯苓紧急处理了手头事务,坐上夜车,于22日早晨到达沈阳。经过一番勉劝,宁恩承终于答应留下来,完成使命。24日校委会召集学生代表开会,张伯苓进行演说,对学生一番抚慰,化解了宁恩承与学生之间的僵局,最后大家表示互相体谅,"欢然散会,风潮遂告平息"。宁恩承当年在南大读书时,就是一风云人物,曾经因为他的一篇文章,掀起了南大教授罢教、学生罢课的风波,当时张伯苓用高超的教育智慧巧妙地化解了风波。此次东大风潮过后,张伯苓致函张学良汇报此事,言"伊(即宁恩承)在南开时亦曾闹过小风潮,我未尝罚过,今亦不令对诸生有所处罚。不过此等办法只此一次,再则必不能容,甚至请校长解散,亦无不可"。正是张伯苓对天下学子发自内心的爱护及有底线的包容,才能一次次化解僵局。

张伯苓三月之中三赴辽沈,不但力挺宁恩承度过了初掌校务的不稳定期,还协助为东大制定了切实可行的发展计划。据《东北大学校刊》载,第二次校委会

20世纪30年代的张伯苓

议定诸多事项,首将发展全校体育列为要途,这自然是与南开重视体育的教育特色一脉相承的;另外,对招生、图书与仪器配备、学校财政预算分配等各个方面都进行了规定。有了孟琴襄的办事能力、张学良的财力支持、张伯苓的声望相助,以及南开成功的办学模式为样板,宁恩承大刀阔斧进行改革,学校很快就见起色。此时的东北大学,"无论以言建筑之雄伟,以言设备之完善,以言师资之一流,以言体育之发展,以言经费之充盈,俱可称全国之最"。

九一八事变后,东大内迁,南开大学特别为东北流亡学生提供借读名额,并在生活上给予照顾,五年之中,共有七十余人在南大借读完成学业。

(刘轶男)

南开人与自贡蜀光中学

1937年,在川康盐务管理局局长缪秋杰的力邀之下,张伯苓携喻传鉴等南开精英亲赴自贡,经一番实地考察后,全面接手主持蜀光中学的教育教学管理工作。

张伯苓此番带去的南开团队,有南开中学主任喻传鉴、副主任兼教导主任韩叔信,以及曾在南开中学任教的陈著常等一批高水平的教师,这些南开栋梁都是张伯苓身边的得力助手,不但自身的业务水平高,工作能力强,而且深谙张伯苓教育思想的真谛,具备勤奋、严谨、科学的奉献精神。张伯苓正是希望以南开的声望和经验,以及

蜀光中学校徽

南开的精英管理团队,在短时间内把这个"前途发展未可限量"的学校带入高水平的发展轨道。这是张伯苓教育救国事业的一个新的发展,他相信,只要有南开人在建设,南开的宗旨、"公""能"的精神,到哪里都能生根发芽。喻传鉴、韩叔信、陈著常三人在十多年的时间里历任蜀光中学校长,在他们的管理下,蜀光声誉鹊起,名震川西。

在僻处内地的自贡,要办好一所高水平的中学,充足的资金来源是其重要支撑。"私立自贡蜀光中学"初名为"自贡私立初级中学",于1924年由富荣两场井灶行商集资创办,1938年扩大规模,添设高中,更名"蜀光",挂靠南开,这都得益于自贡盐业的兴盛。抗战期间,江南淮盐受战事影响,不能正常供应,自贡产盐大批量进入湖南、湖北市场,是为"川盐济楚"。自贡盐商借此机会迅速崛起,聚集了大量财富,而且将充足的资金投入到当地的文化教育事

业中。蜀光建校转年，即1939年，自贡建市，成为第一个因盐而设的省辖市，蜀光自为当地教育文化的重心，这不能不说是张伯苓校长的又一先见之举。

蜀光中学的校董都是当地的大盐商或盐业团体负责人，学校建设、运转的经费绝大部分都来自盐业拨款。据档案记载，1938年建校之初就规定学校经常费由川康盐务管理局在公益费项下拨出，高中每班补助5000元；建筑费则由盐傲附加的楚盐津贴项下拨用。到1941年，由于

蜀光中学惜阴楼

物价飞涨，生活成本增加，学校经常费不敷，学校董事会即向负担本校的引盐各公会团体筹商补救，经约同引盐、井灶、行商各团体联席会议议决，每傲增收经费20元。

随着抗战局势的扭转，淮盐引岸逐渐恢复，自贡盐在湘楚岸销量大规模减少，到1948年，自贡盐销量不到抗战期间平均年销量的六分之一，自贡盐商

张伯苓（前排左三）与喻传鉴（前排左二）在自贡

的繁荣也如昙花一现般迅速衰落。这直接导致当地办学资金的大幅缩水。1948年2月,贡井场商处及各盐业公会向川康盐管局协请停扣蜀光中学应担经费,并将学校经常费千分之三移作自救。在这样的背景下,发生了韩叔信校长赴美深造未归,代理校长陈著常不愿继任的棘手问题。

1948年夏,董事会决定自暑期以后改发实物,每人每月一石一斗碛米(即稻谷脱壳后的糙米),本来教职工待遇就每况愈下,如此更是雪上加霜,弄得人心惶惑,大为不满。陈著常信函中说"假期中发薪、修缮,甚至小如茶水等事亦发生问题,致令留校同仁精神甚感不快。月来原已应聘之教师因而各奔前程,纷纷求去者大有人在(已有17位离校)",并明言"今日本校问题,固不在校政代理人之谁何,而实在乎先生待遇之彻底改善"。经校董会与多方面的往复协商,终于在秋季开学之际表示待遇问题"已尊重教师意见,今后一切问题当不难解决"。恳切慰留之下,陈著常才同意继续担任蜀光校长。

(刘轶男)

张伯苓与直隶小学会议

一战结束后的欧美,迎来一次教育革新的热潮,当时的中国也不甘于后,由教育界开明人士倡导,积极进行教育上的改良进步。

1918年直隶省教育厅成立后,在天津召开直隶小学会议,商讨、议决小学教育的问题,并于1919年制定了《直隶小学会议简章》,规定会议于每年春季召开,形成定例。参加人员包括教育厅科长、科员、省视学、各县劝学所长、省立师范学校校长、附属小学主任及省县各小学师范讲习所职教员代表等。会议召开时,各学校校长、教育机构负责人、各县教育巡行员聚集一堂,讨论教育改革议案,转年开会时汇报实施情况及存在问题。每次开会,省长、厅长均到会参加,殊为重视。

1918年的会议只是讨论议案,共议决了推广女学案、整顿小学教育议案、添筹学款案等百余个议题。1919年开会除讨论议案之外,还设立了巡行教员

张伯苓与中华教育改进社成员合影

讲习会,召集各县巡行教员或劝学员、师范讲习所及高等小学校职教员,每县一二人来津听讲,借以灌输新知识、新教法,为改良地方教育做准备。

当时每县设巡行教员一至四人,由曾任小学教员五年以上并确有成绩者担任,以辅助劝学。巡行教员每半年至少须巡行全县各小学校一周,于假期要联合各小学教员开教育研究会,将改良教管训练情形详登日记,呈交劝学所长查核,于每年终摘要呈报教育厅备案。

1919年直隶小学会议及巡行教员讲习会经呈准,自4月15日起在津召集开会,设新开河法政专门学校(即旧北洋师范学校礼堂)为小学会议会场,南马路曹家胡同学界俱乐部为讲习会会场。讲习会虽为巡行教员而设,但各劝学所长、各校长讨论议案之余,均可到会听讲。讲习会为期两周,第一周关于教管训护研究,第二周兼及教育各问题演讲,张伯苓即被邀请到会演讲。

此时,正是张伯苓赴美国哥伦比亚大学游学考察归来,准备筹组南开大学的时期,张伯苓就他的游学经历、心得进行了为期半天的演讲。

他在演讲中,集中讨论了教育的目的。他认为教育的目的不是单一地传授知识、技能,或传播一种文化,而是最终要服务于社会,要对社会发展起正向推动作用,应使受教育者能够肩负起其社会责任。反思传统教育缺乏社会教育,缺乏公德教育,所以中国社会一盘散沙,面对外侮一击即溃。因此,现在应培养学生对公共事业、对社会的觉悟心、责任心。然后他又提到了培养能力问题。人的身体发育是有尽头的,而思想成长是无止境的,要从思想方法上启发教育儿童,使儿童能够运用自己的思想判断,以造成真正的能力。这里又涉及要从教育方法上革新,对待儿童的行为及思想动态,不要束缚太多。要意识到,从前中国的教育为静态的教育,而今社会发展,教育也变为动态的教育。要造成真正的共和国国民,就要靠具有现代意义的教育。

由此可见,赴美之行对张伯苓影响甚大,在中西方教育方法理念差异的冲击下,在他对中国历史、现实的思考中,他的"公""能"教育思想初具雏形了。

(刘轶男)

张伯苓演讲识少帅

在张伯苓诞辰120周年之际，南开大学收到了远在大洋彼岸的张学良的亲笔墨宝，已96岁高龄的张学良用五个端正大字"桃李满天下"表达了他对张伯苓校长的纪念与缅怀。张学良晚年在台北接受记者采访时坦言，年轻时给了他最大影响的人就是张伯苓。在近代中国风起云涌的历史舞台上，一个青年将军，一个教育耆宿，曾共同推动了政治、教育领域的诸多事件，对历史产生了重大影响。他们的相识、相交开始于一场激动人心的演讲。

张伯苓

1916年10月，张伯苓受邀赴东北考察演说。三周的时间，在沈阳、长春、哈尔滨等地共演说39次。在沈阳，多个团体组织邀请张伯苓前去演讲，每次总有几百人，会场座无虚席。张伯苓此时已年届四十，是一名成功的教育家，对于中国社会与世界潮流有着深刻的认识。他身材高大，声音洪亮，每次演说都能根据听众身份的不同，围绕主题，将自己教育救国的满腔热忱表达得淋漓尽致，并且善于把自己的慷慨之情和乐观精神传达出来，以强大的气场感染了在座的每一个人。

这场应沈阳基督教青年会之邀所作的演说，主题为"中国学生今日之机会及责任"。张伯苓那带天津口音的浅白文言，听起来音韵铿锵，循循善诱。他先从一件事开始说起，即南开中学每周三的例行讲演会，从开始的不谈国事，到如今仿效欧美学校行敬国旗礼，为的是令青年学生树立国家观念，深植爱国思想。然后话锋一转，联系当今时局，谈到弱国之民当如何爱国，只见他拿出一面国旗,立于讲台,"试问国为谁国?国家之主人为谁?余与在座诸君皆是也"。全场爆发出了热烈的掌声,遂全体起立,张伯苓也走下讲台,面向国旗,与大家一起共行三鞠躬敬礼。此时全场气氛庄严肃穆,所有听众都被一种爱国激情所深深震动,年轻的张学良内心也深受震撼。

鼓舞起大家的爱国志气,张伯苓开始引导听众作深层次思考。他指出,中国目前的状况是中西两大潮流在现代交汇的必然态势,是两个文明的冲突。我们作为千年古国的国民不能妄自菲薄,"夫睡狮固睡,然不犹狮乎?不为死狮,即必有醒之一日"。接着他分析道,当此潮流之时,正是我国人乘此时机,大造其势之时,"我以世界偌大之国……我不自亡,未有能亡我者,若其能亡,则早亡之矣,岂待今日哉!""所以我们青年人今天的机会,即在造新国,责任亦在造新国"。

那么究竟如何做?张伯苓面向全场诘问两遍:"果从何处做起乎?"全场肃然静听,略一顿,只听他拍胸大声说:"人人从此做起!人人从自己做起!各人尽各人之事,合则即一国尽一国之事矣,何事不成!"这几句振聋发聩的声音,使听众感到找到了目标,看到了希望。张伯苓又例举了在上海举行的第二届远东运动会,中国成绩远胜日本、菲律宾,告诉大家自身须做好准备,才能够取胜,"欲知国如何,当问自己如何"。

张学良视察南开大学

最后，张伯苓对在座青年人提出三点要求：把握时机，面向未来，从我做起；并给出了自身应具备的三方面素质：哲学的头脑、科学的知识、宗教的精神。

张伯苓真是一位高超的演讲者，善于营造氛围，引发思考。针对青年学生的特点，以鼓舞士气为主，每做一论，都从局势之危弱引出充满希望的一面，指出这正是青年学生机会及责任之所在，使人精神一振，备受鼓舞。接着的分析既有对世界潮流的宏观把握，又能深入浅出举例为证，使听者获益良多，深感信服。

坐于台下的张学良听完整场演讲，经青年会总干事引见，正式结识了张伯苓，两人私下又做了一次深谈，从此结为忘年之交。

（刘轶男）

教育家张伯苓的幸福生活

1935年2月24日,天津南开女中的礼堂里笑语声声,座无虚席,台中高悬红缎双喜,气氛异常喜庆。这是著名教育家、南开大学校长张伯苓与其夫人王淑贞女士结婚四十周年的纪念茶会。张伯苓身着常礼服,张夫人穿蓝旗袍,二位"新人"喜容满面,招呼宾客。来宾有南开校友及天津教育各界名流约千人之数,大家衣襟上都别一朵双喜绒花,以示庆贺。

张伯苓作为中国教育界的"大腕",其个人生活却一直非常低调。在这次纪念会上,他做了一场深情的演讲,表达了对夫人四十年来持家育子、成为他坚强后盾的感谢之情。作为一名社会知名人士,在公众场合畅谈自己的婚姻家庭是十分难得的,让我们看到了一个风趣幽默、毫不古板的张伯苓,一个有着幸福生活的张伯苓。

张伯苓出身于寒士家庭,19岁时奉父母命结婚,婚后仅18天夫人就去世了。21岁时与比自己小3岁的王淑贞结婚。当时张伯苓正在北洋水师学堂,不能常回家,年轻的张夫人虽然没什么文化,但心地纯善,心思透亮,在家侍奉公婆,照顾年幼的小叔。家里实在没钱用时,婆婆将她的东西拿去当了,她为了安慰老人,假作不知,婆婆等到有钱时就又把她的东西赎回来,放回原处。这些事情,张夫人从来不和丈夫说,后来家境稍充裕了,才渐渐地当闲话谈了出来,张伯苓这

1935年2月23日《北洋画报》刊登的张伯苓夫妇合影

才知道过去母亲和夫人都曾经历过许多艰难。

张伯苓的家在西南角电车厂旁的一条胡同里，一个陋巷中的小四合院，却收拾得极为整洁干净。招待客人的堂屋，一切陈设光亮如新，纤尘不染。北房门口安了一个玻璃亭子式的风门，透过洁净无尘的门，能看见里间屋里挂了好几个红红绿绿的荷花灯、金鱼灯之类，显示出主人传统温馨的家庭生活情调。这些当然都是张夫人平日操持的结果。张伯苓曾告诉过夫人："我是一个办教育的人，不能发财。钱不要花过了头，尤其不要使我分心去想家里的钱不够花。"张夫人以一个传统女性对丈夫的爱与依从，勤俭持家，量入为出，从来不向丈夫提钱字。张伯苓风趣道："说不定，也许是我给的过多了罢？"

张伯苓夫妇育有四子，张校长为办教育东奔西走，常不在家，四个孩子都是夫人一手带大。张夫人虽不识字，但头脑非常清楚，注重培养孩子良好的品德和生活习惯。她给孩子立了三个规矩：一，宁肯饭食做得好些，也绝不许买零嘴吃；二，绝对不许说谎话；三，用钱只要有理由，准给，没理由，准不给。孩子们从小穿母亲亲手做的布衣，大的穿完小的穿，后来长大成人，弟弟们却比哥哥高，有一次老四和母亲要求："来件新棉袍吧！我穿完了再给三哥，再给二哥，大哥，倒着穿回去不一样吗？"由此可见张夫人持家教子之一斑。

1949年张伯苓夫妇在重庆津南村与儿媳及孙子、孙女等合影

　　张夫人照顾丈夫非常细致体贴。当张伯苓在家时，为了不打扰他休息，张夫人就领孩子们到别处去玩。她还时常会为丈夫单独预备些好吃的食品，有客人来时，张伯苓会拿出夫人亲手做的琥珀桃仁、核桃粘、蜜饯等请大家品尝。当张伯苓在事业上遭遇挫折而郁闷沉默的时候，是张夫人在身边柔声地劝慰："不要紧，什么事情过去就好了！"而每次经过夫人的劝解后，张伯苓的事业都会柳暗花明，真是回回都应了夫人的预料："过去就好！"张伯苓说，他感到最满意的，就是夫人四十年来对于他时时处处的安慰。这也正是婚姻的最可贵之处吧。

（刘轶男）

曹禺的南开中学时代

青年曹禺

曹禺1922年9月初考入南开中学为二年级插班生，1928年保送至南开大学政治系，1929年转入清华大学西洋文学系。在南开中学的6年时间里，他第一次接触到了话剧，因扮演《娜拉》中的女主角而大获成功，为他一生的事业奠定了基础。1985年10月4日重返母校南开时，他激动地说："我永远忘不了南开对我的培养和教育，我的一生是同南开联系在一起的。"1942年第5卷第5期《中国文艺》中《曹禺的中学时代》和1946年第1期《新闻周报》中《曹禺是张伯苓的高足》两文，详细记述了曹禺在南开中学的学习、生活的细节。2022年9月24日恰逢曹禺先生诞辰112周年，特撰此文，以示纪念。

因病休学　学业突出

《曹禺的中学时代》一文的作者杨璧，是1923年考入南开中学初二年级的插班生，比曹禺低一年级，只是当时曹禺还叫原名万家宝。当时南开中学已是享誉全国的名校了，有着宽阔的校舍和2000余名来自全国各地的优秀学生。学校的食堂按月缴纳饭费，杨璧是插班生，没有同伴一起缴费，便由校方庶务课临时安排，与几个初三年级的同学一起同桌用饭。就这样，杨璧进校第一天便与同桌的万家宝相识了。

第一次与几个陌生人在一起用餐,杨璧心里总觉得有些不自在。但显然,同桌的其他几位饭友彼此都是熟人,他们兴高采烈地说笑,不仅让杨璧甚为羡慕,而且还时常引起邻桌同学的注意,时不时也跟着插上一两句话。这其中最英俊的便是万家宝,最健谈的也是他。那时的万家宝不过是个13岁的孩子,但他所谈的内容却多是社交场中的事情,一会儿说昨晚在某跳舞场的见闻,某女士跳舞的姿势太过蹩脚,一会儿报告《范伦铁恩》《哥伦慕尔》影片将在平安影院上映,一会儿谈论某宴会的主人态度如何如何。骤然听去,好似他是一个社交场中的老手。这也从一个侧面反映了万家宝当时的家庭状况和生活环境。

学生们每天在食堂吃两顿饭,随着接触机会的增多,他们偶尔也说上几句话,还能进一步讲上几句笑话,只是因为万家宝高一年级,杨璧心中多少有些顾忌,才不敢造次。而对于万家宝他们几个来说,杨璧是低年级的学生,也并不把他当回事。时间过得很快,转眼一个月的同桌关系就结束了。第二个月,杨璧便开始与同班同学一起缴饭费了。

两年后,杨璧升入高一年级的甲一组,甲代表文科,一组是一年级文科的一部分。这组学生组成比较复杂,有从初中三年级升学上来的,也有原高一年级的留级生,还有虽从初三升级但仍有一门或两门功课不及格,需要重读或等候假期补考的。总之,多是因为贪玩而对功课松懈的学生。但其中也有一些天分较高的同学,只是他们聪明反被聪明所误而已,如后来著名的小提琴家陆以循的哥哥陆以洪,艺专演剧名手"三赖"之一的林赖卿(那时已经改名为林受祜),著名法学家江庸的四公子江樵,南开篮球校队乙队的杨琏玉、杨长骥、王新华等玩家。更为有缘的是,杨璧和曹禺也在这个班。曹禺是因病在1923年休学一年。

再次相见的曹禺,已不似从前的模样,如今他态度稳重,不苟言笑。头上戴着一顶瓜皮小帽,取代之前西装的是一件旧神袍,外套一件短小、颜色已褪的蓝布大褂,有点像清朝官服的袍套。再往下看,皮鞋也被遗弃了,脚下穿的是两道皮脸的青布鞋,既透着风雅,又露着随性。形象虽如此,但他对课堂上的功课、图书馆里的作业却丝毫没有懈怠。那年国文班的教员是张弓老师,张先生后来担任了北京中国大学的国学教授,是中国修辞学的开拓者和奠基人之一。他对曹禺的功课并不怎样得意,倒是国学常识教员钟伯良对曹禺格外赏识。钟先生是四川人,国学家梁漱溟的高足,他对全班学生的笔记大都不满意,唯独表扬万家宝整理的笔记,并让全班同学传观学习。钟先生在上面的批语大意是,万生的笔记整理得法,颇有心得,还写了一些期待的话。从此,曹禺一鸣惊人,引起了全班同学的注意,大家不禁对他刮目相看了。

酷爱戏剧　痴迷跳舞

　　1910年9月24日,曹禺出生在天津小白楼的一座院落里,不幸的是,在他出生后的第三天,母亲就因产后症去世了。继母酷爱京剧,从曹禺3岁时起就经常抱着他进戏园子听戏。年龄稍长,曹禺就随继母站在凳子上看戏。耳濡目染,曹禺后来也成了一个十足的戏迷。他从10岁开始就经常自己去听戏了,当年红极一时的名伶谭鑫培、刘鸿声、龚云甫、陈德霖、杨小楼的戏,他都看过。曹禺对家里的一本《戏考》爱不释手,书中的折子戏唱词他都能倒背如流。再后来,他便开始听着留声机自己学唱起来。

天津意大利租界明信片

　　曹禺组织了一个票房,当时为他操琴的是固定的几个人:胡琴是周连增,后来成为华北运动会掷铁饼的纪录保持者,别看他手掌大、胳膊粗,却拉得一手好胡琴;三弦琴手是一位名叫张箕的网球运动员;月琴手就是杨璧。每天在念书用功之余,他们便在宿舍里唱上几段。曹禺喜欢老生戏,唱来极有韵味,字正腔圆,耐人寻味。他曾感叹道:"戏原来是这样一个美妙迷人的东西!"

天津各戏院当年也演出文明戏,曹禺尤其爱看连台本的文明戏,常被曲折的剧情所感染,后来他回忆说:"中国观众十分善感,像言论正生(文明戏中负责宣讲的角色)演说过后,观众那样热烈地欢迎,那种热烈鼓掌的情景。男女洒泪告别时,台下也有妇女一片呜咽,擦湿了手帕。可以说,观众和舞台打成一片,真叫交流!那些有本事的文明戏演员们,的确是有一套使当时的观众神魂颠倒的本领。"这种对文明戏演员的崇拜和艳羡,也是他后来转行从事戏剧的动因之一。

曹禺多才多艺,他当年曾是南开中学著名的舞星。放学后,他常在宿舍里打开留声机,放些西洋音乐唱片,与同宿舍的室友跳起交际舞。当时,南开中学男女同学不同校,自然寻不到女性的舞伴,但他们仍然能够对对成双地跳起来。最出色的女性舞伴替身便是曹禺。他那时不过是十六七岁的青年,身材不高,生来一副柔软的细腰,代替女性舞伴煞是称职。当年与曹禺配舞的男性舞伴有三人:一个是曹禺的琴师周连增,身高六尺以上的彪形大汉;一个是天津名媛俞珊小姐的兄长俞启孝,既善溜冰,又好跳舞,还是一名演说家;第三个便是赵四小姐的弟弟赵国基。这几个人也是曹禺的好朋友,个个身材高大,舞技超群。每当午饭后,他们便告诉校役留神着校务课员的查斋,寻风任务布置停当后,南开中学四斋的舞会便开始了。这个舞场还有一个规矩,凡是初次进入舞场学舞的学员,必须屈尊先做女舞伴。虽然情愿做女舞伴的人很多,但他们远不如曹禺受欢迎,因为曹禺的舞姿就是真的女性舞伴来了恐怕也要逊色几分呢!

迁居意租界　父亲因病去世

曹禺出生后不久就搬到了意租界二马路28号(今河北区民主道东侧),这是一座十分讲究的意大利式两层小洋楼,建于清宣统二年(1910)春,砖木结

天津曹禺故居

构，坡式瓦顶，木制门窗，水泥浑水墙面，双阳台，阳台上有蜂窝状透视墙，进门处设方形门厅，两侧砖柱，建筑风格简洁朴实。

曹禺的父亲万德尊（1873—1929），字宗石，湖北潜江人，自幼聪颖，15岁中秀才，1904年留学日本学习军事，毕业于东京士官学校，与后来的"山西王"阎锡山为同学。1909年回国后，被清政府委以军职。民国成立后，任镇守使兼督军，授陆军中将衔，1916年，担任湖北老乡、民国大总统黎元洪的秘书。1917年黎元洪下野息影津门，万德尊亦随之来津寓居，赋闲在家，后虽有重出江湖的机会，但他已厌倦官场的纷争和军阀混战的乱世，决意独善其身。父亲回津后，精神颓废，家庭气氛压抑，这在曹禺的心灵上蒙上了一层沉重的阴影。

1929年，万德尊患中风而病逝，当时杨璧正与万家宝同班。班上同学与万家宝的关系都很好，每人都接到了他家的讣闻。观看讣闻，同学们知道他父亲的官衔是陆军中将，哀子栏下有两个人，一个是万家宝，一个是他的哥哥。开吊的那天，杨璧和全班同学一起到万家，万宅时在特别二区（时意租界已收回），是一所入时的洋房。灵堂布置得庄严肃穆，前来祭奠的人很多。同学们公送了一幅祭幛，为了寻觅这幅祭幛，他们顺便浏览了全部的祭幛，军界、政界、学界等社会各界大名衔的人物很多，最引人注目的便是前大总统黎元洪祭幛，上款题的是"湖北乡兄万德尊千古"字样，由此可知，万氏家族曾有过辉煌的历史。拜灵的时候，循例是看不到孝子的，只从灵幕后面传出隐隐的呜咽之声，这使得灵堂内的空气十二分地凄凉，熟悉万家宝的同学们约略能分辨出他的哭声。和尚念经超度之时，一个孝子捧着灵位从幕后走出来，注目望去，不是万家宝，是一个白面似玉的文弱青年，年龄在二十岁左右，想必此人便是万家宝的兄长了。据几个知道万家宝身世的同学说，他的哥哥大老宝与弟弟的性格迥然不同，一个循规蹈矩、死板板的，一个性情开朗、极活泼。办过丧事回到学校后,万家宝经此家庭变故一下子成熟了许多。

张伯苓最得意的门生

南开初创时期,张伯苓校长就主张搞新剧,有人认为低俗,提出异议,但他却认为新剧最能代表时代精神,更能促进教育,"练习讲演,改良社会",遂坚持排演新剧。1909年,南开中学创建五周年之际,校长张伯苓倡导建立了天津第一个话剧团,并自编、自导、自演了天津第一场由中国人演出的话剧《用非所学》。从此,每逢校庆和欢送毕业生时,学校演出话剧几成定律,《一元钱》《一念差》都是出自南开的剧本,南开新剧在全国享誉一时。这也促进了南开话剧的创新与发展,使之成为北方话剧的发祥地,在北方话剧史上占有一席之地。曹禺的话剧事业启蒙教育正是肇始于南开话剧团。

1943年,从战后国家恢复重建的需要出发,国民政府教育部拟定了《留学教育计划方案》,选派"以专科以上学校毕业,具有优异成绩或服务研究经验者"1000名,分赴英美留学。同年8月11日,张伯苓致函教育部部长陈立夫称:"……苓学生万家宝(笔名曹禺)对于戏剧颇知努力研究,年来所写剧本均属精心之作,想为先生所深知。近闻教育部将选拔各项专门人才派遣国外,藉求深造。若万君者倘能予以出国之机会,将来返国后对于我国剧坛,定必大有贡献也。特函介绍,敢乞留意,予以存记,无任拜祷……"9月15日,陈立夫复函称:"……查本部本年考选派留学生计划,经呈奉核定,并无文、法、商等科名额,万君所学,系为戏剧一科,无法予以派遣深造,至希察宥是荷……"虽然举荐未成,但足可见张伯苓对高足曹禺的赏识与推崇,不遗余力地为他创造更好的学习机会,以冀其为中国戏剧事业做出更大贡献。同年重庆南开中学举行校庆时,张伯苓特别邀请曹禺在大会上做了一场精彩演讲。

1946年2月,曹禺与老舍应邀赴美讲学。当时的《新闻周刊》《一四七画报》《星光》同时刊发了未署名文章《张伯苓的得意门生》,记述了张伯苓与曹禺的师生情谊。曹禺此前曾两度报名留学生,但均因故落选。此次赴美讲学的曹禺,大家都知道他是校长张伯苓的高足。在重庆,张伯苓每与人谈话时,总要提到他的这位得意门生,自豪地说,他平生只有两个得意门生,曹禺便是其中之一。张伯苓当时有着很高的社会地位和很大的社会影响,他对曹禺的广泛宣传,使得国际友人对曹禺更加熟悉了。言外之意,曹禺此次成行也有张伯苓的一份功劳。

张彭春精心栽培

1933年,曹禺创作了成名作《雷雨》,在序言中写道:"末了,我将这本戏献给我的导师张彭春先生,他是第一个启发我接近戏剧的人。"

1922年,曹禺考入南开中学。同年末,张伯苓的弟弟张彭春在美国取得博士学位,回到南开大学任教。1923年9月,张彭春复转至清华大学执教,机缘短暂,他二人未谋面。1925年下半年,曹禺参加南开新剧团,张彭春也于1926年春再到南开大学,兼任南开中学部主任。张彭春对南开新剧团做了重新整顿,使南开剧团有了长足的进步。

特别是1927年,曹禺在丁西林的《压迫》中扮演女房客,《大公报》发表剧评,称曹禺是"了不得"的演员,做到"有趣而不狂放",达到了"恰到好处"的效果。张彭春以伯乐的慧眼发现了话剧界的千里马,对曹禺爱护有加,着力培养。从此,他二人结下了戏剧之缘。在团长兼导演张彭春的指导下,曹禺演出了很多剧目,奠定了他一生事业的基础。1928年,曹禺主演《娜拉》,他饰演的女主角神情自如,惟妙惟肖,颇受观众欢迎,大获成功,报纸纷纷发表评论,轰动一时。

当时男女不能同台演出,剧中的女角全由男同学扮演,曹禺便是张彭春最赏识的女角。曹禺当年身量较小,腰细脚小,面貌姣好,声音娇柔,只是皮肤稍嫌黑些。但是经过油彩化妆后,完全能够弥补这一缺点。曹禺扮女角可是很下功夫的,每天都要穿高跟鞋练习女人走路,甚至一遍一遍地照着镜子走,认真揣摩女性走路时的姿态和腰部动作,力争在自己走路时保持两腿在一条直线上。他的辛勤付出终于换来了很好的回报,他每次在台上的演出不知要征服多少男女同学!

1928年,曹禺被保送至南开大学政治系,1930年转入清华大学西洋文学系。1932年冬天,杨璧曾到清华园拜访老同学。那天,曹禺刚没课,就把杨璧让到宿舍里。曹禺当时三年级,宿舍仍是旧斋舍,一人一间的小屋,两间共用一个壁炉,白天的炉火不太旺,但是屋里温度尚可,陈设极为简单。曹禺说了些阔别数载,思念母校、想念同学的话,问了些老师的情况和同学们的去处。谈话间,他手中仍捧着书边看边聊,看得出他是一个很能用功的大学生。

张彭春(左)指导曹禺排演《财狂》
(1935年于天津)

曹禺虽然告别了南开中学的学习生活,但仍时常返回母校参加演出,后来南开新剧团已经打破了男女不能同台的限制。1934年秋,曹禺中断了清华大学研究生的学习,回到天津,在河北女师任教。张彭春也恰在此时回到南开大学,又值南开中学30周年校庆、瑞庭礼堂落成,南开新剧团邀请了不少校友返校演出《财狂》,曹禺自然也来了,只是他一改之前的作风,扮起了剧中的守财奴,一个70岁左右的老头儿,声音、形象居然也是恰到好处,真不愧为一名天才的演员和话剧家啊!

曹禺曾在《回忆在天津开始的戏剧生活》一文中深情地写道:"南开新剧团是我的启蒙老师,它启发了我对戏剧的兴趣,使我熟悉舞台,熟悉观众,熟悉如何写戏才能抓住观众,使我慢慢离开学科学的打算,终于走上从事戏剧的道路。"

(周利成)

张伯苓与废战同盟会

"一·二八"事变之后，全国人民不堪于外受敌寇侵略，内遭军阀战祸的亡国危局，于1932年5月，由上海金融、商界人士徐寄庼等首倡发起废止内战运动，呼吁停止内战，共御外侮。5月25日，全国商会联合会、上海市商会、上海银行业同业公会、钱业同业公会联名共同刊发成立废止内战大同盟通电，订立章程十条。

20世纪30年代的张伯苓

通电甫经发起，以张伯苓、吴鼎昌为代表的天津知识界、商业各界立即响应。张、吴联名于1932年5月27日向各界致函，推动成立废止内战大同盟会天津分会。函曰："上海各界发起废止内战大同盟，并定章程十条，纷载各报，谅经鉴及。似此遏源治本办法，吾津人士极当闻风兴起，参加发起，并筹设分所，以利要图。肃念阁下救国情殷，用特函征同意，如荷赞同，敢请即复，或函或电，均所企待。"28日，张伯苓在《大公报》发文称："废止内战为全国人民之公意，只要人人加入，效力立见。天津为北方通商大埠，各界尤应首先提倡。盖四万万人均加入废止内战大同盟，表示不合作之决心，试问谁敢内战，自成独夫？"在张伯苓的威望号召下，很快，天津各业领袖代表有八十多人复函电表示愿意追随，加入发起。还有四五十位市民自动来函，表达加入的意愿。

1932年7月20日下午，在南开中学礼堂，张伯苓主持召开废止内战大同盟天津市发起人第一次会议,讨论议决了四项实效办法:一,联合铁路职工,拒绝内战运输;二,广纳军人为会员,不作内战工具;三,援助并监视财界,不供内战债款;四,作相当之宣传。

8月27日,废止内战大同盟在上海成立。甫经成立,就面临一件棘手的事,盘踞山东的军阀韩复榘、刘珍年拉开架势要打仗。9月21日废战同盟总会给张伯苓致电,请其为代表,赴山东调解,设法消弭内战。张伯苓当仁不让,22日即动身赴鲁,23日到达济南,同时给时任山东省主席的韩复榘拍电报预知,当时韩正在前线调度,当即复电表示欢迎,并称不日回济南面谈。废战总会不知韩复榘何意,怕贻误时机,于24日又急电张伯苓,请其"赴前方晤韩,期早获消弭之法"。张伯苓复电表示,韩24日晚7时回济,已定好25日晨会晤。韩复榘虽是一介武人,对张还算礼遇,他到张伯苓下榻的旅馆,见面之后一番寒暄,然后将山东地方的情况,以及各方的矛盾都告知张伯苓,还向张伯苓大倒苦水,发了一通牢骚。张、韩的晤谈看似成功,实则无效,韩连蒋介石的命令都不听,张伯苓的劝阻又怎么会起作用?张伯苓此行并没能阻止战事的推进。

但是,山东此行反而更加激起了张伯苓推动废战同盟发展的决心,更加鼓起了他的干劲。离开济南他直接去了青岛,联系当地的绅商学各界组织废战分会。在张伯苓的多方奔走联络下,1932年10月10日,废止内战大同盟会天津分会在南开中学举行成立大会,张伯苓作为主席,在会上做了慷慨鼓舞的演讲。他说,此次战事(指韩刘之争)起因无论其咎在何方,然而人民是没有过错的,竟遭此劫,实可痛心。我们决不怕失败,唯有失败始可倍增我们的勇气。我们联合起来,为民族争点气,德不孤,必有邻,大家起来干!

随后,北平、武汉等地废战同盟分会也相继成立。

(刘轶男)

"排日之根据地"南开大学

1937年7月29日,天津市区上空数十架日军飞机低旋,不断对国民党天津市政府、警察局、火车站、造币厂、南开大学等地进行轮番轰炸。南开大学作为重点轰炸目标之一损失惨重。"轰炸之不足,继之以焚烧。"30日下午3时许,日军百余名骑兵和数辆满载煤油的汽车闯入校园,到处纵火。南开大学的文商科教学楼秀山堂、理科教学楼思源堂、木斋图书馆等尽在烟火之中。此外,日本侵略者还轰炸了南开中学、南开女中和南开小学,在津的南开系列学校尽数被毁。

被日军飞机炸毁的南开大学秀山堂

这场劫难后,原本宏伟雅致的南开大学校园满目疮痍,遍地焦土。教学楼、图书馆、教师住宅和学生宿舍大部毁于一旦,仪器设备破坏殆尽,珍贵的图书典籍和成套的外文期刊被洗劫一空,重达6000余千克刻有《金刚经》全文的校钟亦被劫掠。以战前价值计算,南开大学所受损失共计法币663万元(根据1936年5月的《中美白银协定》,法币与美元挂钩,100法币折合30美元)。

日本侵略者为什么对南开恨之入骨?这是因为南开是一所具有爱国传统的学校。创办该校的校长张伯苓曾说,南开学校因国难而产生,办学目的就是为了育才救国。

编印《东北地理教本》

张伯苓(1876—1951),天津人,毕业于北洋水师学堂。1898年在任海军士官生时,张伯苓亲历英国强租威海卫的国耻,于悲楚和愤怒中决定放弃军旅生涯,立志兴办新式学校,培养新式人才。他认为:"中国想在现代世界生存,惟有赖一种能制造一代新国民的新教育,我决心把我的生命用在教育救国的事业上。"

1908年7月10日,南开校父严修在南开中学第一届学生毕业训词中提出了"勿志为达官贵人,而志为爱国志士"的殷切期望,并指出这是南开设立的宗旨所在。1928年,张伯苓在其主持制定的《南开大学发展方案》中指出:"吾人为新南开所抱定之志愿,不外'知中国''服务中国'二语。"在他的悉心教导下,南开师生于民族危难之际,怀揣强烈的民族责任感,深入实地考察,以学术来救国报国,《东北地理教本》便是其中的一个缩影。

1928年初,在张伯苓的筹划下,满蒙研究会(后更名为"东北研究会")在南开中学礼堂成立。图为东北研究会在黑龙江考察时合影

20世纪20年代末的东北,战云密布。张伯苓在东北实地调查时,亲眼看到日本人"经营满蒙之精进与野心",受到很大震动,感慨:"不到东北,不知中国之博大;不到东北,不知中国之危机。"他认为,"国人欲愿与之(日本)抗衡,必先明了其经营之内幕不可"。于是,考察归来后立即组织满蒙研究会(翌年改为东北研究会),意在"专事收集关于满蒙问题之材料,而用科学的方法,以解决中国之问题"。

为进一步揭露日本侵略中国的意图,东北研究会在不断实地考察、广泛搜集资料的基础上,组织专人从事专题研究,并将各类调查成果发表于《南开双周》"东北研究"专栏上。研究会还及时出版了"日本问题专号",刊登《东北金融之现在及其将来》《日本对中国之侵略政策》等有关东北问题的文章,以上调研成果后来构成了《东北地理教本》的基本内容。

1931年出版的《东北地理教本》

《东北地理教本》印行于1931年秋,与九一八事变几乎同时。教材从历史和现实层面,以翔实的资料,系统地介绍了东北地区的自然、人文地理和各种经济资源,重点揭露了日本侵略东北的野心,振聋发聩。学校用这本"南开独有的教材"为南开大学、中学、女中、小学生开设必修课。由于南开大学对东北问题的高度敏锐及深入研究,特别是这部教材的问世,日本人称东北研究会"乃受'赤化'影响",南开大学为"排日之根据地",这被认为是日本侵占天津时重点炸毁南开大学的重要原因。

《东北地理教本》先是被南开大学经济研究所收藏,1937年平津战事爆发前夕,它与其他珍贵书籍一起,被转移到法租界,然后转运越南,最后收藏在昆明西南联大。1945年南开大学复校后,它辗转被运回南开大学经济研究所。一路战火纷飞,一些书籍不幸遗失,但这部教材却幸运地保存了下来。2015年7月,南开大学图书馆在搬迁到新校区时发现了这本珍贵的原版教材,校方当即决定重印此书。2015年8月,《东北地理教本》重印版由南开大学出版社影印出版。

张伯苓的"爱国三问"

1931年九一八事变后,张伯苓要求南开学生把此次国耻"铭诸心坎,以为一生言行之本,抱永志不忘、至死不腐之志"。师生们随后组成了以张伯苓为主席的国难急救会,并决定立即加入天津中等以上学校抗日救国会,以实际行动支持抗战前线。

1934年,第十八届华北运动会在天津举行。开幕式上,数百名南开学生组成的啦啦队,在队长的指挥下,一边高唱"时时不忘山河碎",一边挥动紫、白两色(南开校色)小旗,连续组成"毋忘国耻""收复失地"等巨幅标语。全场三万余名观众,报以"狂风骤雨般的掌声"。南开学生的壮举激发起在场同胞同仇敌忾的强烈共鸣和爱国热情。事后,日本驻华大使馆向国民政府外交部提出抗议,要求张伯苓约束他的学生。为应付

1934年10月10日,南开学生啦啦队在第十八届华北运动会看台上组成的"毋忘国耻"巨幅标语

国民政府的指令，张伯苓把学生领袖找来，头一句话"你们讨厌"，第二句"你们讨厌得好"，第三句"下回还这么讨厌"，"要更巧妙地讨厌"。张伯苓力挺学生的爱国之举，在南开和中国教育界传为不朽的佳话。

　　1935年，日本侵略者的魔爪伸向华北，其天津指挥部和兵营就设在南开大学、南开中学之间的海光寺。这年的9月17日，在新学年的开学典礼上，张伯苓向全校师生提出了三个问题，张伯苓问："你是中国人吗？"师生答："是！"再问："你爱中国吗？"师生再答："爱！"又问："你愿意中国好吗？"师生又答："愿意！"在日军重兵压境、华北危急的情势下，张伯苓的"爱国三问"顿时激起全场共鸣，燃出爱国斗志，激励着南开师生，积极投身抗日救国运动。

1935年12月底，中共中央北方局和河北省委发动平津学生联合会组建平津学生南下扩大宣传团，300多名南开大学学生乘车南下到农村去唤起民众，共同抗日救亡

炸不掉的南开

　　南开师生的爱国行为，使日本侵略者如芒在背，必欲除之而后快。在实施重点轰炸前，日军曾无耻地向中外记者公开宣布要炸毁南开大学。著名记者爱泼斯坦在1939年出版的《人民之战》一书中记载，日军毫不避讳地宣布了轰炸南开大学的计划，理由是南开学生"抗日拥共"，南开大学是反日基地。日文

报纸也说南开是"有名的共产大学"。

日本侵略者在《亚细亚月刊》1938年4月号《文化就是战线》的专稿中无耻宣称"天津南开大学的被毁坏,是第一步","南开非炸掉不可"。日本学者石岛纪之在1984年撰写的《中国抗日战争史》一书中也坦率承认:"1937年7月29日,日本轰炸机连续4小时轰炸了天津,其轰炸的目标集中在南开大学,这是因为日本军队认为南开大学是抗日运动的据点。"

在南开大学被炸毁的当日下午,张伯苓即坚定地向报界表示:"敌人此次轰炸南开,被毁者南开之物质,而南开之精神,将因此挫折而愈益奋励。"这极大地鼓舞了南开师生的士气。

南开大学被毁后,学校大部分中共地下党员、"民先"队员分赴各地参加抗日。一部分教师随经济研究所和化工系迁往重庆,绝大多数师生辗转南迁,经过长途跋涉,与北大、清华合组西南联大。南开始终是西南联大办学的中坚力量,北京大学校长蒋梦麟是南开的校董,清华校长梅贻琦毕业于南开中学。许多南开学子受张伯苓鼓励从军报国。西南联大的八年,有1100多

被日军飞机炸毁的南开大学木斋图书馆远景

名学生走上抗日战场,占学生总数的14%,其中有名可考的烈士16人。南开经济系学生何懋勋,曾随八路军赴鲁西南抗战,在战斗中壮烈牺牲。

在抗日战争中,南开大学的校舍虽然被炸毁了,但南开精神并没有被炸掉,而是在战火和困境中,弦诵不绝,薪火相传。

（于　淼）

南开大学复校

"南开南开,越难越开",这句戏谑的话由张伯苓用独特洪亮的天津口音说出来,使人感到更多的是自豪,是自信。1941年太平洋战争爆发后,张伯苓预见到日寇的即将败亡,在重庆南开中学寓所多次召开复校筹备会议,定下了南开大学未来发展的基调。

复校首要的重任是师生人员回迁、分配校产、运送图书仪器等,这是一项浩大繁重的工程。作为私立学校的南开,校产就是过日子的家当,特别是图书、仪器等都是从国外花重金购买,长年积累下来的资产,绝不能轻易舍弃。档案中记载,南开大学迁校西南时,曾有三百余箱图书、仪器寄存于越南海防仓库。1946年张伯苓为此致函云南省主席卢汉,表示复校在即,已派遣教授陈序经等人赴海防查寻,请求予以协助。伉乃如在当年4月致昆明同人的信中还提及这批校产,表示颇为惦念。

南开校园被日本人炸毁侵占,原貌尽毁,成为废墟,要在短时期内恢复上课,边建边修,是一项刻不容缓的艰巨工作。1945年11月,张伯苓在给蒋介石的呈文中提出"请政府就华北敌产中指定相当财产予以赔偿,并作学校永久基金",同时在写给天津市政府的信函中明确提出将南开大学北面日本居留民团综合运动场、苗圃及米谷统制会仓场空地拨借南开大学。天津市政府当即许可暂时拨借,并指令天津社会、工务、地政、公用等各局一体知照。

接下来,要进行地界勘测、移交图契等手续,档案中记载的这一过程还颇有一番曲折。先是天津市政府指令工务、公用、地政各局派员会同勘测,因该地有美军部派日人驻守,三局未能进入。后公用局直接将前日本居留民团综合运动场地契契纸移交南开大学,但此地初为民地,被日本人征购后仍有少数未缴契领价,地权恐有纠纷,南开大学不能遽然接收使用。如此往复函商,延宕至1946年2月,为了尽快解决南开大学土地使用问题,尽早开工建校,由地政局牵头,召集公用、教育、工务各局及南开大学等相关负责人会商,共同议决:即刻会同前往勘测,如有私人土地纠纷,由南开大学自行商洽办理。

除了南开大学的校舍用地问题,南开男中部接收中日中学校舍开课,南开女中经多次函商拨借松岛日本女学、芙蓉街小学及日本商业学校开课;还有向警察局索要日本人留下的桌椅供小学部学生使用;为添盖南开大学文、理工、法、商、医五学院,向市政府请拨赛马场附近合义砖窑,自行雇工烧制;向市长函请将卫生工程处材料场所存没收日本人的道木7000根拨归南大修复校舍;等等。所有这些工作都需要多方协调,反复函商。

查阅档案,还能发现一些细节:1946年1月张伯苓给天津市市长张廷谔写信,请求划拨赛马场附近合义砖窑及木料,由于是日本人遗留产业,程序上要向平津敌伪产业处理局打报告,3月份平津敌伪产业处理局天津办事处向天津市政府致函,同意拨借。之后不久总局来函,指示:"敌伪物资之处理,以价售为原则,该校声请借用砖窑及指拨木料一节,未便照办。"后来天津市政府致函南开大学,表示此事仍有变通余地,"可径向处理局天津办事处洽商办理"。

1946年10月17日,南开大学在天津八里台原址举行复校典礼

　　看到档案中记载的这些细节，不禁使人感慨，南开的复校绝不是坐享恢复，而是百废待兴，实干起家，一套桌椅，一根木料，甚至油漆、钉子都是南开人到处筹划，想办法"淘换"来的。好在凭着张伯苓当时在政界的声望，和"南开"品牌的影响力，天津市政府及各界对南开复校的工作颇为支持，多方推动，积极沟通，使复校在数月之内取得进展。

（刘轶男）

名人寻踪

康辅德与私立河北中学

康辅德,字牖民。生于清末光绪十六年(1890),天津人。幼年入私塾读书,后考入保定高等师范学堂,毕业后曾在育德中学任教。1924年任私立河东中学教务主任。由于当时军阀混战,天津是各军阀必争之地,教育事业受到极大摧残,造成教职员失业、学生失学。面对这种情况,康辅德联络教育界人士谢祝宸、丁佩卿、郑紫宸、宋寿彤等,经多方奔走,借大

私立河北中学校门

红桥北打蛋厂空房作宿舍,借药王庙小学校空闲房作教室、办公室等,并筹集经费,于1926年创办了私立河北中学,任校长。

因学生日益增多,打蛋厂又被军队占用,康辅德终日奔走,寻找适宜校舍。1928年7月,呈请省政府教育厅拨给市中心位于省府之西交通方便安静的河北三马路旧督署小学地基作为校址(今第二医院后门处)获批。学校共有五部分:西北院、东北院、东院、南院和东南院。因军队占用,经多次交涉,将西北院大加修造,又募捐万余元改建校舍,12月新校舍建成,学校全部迁入。1929年1月,该校在市教育局备案,每月得津贴600元。为收回全部校舍,康辅德无一日不在奔走。3月7日,市官产局拨给大胡同大东旅馆东官地一段,约计2亩,作为该校网球场。

康辅德为人谦逊，学识渊博。在教学方面循循善诱，是一位教育有方的老师。为办好学校，他狠抓校规、学风及教师的素质。正像他所说的那样："我校以'明德新民'四字作校训，为师生敦品励学树标准也。考此四字之由来，本出于古训，《大学》首言明德，《康诰》趋重新民。古代圣贤坐言起行，莫不以斯二者为处己待人之要道。"（见《校训浅释》）"本校以'明德新民'作校训，为精神教育之根本，同时提倡'劝学守规'，为物质建设之根本。双管齐下，树立良好之校风，以挽救浇漓之社会。"（见《在十周年校庆纪念日讲话》）为此，他废寝忘食，耗费心血，因过度劳累而咯血。

该校设有校徽、校歌，创办多种期刊，引导学生爱国、爱校，发奋学习。还重视体育运动，与校外进行多种比赛，并获多种锦旗、奖杯、奖状。特别是1933年，该校参加河北省中等学校毕业会考，获得天津市冠军。1935年冬，该校奉令改称私立民德初级中学校（以下简称"民德中学"），1936年7月再次在全市中学生毕业会考中一举夺魁，名声大振，引人瞩目。报考该校学生大增，报名者达1680人，但该校仅择优录取546人。学校计有在校生1500余人，比十年前增加了近10倍。该校增建校舍，聘请教师，呈现出蒸蒸日上的景象。

康辅德还重视对学生进行抗日救国教育。九一八事变后，他呈请市教育局通令各市立小学酌借旧有教育枪支，加紧对学生进行军事训练。1936年组织爱国储金会，11月为支援绥远抗战，筹集300余元交由大公报馆汇往前线。他代表师生给绥远守军傅作义将军发出慰问电，傅作义回"三军闻命，感奋益深"的感谢电。

1937年日寇入侵天津，康辅德领导全校师生积极抗日，日寇早对他们恨之入骨。又因学校附近多军政机关，是日本侵略者狂轰滥炸的目标，就这样民德中学于7月29日被炸毁。康辅德悲愤万分，隐居不出。

1945年抗战胜利，康辅德虽想恢复民德中学，但终未如愿。1946年初，他任天津市第一区（今和平区）区长兼第一区中心小学校长。1948年因体弱多病，辞职休养。中华人民共和国成立后，他仍关心国家大事。1957年10月康辅德病逝，终年67岁。他生前收藏有王君石、华世奎、李准、李厚基、苏吉亨、陈钟年、赵元礼等人赠予他的字画。这些字画，至今仍在他的后人手中珍藏。

民德中学虽仅有10余年校史,但它为社会培养出一批人才,如齐通侯、吴云心、王大川、王翁如、张金泽、龚望、谢天培夫妇等,均在该校就读过。人们不会忘记民德中学及其创办人康辅德。

(王世兰)

安岐重修天津城

安岐，号麓村，康雍乾时期的天津大盐商和书画收藏家，因其著《墨缘汇观》，而成为收藏史上举足轻重的人物。雍正年间，安岐曾以一己之力出资重修天津城墙，此事载入天津志书。史家多借此称许安氏急公好义、财力雄厚。翻阅关于此事的诸多档案史料，会发现其实安氏承办此事，映射着雍正朝政治斗争的腥风血雨。

雍正钦点出资修城

雍正三年（1725）春夏，天津大水，原本就已经破败的城墙大规模倒塌。九月十二日，长芦巡盐御史莽鹄立向雍正帝上奏折，建议重修天津城。修城是要

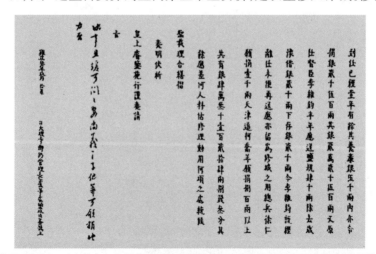

雍正三年（1725）九月十二日长芦巡盐御史莽鹄立奏请留用捐银以资天津修城折（部分）

花钱的,那么钱从哪里出呢?莽鹄立的建议是,将原本应解交内务府的笔帖式银、护军校银等一万六千余两留用,再从他自己和长芦盐运使的养廉银中拿出两万两,再令天津镇总兵、天津道等官员捐一些,共凑银四万三千余两,就可以开工了。

按理说,管理着盐商的盐政莽鹄立首先想到的,应该是由盐商共同捐资修城。他之所以没这么做,是因为考虑到修天津城墙工费浩大,而水灾之后各州县引盐滞销,盐商亏赔严重,还要出资开设粥厂、修筑堤坝,已经拿不出钱来修城墙了。莽鹄立有体恤盐商之心,雍正帝却另有想法。在这件奏折的后面,他朱批写道:"此事且缓。可问问安尚义之子,他等可愿捐此力否。"安尚义,就是安岐的父亲。安岐在天津所经营的盐业,就是由安尚义开创的。此时安尚义已经退居北京,天津的盐业是由安岐掌管的。

九月二十八日,莽鹄立报告安岐请求出资修城的奏折就送到了雍正帝面前。莽鹄立在奏折里转述了安岐的禀文:"修筑城池乃邦家要务,上有益于国,下有益于民,岐父安尚义闻此美举,踊跃鼓舞,喜不自胜,情愿一力捐修。"这个禀文当然是出自莽鹄立的授意,但对安岐父子来说,有这样一个报效朝廷的机会未尝不是一件好事,因为这足以消除此时正压在他们家族头上的政治阴云。

修城背后的政治博弈

安氏父子的真实身份,乃是康熙朝权臣明珠的家仆。从康熙中期开始,明珠就委派安尚义在长芦、两淮业盐,在景德镇烧造瓷器,延续至其子安岐、安寏,已积累了巨额财富。但其所经营的一切产业,甚至连自身,都是明珠家族的私产。明珠家族身处政治漩涡的中心,安氏家族就像这漩涡中的一叶小舟,身不由己地随着主人命运的兴衰而沉浮。

雍正二年(1724)十月二十八,雍正帝下了这样一道谕旨:"本朝大臣中,居心奸险、结党营私惟阿灵阿、揆叙二人为甚",自己与这两人有"不同戴天之恨"。揆叙是明珠的儿子,在明珠死后主持家族事务。雍正帝之所以如此痛恨揆叙,是因为揆叙曾支持他的政敌,即以允禩、允禟为首的"八爷党"。雍正帝

焦秉贞、王翚绘《安麓村小像》(局部)

认为,在康熙帝废黜太子后,揆叙与阿灵阿曾经到处散播流言,污蔑贬损废太子,并故意让人们以为是受他的指使,以败坏他的名声。此时揆叙已谢世多年,雍正帝竟下旨将其墓碑上的文字磨掉,镌刻"不忠不孝柔奸阴险揆叙之墓","以正其罪,昭示永久"。

揆叙还有一条罪名,即曾"挟其数百万家资"襄助八爷党。这些家资,主要来源于安氏经营的盐业及当铺等其他生意。揆叙虽然已死,但他的儿子永福是允禟的女婿,永寿的妻子是允禟的干女儿,他们的关系如此密切,雍正帝有理由担心安氏家族继续充当自己政敌的钱袋子。揆叙案后不久,雍正帝开始对安氏家族进行调查和试探。雍正三年(1725)三月,雍正帝给江西布政使常德寿面谕密旨,令其访查安氏在景德镇烧瓷有没有违法行为。调查的结果是,安氏在景德镇"并无招摇生事、克扣灶户,亦无片纸到官,甚属安静"。几个月后,雍正帝又转而借修城之名去试探安岐的态度。安岐立刻抓住了这个表达政治立场的机会,以一己之力承担起重修天津城墙的重任。

克服困难修城完工

修城之事从一开始就不顺利。工程从雍正三年(1725)十月开始,第二年十二月,新任盐政马礼善在巡视城工后发现,经过一年多的时间,只修好了北门一座城楼和小部分城墙,东、西、南三面都没有动工。安岐给出的理由是,由于本年春季多雨,无法多建烧造城砖的砖窑,以致工程迟误。再加上每到冬季,寒冷冰冻,工程就得停止,因此工程进展缓慢。然而安岐所面临的最大困难不是天气,而是其家族接二连三的厄运。

虽然安岐极力表现,雍正帝还是给了安氏家族当头一棒。雍正四年

（1726）正月，隆科多案发，安岐的长兄安图受到牵连。隆科多因助雍正帝登基有功而深受信赖，但很快就因位高权重而引起雍正帝的猜忌，雍正四年（1726）正月被以"贪婪犯法"的罪名革退吏部尚书之职。安图被卷入其中，是因为办案大臣审出隆科多曾经"差家人王五、牛伦，陆续索取揆叙家人安图名下骡马、缎匹、古玩等物，并银十四万两"。安图"揆叙家人"的身份，在雍正帝看来十分刺眼，不管他为隆科多输送财物是出于被迫还是自愿，似乎都成为揆叙"挟其数百万家资"支持允禩的翻版。于是在定罪的时候，安图由受隆科多勒索变成了"夤缘隆科多"，很快便被锁拿抄家。

雍正六年（1728）六月，安尚义病故，安岐自己也因安尚义欠太监李玉银两一案，被质押在北京候审；七月，安图被处死。这个时候，暂时监管天津城工的天津镇总兵张三让发现，工程的进度远远落后于预期，开工已两年有余，只完成了东、北二面。在他以一种必须究办安岐的语气向雍正帝上奏折后，却出人意料地被雍正帝警告："不过命汝代郑禅宝点看，不必严催。若稍有刻薄勒索，则关系你一生功名也。"看来雍正帝虽然处置了安图，但并不想对安氏赶尽杀绝，毕竟安岐与安图有所不同。

工程于雍正十年（1732）十月完工。重修后的天津城垣周长一千六百二十六丈六尺，高一丈九尺八寸，有城楼四座、瓮城四座、角楼四座。工程经历数个寒暑，耗资白银数十万，存活无业贫民数千人。其实安氏的黄金时代是在康熙朝，进入雍正朝后已走下坡路。在修城过程中，安氏的财力已有捉襟见肘之势，雍正六年（1728）曾变卖盐窝产业。安岐为修天津城，于困苦中辗转腾挪，奔波于天津、北京之间，不可谓不尽心尽力。因此，史家对安氏"急公好义"的评价，并不因其修城是出于不得已而有丝毫减色。

1900 年之前的天津城墙

（吉朋辉）

盐商查日乾的"三张面孔"

　　查日乾是清代康熙至乾隆年间的天津大盐商,享誉大江南北的私家园林水西庄的创建者。他白手起家,凭借天资、努力和运气进入豪富大盐商的行列;因为善于要弄手腕、冒险投机而两次锒铛入狱;在人生的最后阶段又构筑园林,栖身于山水之间,做起了富贵闲淡的"老封君"。查日乾展示给世人的三张面孔,可以说正是清代大盐商的一个典型缩影。

面孔一:成功的商人,可靠的朋友

晚年查日乾画像(《慕园老人携孙采菊图》局部)

　　查日乾,原名查日昌,生于康熙六年(1667)六月,籍贯宛平。史料记载,查日乾自小就显露出能做大事的素质。在他三岁的时候,父亲查如鉴去世,孤儿寡母只得依附于查日乾姐夫马章玉过活。某年除夕夜,马章玉陈列出各种华丽服饰任凭亲族选取,众人无不争相向前,唯独12岁的查日乾端坐不为所动。成年之后,查日乾奉母定居天津,在天津关做了一名书办。当时顺天府尹是查日乾先人的故交,查日乾曾凭借这一关系,为一名受陷害之人化解冤屈。这人答谢他三千两银子,他笑着说:"吾固贫,岂肯为京兆鬻狱哉?"

　　查日乾性格果决迅捷,他的朋友杭世骏

曾称赞他"料事若神,应变不测"。他从20岁开始闯荡社会,又曾在天津关这样一个利益熙来攘往的地方待过,获得了极为丰富的社会阅历,也锻炼了处理各种事务的能力,所以他的另一位朋友陈宏谋评价他"负经济才"。约在康熙三十年(1691)左右,天津大盐商张霖将查日乾纳入门下,交给他本银十万两,经营京引一万道。查日乾抓住这个机会,尽力营谋,到康熙四十四年(1705),38岁的查日乾所积累的产业包括"引窝、盐包、滩坨以及房屋"等,价值约在十万两以上。

杭世骏这样描述这位盐商的神采:"日乾长身鹤立,音旨洪朗。"颀长的身材衬托着他不俗的丰姿,洪亮的嗓音显示了他豪爽的性情。他为人看重义气情谊,既贤达又豪爽,文人士大夫们都乐意与他交往,以至于"揽环赠佩之好几遍天下,而生死不相负"。所谓"生死不相负",有具体事例为证:山阴王揆、长洲谈汝龙、会稽陶良玉都是查日乾的朋友,先后不幸客死京师,查日乾不但出资将他们入殓,而且千里迢迢将棺木运回原籍归葬;太原郭氏是一位富豪,死前向查日乾托孤,将巨万家财都交给他照料,查日乾不负重托,帮他处理好了家庭矛盾,并扶助其幼子长大成人。

面孔二:奸猾的垄断者,大胆的冒险家

在经营盐业的过程中,张霖的势力成为查日乾的坚强后盾,使刚入行的他就能领借十二万两内务府帑银,并在若干年后作为盐商领袖,霸占了京引也就是京城及大兴、宛平两县的盐利。二人的合作远远不止于此,他们以查日乾手中的一万道京引作为幌子,每年实际卖盐有十万引之多,其中有九万引是私盐,每年带来一二十万两的暴利。由于张霖势力强大,就连通州的盐务稽查官员也不敢稽查他。在这个过程中,查日乾显露出自己的另一面:"其为人奸猾,内外各处串通,京东商人皆怨之。"为人奸猾,串通内外,引得怨声载道,完全推翻了经营盐业之前查日乾留给世人的印象。

康熙四十四年(1705)五月,树大招风的张霖被直隶巡抚李光地参革而银铛入狱,家产被罚没净尽。查日乾作为张霖的帮手,自然也逃脱不过制裁,被

判偿还欠款十万八千余两,查日乾本人则被"系狱论死",也就是判了死缓,与他的儿女亲家、同受张霖案牵连的天津盐商金大中囚禁在同一间牢房中。查日乾后来回忆说,他与金大中两人"累然窟室,盛夏严冬,凄风苦雨,两形相吊,百感伤情",情形十分凄惨。直到四年后还清了欠款,查日乾才获释出狱,而金大中早已死在狱中。劫后余生的查日乾盐业生意的基础仍在,他很快就重回天津富裕盐商的行列,到了康熙五十年(1711),即便在康熙帝的眼中,查日乾也已经是"家产殷实之人"了。

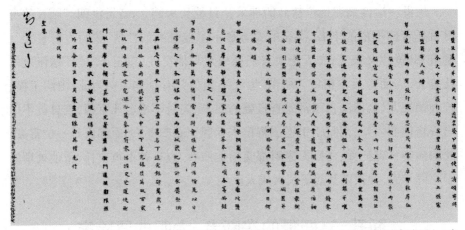

康熙四十五年(1706)七月三十日,直隶巡抚赵弘燮《奏报严查查日昌金大中产业情形折》(部分)。"查日昌"为查日乾的引名

　　查日乾第一次入狱,主要原因是他不知收敛,肆意逞其翻云覆雨的胆量和手腕。这次牢狱之灾并没有让他吸取教训。康熙五十年(1711),查日乾的长子查为仁即将参加辛卯科顺天府乡试,虽然查为仁才学并不差,但一向善于投机和冒险、笃信钱财力量的查日乾,还是为他找了一个名叫邵坡的枪手,并贿买考场的书办,将文章传递进去。不幸的是,邵坡写错了查为仁的籍贯,事情因此而被发觉。查日乾闻讯后带着查为仁仓皇南逃,震怒的康熙帝亲自下令严加缉捕,很快父子二人就被缉拿归案。查日乾被判斩监候,查为仁被判绞监候,父子二人双双入狱,直到康熙五十七年(1718)秋和康熙五十九年(1720)春才先后获释。

面孔三：热心的士绅，闲淡的"封君"

第二次出狱后，查日乾意识到自己已经在监牢里虚耗了十余年的宝贵光阴，他对此悔恨不已："人生寿至七十，便称古稀。大约二十以前，血气未定，五十以后，筋力日衰，止此中三十年，可以进取富贵。兹者已将其半消磨缧绁之中，后此虽跻耄耋，将何为哉！言念及此，痛悔何及！"

似乎是想弥补此前道德功业的缺失，查日乾开始扮演起士绅的角色，热心于天津地方公共事务、慈善事业。雍正二年（1724），天津创设救济贫民、难民的慈善机构育黎堂，查日乾不但捐助银两，还主动负责营运育黎堂的资本，以利息维持育黎堂的运转。雍正三年（1725）天津大水，查日乾首倡赈济，全活无数。在修筑环城堤岸的时候，查日乾不仅出资，还亲自到现场监督工程。乾隆三年（1738）任职天津道的陈宏谋与查日乾交往颇为密切，他在任期间，举凡水利、赈灾、捕蝗、修路、义学、慈善等与民生息息相关的事务，都曾听取过查日乾的建议，而查日乾似乎也非常乐于表现自己在这些事务上的才能，每次与陈宏谋相见，"民生利病娓娓而谈，有饥溺由己之意"。

查日乾第二次出狱时，已经年过半百，对古人来说，这已经是一个可以颐养天年的岁数了。从雍正元年（1723）开始，查日乾花费数年的时间建起了一座私家园林，命名为"水西庄"，其楼台亭榭及草木之胜为津门园林之冠。查日乾将盐务交给查为仁料理，自己除了作为士绅参与一些地方事务外，其余时间便流连于水

1933年水西庄遗址河神庙

西庄中，采菊饮酒，含饴弄孙，悠然自乐。雍正九年（1731），因为次子查为义做官的缘故，查日乾获得"承德郎"的封号，从此被朋友们奉承为"封君"。

这种怡然自得的晚年生活持续了近二十年，直到乾隆六年（1741）五月去世，享年七十五岁。

（吉朋辉）

巡盐御史莽鹄立"挑战"直隶总督

在清代,直隶总督掌管全省的军政事务,在直隶地方官僚体系中,其权威无人可以挑战。然而在这个体系之外,却有一个令其忌惮的角色,那就是驻在天津的长芦巡盐御史。这虽然是一个专管盐务的职位,却拥有参劾地方官员的权限,且朝廷明文规定:"巡盐御史与督抚、将军、提镇彼此俱用平行手本。"也就是说,巡盐御史可以和督抚分庭抗礼。雍正初年,直隶总督李维钧就受到了来自长芦巡盐御史莽鹄立的"挑战",并且最终被挑落马下。

盐务理念相悖埋"合作"隐患

雍正元年(1723),刚即位的雍正帝发现长芦盐务积累起大量的弊端,盐商拖欠盐税达一百多万两,到了非下大力气整治不可的地步。五月,他宣布了新的长芦巡盐御史人选,一改过去以低品级官员加监察御史衔巡视盐政的做法,直接任命理藩院侍郎莽鹄立出任此职。

莽鹄立出身于满洲镶黄旗,是一个忠诚正直的实干家,雍正帝显然是想借助他的能力,将长芦盐务的积弊一举廓清。为了确保成功,他又特意下诏强调了巡盐御史参劾"所属行盐道、府、州、县官员"的权力。这项职权虽然是钦差御史的题中应有之义,但此前的长芦巡盐御史从

莽鹄立绘果亲王允礼像

没有真正行使过。在五月八日的任前接见时,雍正帝告诉莽鹄立,有什么事尽管上奏,自己是他的坚强后盾。这样一个拥有实权、能力和皇帝支持的巡盐御史,自然会给天津的地方官员带来压力。

远在保定的直隶总督李维钧也感受到了这种压力。雍正二年(1724)五月,李维钧主持打击私盐,在给雍正帝的奏折里,就表达了要与莽鹄立合作的意愿。他告诉雍正帝,自己已经想出了打击私盐贩的办法,但仍需"咨商盐臣莽鹄立妥议"。但莽鹄立并没有买他的账,两人在打击私盐的问题上产生了诸多分歧。比如李维钧认为,直隶的私盐全都来自天津盐务体系内的分司、场官、灶丁共同盗卖分取利益,而莽鹄立却认为责任在于地方官员查禁不力;对于抓住的私盐贩,李维钧主张押解到保定审讯定案,但莽鹄立却坚持押解到天津的巡盐御史衙门,不许押解到保定;莽鹄立禁止贫民背负少量食盐贩卖度日,贫民聚集在一起表达不满,莽鹄立便以"聚众扒盐"上报,李维钧认为他偏听其下属夸大其词的汇报,只顾盐商而不顾百姓。

五月十七日,李维钧为打击私盐的事向雍正帝告状,说莽鹄立"偏见未化",导致盐务生弊。其实李维钧并不是真的要与莽鹄立为政敌。他与莽鹄立相交20余年,对莽鹄立的个性非常了解,按他奏折里的话说,就是"素服其正气,亦畏其烈性",并且承认莽鹄立任盐政以来尽心办理事务,字里行间流露出惺惺相惜的意味。这种柔和参奏的结果,就是雍正帝用更柔和的办法拒绝了他的参奏,在奏折上朱批道:"朕深知他有此病","着实教导他,朕亦戒谕他"。这种和事佬的口吻,表面上是在偏袒李维钧,实际上并没有一字一句否定莽鹄立的做法。

"相爱"到"相杀",缘于年羹尧私党

李维钧与莽鹄立的分歧都是出于公心,因为私下里他们俩的关系的确不坏,也并没有因为这次参劾而反目成仇。雍正二年(1724)底,李维钧因为筹措不到银子赏给营兵,还跑到天津找莽鹄立借了两千两银子,这让莽鹄立想起了天津盐商送给李维钧的"冰雪之操,一尘不染"美誉。于是第二年正月二十日,莽鹄立给李维钧准备了一个新年大礼:奏请恢复"抚号银"每年一万两。长芦盐商本来每年要向直隶总督衙门交银两万两,用于"赏兵公用",名为"抚号"。雍正帝即位后减轻盐商负担,大幅度裁减盐商交银给各衙门的陋规,李维钧紧跟雍正步调,将抚号也裁减了,却落得无银可赏。莽鹄立这份奏折,对李维钧来说可谓雪中送炭。这份奏折足以说明,莽鹄立和李维钧建立起一种盐臣和地方官员之间少见的和谐关系。对此雍正帝十分满意,批道:"此等事随你们。知道了。"

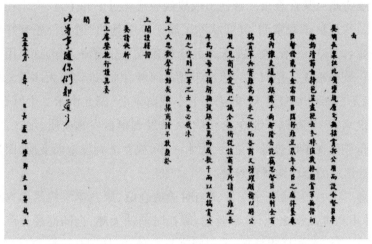

雍正三年(1725)正月二十日,莽鹄立奏请恢复抚号银折(部分)

然而几个月后,事情突然发生了戏剧性的变化。五月六日,莽鹄立向雍正帝上了一份奏折,矛头直指李维钧,说他正在严厉追缴一些盐商在上任督臣赵宏燮任内欠下的抚号银,而其目的,竟然是帮助因巨额亏空而被查办的前任长芦盐运使宋师曾补窟窿。此时盐商本年应完的正杂课、商欠、带征等款项还没有交齐,盐商受两头夹击,势必耽误国课。莽鹄立曾两次移文向李维钧求援,但李维钧执意不从,反而帮宋师曾变本加厉地追缴旧账,其实这个账和他李维钧没有任何关系。

那么这个宋师曾何许人也,值得李维钧做出如此不合常理之事?在莽鹄立的另一份奏折里,雍正帝的批语揭示了答案:"去冬年羹尧来,大为宋师曾乞恩。"年羹尧,雍正朝头号"逆臣",其得势时培植私党,倒台后牵连众多,李维钧、宋师曾都是年羹尧的亲信，经其一手提拔举荐。就在一个月前，雍正帝刚刚剥夺了年羹尧"抚远大将军"帅印，此刻正在紧锣密鼓地调查其本人及党羽。莽鹄立的这份奏折，正好把李维钧送到了雍正帝的枪口上。雍正帝当即命令李维钧："你可秘密察访宋师曾如何夤缘年羹尧、李维钧处，确访据实密奏。"

数罪并罚，直隶总督落马

李维钧此后又在直隶总督任上战战兢兢地度过了几个月，终于在雍正三年（1725）八月被革职拿问。其罪状除了属于年羹尧的"逆党"，还有好几项贪污渎职罪名，其中一条，就是把天津北仓敖盖成了豆腐渣工程。这座用于存储漕粮的仓敖于雍正元年（1723）修造于北运河畔，由李维钧与天津镇总兵共同主持。雍正三年（1725）夏天，雍正帝下令截留湖南、湖北漕米二十万石，用于赈济直隶水灾，并存储于北仓敖，但不久就发现粮食发霉变质。细查之下，竟是因为仓敖盖在了地势低下之处，雨水一多，粮食遭到浸泡而变质，因此当时负责勘查选址的李维钧罪责难逃。

八月二十六日，雍正帝下旨："当时盖造仓廒，原系李维钧及地方官员经手，乃并不相度高燥之地，草率营建。著托时前往天津，会同巡视长芦盐政莽鹄立、天津道柯乔年详审地形，或另择高阜之处，或将旧基培垫，交与李维钧，亲同当时经手之员赔补修造。即著莽鹄立、柯乔年监督工程。"九月二十八日，革职罪员李维钧被一个笔帖式押到了天津，再次和莽鹄立见面了，这次两人之间变成了监督与被监督的关系。

李维钧虽然出钱出力，"极力赞修"，但仍没有为自己争取到皇帝的宽容。雍正四年（1726）七月二十日工程竣工，莽鹄立将李维钧移交给直隶总督李绂，送往刑部治罪，最终被判斩监候，妻儿入内务府为奴。不久，李维钧病死狱中。而莽鹄立则将长芦盐务整治得焕然一新，此后官运亨通，先后做过兵部、礼部、刑部侍郎和甘肃巡抚。

（吉朋辉）

莽鹄立天津救灾

雍正三年(1725)春夏,海河流域发生大规模洪水,直隶省数个州县受灾,九河下梢的天津城更是成为重灾区。此时正值天津刚刚由卫改州,首任知州由霸州知州逯选兼任,而逯选在霸州忙着赈济、修城的事,顾不了天津。长芦盐政莽鹄立挺身而出,带领天津商民完成了一次非常成功的抗洪救灾。

修堤救急

这年四月到六月,天津地区阴雨连绵,南运河、北运河、海河的水开始呈现围城之势。当时天津有三处水势险要地段:城西教场、城北侯家后老君堂、城东小闸口,其中以老君堂最为危急。因为教场有大堤,河道也宽阔畅通;小闸口靠近盐坨,为了保护盐坨,早就筑好了结实的堤坝。而老君堂地处南运河南岸,向来没有堤坝,河岸经连年冲塌,仅存一线土埂,一旦决口,就会直冲城北单街。

单街是北门外繁华的商业区之一,商铺林立,人烟辐辏,且逼近津城。当时天津城年久失修,城壕又窄又浅,城墙破败不堪,根本起不到抵御洪水的作用。所以老君堂如果决口,其后果是相当严重的。

莽鹄立带着天津镇总兵、天津道等官员查看了这道土埂后,认为情势危急,不能再无所作为,便带头捐了些银子,先找人培筑河岸,暂时挡住了洪水的势头。但莽鹄立知道这只是解了燃眉之急而已,如果继续下雨,老君堂河岸撑不了多久。他向雍正帝建议未雨绸缪,在老君堂一带修筑堤坝,并将小闸口、教场两处堤岸加固。

《潞河督运图》中的天津城东北角单街一带

四条措施

莽鹄立的担心很快被印证了。六月底天气终于放晴,但没维持几天,七月初八日又开始下雨,终于造成洪水泛滥,天津城外一片汪洋,四周村庄田野都被淹没。离城较远的居民逃往他方,离城近的则扶老携幼蹲聚在城墙根的高土上,还有的栖身在寺庙门墙之下。城内米价开始上涨,饥民出现在大街小巷。

莽鹄立立刻行动起来,采取了四条措施:第一,护堤。他下令天津文武官弁多拨兵役守护教场大堤,以防冲决;又委派批验所大使负责加固盐坨堤坝,保护存盐。第二,平价。他向天津道、海防同知出示谕令,让囤米的行铺平买平卖,不得哄抬米价。第三,安民。他吩咐各寺庙庵观僧道人等开门容留灾民,让他们有安身之处。第四,救饥。他劝谕天津盐商捐资买米数千石,委托天津户部分司衙门兼管煮粥,赈济灾民。经过这么一番安排,大水围城的天津没有出现混乱的局面。

运米赈灾

天津城内可以用的米毕竟有限,而临近的山东、河南都发生水灾,粮食短缺,时间一长,天津必然无米可用。莽鹄立想到了一个解决的办法:用关东的米接济天津。当时关东奉天一带,经过清初以来的移民、开荒,粮食产量不断提高。莽鹄立向雍正帝建议,令奉天将军晓谕当地商民,允许其自行贩运粮米来津,公平买卖。

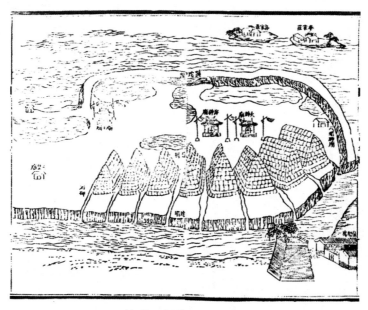

《长芦盐法志》中的护坨堤

但雍正帝远比他所希望的更加慷慨。七月,雍正帝下旨天津截留当年的漕粮二十万石用于直隶赈灾;九月,又派人在奉天采买米十万石、高粱十万石,运至天津赈济灾民。奉天的粮食于十月份运到天津,莽鹄立在城东关外玉皇阁、河东大寺、北关外祇树园、白衣大寺设立四处米厂,以每石比市价便宜三钱六分的价格出粜。为了防止囤积,限定每人买米不得多于一斗。水灾后的天津市面米价平稳,没有发生百姓吃饭困难的情况。

选荐能员

　　修堤工程于九月份开工，必须要有能员监督，才能避免贪污怠工等弊端。这个时候，因改卫为州而卸任的原天津卫守备王昭威即将赴广州任新职，他熟悉天津情况，办事勤慎，莽鹄立请旨将他留下主持修堤，使工程得以顺利完成。在天津改卫为州，政局不稳的情况下，莽鹄立在这次救灾中的确起到了中流砥柱的作用。

（吉朋辉）

直隶总督李卫的"能"与"不能"

清代天津是长芦盐务的中心,盐官和盐商共居一城,官商勾结自然是经常的事。李卫从雍正十年(1732)开始担任直隶总督,天津盐务方面的弊政是他吏治整顿的重要对象。李卫素称"能吏",但在整顿盐务的过程中,他不仅展示出了"能"的一面,同时也让我们看到,在某些时候他这位能吏也会变得无能为力。

"能吏"并非浪得虚名

雍正十二年(1734)正月二十四日,长芦巡盐御史鄂礼上奏折,建议取消天津道、清军同知这两个衙门查验盐船的权力。原来那时盐商从盐场买盐后,多用船装载,走水路运往各处销售。为了防止偷税漏税甚至夹带私盐的行为,盐商们需要先将盐运到天津,由盐政机构秤掣、盘验、挂号。除此之外,盐商们还要到天津道、清军同知衙门挂号查验,为此需要在天津停泊等候,少则三五日,多则十数日,还要受到衙门胥吏的轮番需索。

其实天津道、清军同知是地方行政和军事机构,因为天津原来没有盐政机构,才不得不让他们查验盐船。现在巡盐御史、盐运使司衙门早已迁到天津,天津道和清军同知衙门对于盐船的所谓查验,早已"徒有挂号之虚名,并无稽察之实事"。所以鄂礼认为,取消这两个机构的查验权,可以大幅度提高运盐效率,对盐商和国家税收来说都是好事。雍正帝立刻被鄂礼这份有理有据的奏折说服了,提起朱笔批道:"甚是。应达部,着照例行。"

看起来这是一件不折不扣的善政。然而就在事情交给直隶总督李卫去实

雍正十二年(1734)二月二十日,直隶总督李卫奏陈天津运盐船只应循复旧制由道厅挂号查验等情折(部分)

施的时候,却被他断然拒绝了。李卫历任地方大员,行政经验丰富,而且在做浙江巡抚的时候还兼管过盐务,对盐官和盐商之间的门道颇为清楚。他知道一旦将查验盐船的权力专属于盐官,运盐就少了一道监督的屏障,也就等于为盐官和盐商之间的勾结大开方便之门。所以他的建议是,宁可花力气整顿查验盐船的弊端,也不能改变现有的查验手续。

李卫的担心并非空穴来风。就在鄂礼上那份奏折的同时,李卫正在秘密调查天津盐商王惠民贩私盐一事。王惠民是当时天津屈指可数的大盐商之一,但就是这位大盐商,从康熙四十五年(1706)至雍正十年(1732),每年私自超出配额多卖盐四万多包,总计非法获利百万两之巨。如此猖狂的贩私盐行为竟然持续长达20余年而不被发现,难以令人相信背后没有盐官的包庇纵容。鄂礼就难逃这个嫌疑。雍正十年(1732)五月,鄂礼曾上奏折替王惠民请求增加引额。就是他这道奏折,把王惠民原来的私盐"洗白"成了登记在册的引盐。

有鉴于此,李卫强烈反对鄂礼的建议。雍正帝选择了相信李卫,保留了原有的挂号手续,并对天津查验盐船的手续进行了整顿:由盐官按照距离远近为盐船出具路程期限,查验盐船的官吏不许让盐船滞留超过这个期限;天津道、清军同知查验盐船由原来的逢船必查改为不定时抽查,同时由盐政机构派人游巡缉私,随时随地盘查盐船。这些都是李卫在以前管理盐务的时候通过实践总结出来的办法。李卫作为雍正朝的一员能吏,的确不是浪得虚名。

面对皇权无能为力

雍正十二年(1734)四月初二日,王惠民终于东窗事发。与王惠民争夺引地的盐商梁樟派人到保定向李卫告状,说王惠民"贿嘱盐政,竟蒙折奏",官商勾结,隐瞒私自卖盐的行为。其实李卫早已掌握了这些情况,只是没有鄂礼受贿的证据。根据梁樟的指控,李卫立刻将王惠民的三名商伙朱大雅等传到直隶总督衙门审讯,很快便审出了鄂礼曾分两次向王惠民索贿五千两的事实。李卫正要乘胜追击,却忽然接到雍正帝谕旨,让他停止审理此案,转交北京主管户部的果亲王主持审问。

李卫虽然极不情愿,但不得不将梁樟的原呈交给了户部派来的人。五月二十九日,户部又送来提审朱大雅等人的公文,但这个公文写得不明不白,只说要提审的人名,却不说因为何事,这并不符合办事程序。李卫于是咨请户部将提审缘由说明,户部很快回复了一纸咨

清人绘制的李卫画像(部分),为丰县博物馆所有,但代管于徐州市博物馆

文。这次倒是说了事由,但将梁樟原呈中"贿嘱盐政,竟蒙折奏"等语删去;朱大雅在梁樟原呈中本来是鄂礼受贿的证人,在户部的咨文中却变成了"借名诓骗"的小人。很明显,户部这是有人在为鄂礼掩饰。

李卫将朱大雅等三人交给户部的人带走后,越想越不对劲,觉得此事非

报告给雍正帝不可，于是在六月十日上了一道奏折。他担心雍正帝觉得自己故意和鄂礼过不去，在说明情况后特意表达了自己的公心："今明知又有此奏，结怨更多，但实不忍听其朋比隐瞒，恣行于光天化日之下。"在奏折里他还告诉雍正帝，王惠民已经嘱咐各处的伙计，只许承认雍正元年（1723）以后卖私盐的事，之前十六年的数十万两赃银都要栽在梁樟的头上。他提醒雍正帝说，梁樟是一个"疲乏棍徒"，将来即使把他逼死，他也还不上这么多银子。言外之意就是，一定不能轻易放过王惠民和鄂礼。

尽管李卫的奏折写得小心翼翼，但还是让雍正帝大为恼火。他反驳李卫道："果亲王居心虚公，非汝辈大臣所能企及，审明自有定论。朕于一切事务从不以先入之言为准，若离是是非非之外别有是非，天下无此情理，岂汝辈凡夫俗子妄以入我心揣摩而可窥见者！"这位性情外露的皇帝是为李卫的指手画脚而恼怒，因为他很清楚这类事情应该怎么处理。王惠民并非一般的盐商，而是一个内务府皇商。他承担着为内务府输送利益的使命，不管是皇帝还是内务府，都不希望其出现任何问题，因为培养一个新的皇商并没有那么容易。即便出现了舞弊行为，朝廷也会倾向于让其交出巨额罚银，而不是对他本人或者巡盐御史做出刑事惩处。

果亲王最终自然是完全按照雍正帝的意思，让王家缴纳一笔罚银了事。鄂礼于当年被撤掉长芦巡盐御史的职务，但并没有关于他受到任何其他惩罚的记载。李卫这次不但没能按自己的想法行事，还遭到了训斥，并不是他能力不够，而是因为他踏入了一个利益的禁区。像王惠民这样的盐商，只要不破产，便能牢牢地把那些上好的引地掌握在自己手中，也只有这样，他才能通过盐税、捐输、报效、帑利等种种途径把利润源源不断地输送到国库和内务府。这样一来，在皇帝、内务府、来自内务府的皇商和同样来自内务府的长芦巡盐御史之间，便形成了一个环环相扣的利益纽带，其他官员，就算是李卫这样备受宠信的封疆大吏，也很难插手进去。

（吉朋辉）

国戚三保的盐政生涯

雍正十二年（1734），三保出任长芦盐政，此后连续担任长芦、两淮盐政达十年之久。和乾隆朝大部分盐政一样，三保也出身于内务府，而且他的女儿在雍正年间进入乾隆帝潜邸，入宫后连生四子，先后晋封嘉妃、嘉贵妃。由于这一特殊身份，三保任盐政时与乾隆帝君臣相得，堪称心腹，却在卸任后遭到乾隆帝的密查。

破格提拔

三保姓金，其先祖为朝鲜人，后金时期归附满洲，隶籍正黄旗包衣。在清朝开国创业的过程中，金氏凭借战功成为名门望族。不过三保的父祖都不显赫，他本人在康熙年间曾任佐领、员外郎，雍正年间升任郎中、御史，然而这些都是有名无实的虚职。直到雍正十二年（1734），三保忽然被破格提拔为长芦盐政，监管天津钞关。在官场苦熬了大半辈子、年近五十的三保骤然得到两个要职，对雍正帝可谓感激涕零。

第二年九月，雍正帝忽然驾崩，三保闻讯后立刻向乾隆帝上奏折，强烈要求

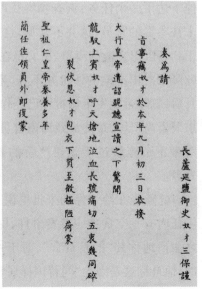

长芦盐政三保为进京哭叩梓宫事奏折（局部）

进京哭叩梓宫。他这样描述自己五内俱崩的哀痛："惊闻龙驭上宾，奴才呼天抢地，泣血长号，痛切五衷，几同碎裂。""奴才包衣下质，至微极陋……受恩最重，高厚难名，既不能获效犬马于十三年之前，复不能尽职守于升遐之日，夙夜扪心，哀痛罔极。"他的这份哀痛，虽然夸张，但应该也并不完全是虚假的。

乾隆帝告诉三保，长芦盐政和天津钞关是两个要职，不能随便离开，只要他竭诚办理，就是最好的报答，所以不必进京。然后又告诫他道："汝不可以汝女在内而有恃恩之念。凡事小心，公忠去私，朕自能照察也。"这实际上也是在告诉三保，其能够骤得要职，与"汝女在内"不无关系。

初试牛刀

三保担任长芦盐政以后，牢牢记着乾隆帝"凡事小心，公忠去私"的告诫，紧跟乾隆帝的步伐，而乾隆帝也确实是把三保当成"自己人"来用的。上任后不久，三保就为乾隆帝办了一件要差。

雍正十三年（1735）十二月十二日，乾隆帝在三保一份奏折的朱批中，给他下达了一个任务：调查参奏长芦盐运使蒋国祥。皇帝亲自下令调查一个并未被参奏的官员，这并不常见。这位蒋国祥何许人也？他虽出身一般，却是雍正朝名臣田文镜的妻舅。田文镜在河南严厉推行雍正帝的新政，深受倚重，但乾隆帝对田文镜的评价并不好。雍正十三年（1735）十一月，雍正帝去世两个月后，乾隆帝就发上谕批评已经作古的田文镜，说他任河南巡抚以后"苛刻搜求"，崇尚严厉，最终导致河南官员剥削成风。乾隆帝这样评价田文镜，其实是对雍正帝施政过于急切严苛的委婉批评，也是自己将要施行宽缓政策的先声。

乾隆帝在给三保的朱批里说："蒋国祥的是贪官，且田文镜之妻舅也。若伊任内有亏空贪劣应参奏事件，即行参奏。"尚未拿到官员贪污的证据，就言之凿凿地称其"的是贪官"，对于一向自诩客观公正的乾隆帝来说是很少见的。他自称这是因为"闻蒋国祥居官名声不好"，但很明显，"田文镜之妻舅"的身份才是问题的关键。

三保没有令乾隆帝失望，经过明察暗访，他查出蒋国祥纵容家人杨二随意革退负责看顾、照料运库库银的银匠，并且克扣库银一千一百多两，逼迫银匠赔补。蒋国祥因此立刻遭到革职，并且在四年后因"私回天津"而被发配到了蒙古军台效力。对于同情甚至效仿田文镜的人来说，这无疑是一个有力的警示。

君臣相得

三保从雍正十二年(1734)起担任长芦盐政，乾隆二年(1737)三月调任两淮盐政，乾隆五年(1740)又调回长芦盐政，乾隆八年(1743)闰四月因病卸任，前后约计十年。他做盐政有一个突出的特点：频繁参劾下属及同僚。盐政是巡盐御史，本就有参劾盐官之责，但三保参劾的频繁度在历任盐政中是屈指可数的。比如在参劾蒋国祥三个月后的乾隆元年(1736)三月，他参劾盐坨大使曹天成隐匿盗案；一个月后，他又参劾丰财场大使胡士雄私用已经革职的巡役。盐务方面的"蠹虫"直接侵害国家税源和皇帝的财源，因此三保对他们采取了零容忍的态度，无论大小，逢错必参，这一点深得乾隆帝赏识，对他可以说是逢参必准。

不过三保毕竟有多年在官场底层的历练，办理盐务时分寸把握得十分得当，既能雷厉风行，又能行事公允。他在任上曾经严厉整治过粮船夹带私盐，并与直隶总督李卫一起，以铁腕手段弹压盐枭。但另一方面，他也曾经为积欠盐课的盐商请命，增加盐包的重量来提高他们的收入；他甚至还曾为被处以巨额罚款的大盐商张霖家族求情，免去了其未交完的罚款，使其避免了家破人亡的结局。对于三保的奏折，乾隆帝极少有驳斥或不准的。

作为皇帝的"钱袋子"，他也是称职的。雍正十三年(1735)十二月，上任仅一年的三保一下子为内务府解送了两万八千多两银子。乾隆四年(1739)九月，怡亲王府拥有的引地因为办理不善导致亏赔，由于三保善于办理盐务，乾隆帝便下令由三保代为办理。在两淮盐政任上，扬州钞关、瓜洲由闸税务都由三保管理。由此可见乾隆帝对三保的信任。

隆恩高厚

嘉贵妃像

三保的兢兢业业换来了丰厚的回报。乾隆六年(1741)二月,其女嘉嫔被册封为嘉妃。三天后,五十六岁的三保从天津给乾隆帝上了一份谢恩折,折子里说,"奴才一家老幼均沾雨露,不胜欢呼之切"。而事实也的确如此。就在第二年,三保的长子金鼎被任命为三等侍卫;乾隆十三年(1748),嘉妃晋封嘉贵妃;三保的另外两个儿子金简、金辉都仕途亨通,金简官至总管内务府大臣、吏部尚书,深受乾隆帝信任,成为乾隆朝一代名臣。嘉庆初年,嘉庆帝将三保家族由正黄旗包衣抬入上三旗,赐姓金佳氏,摆脱了皇室家奴的身份。

至于三保本人,乾隆帝对他的"圣眷"可谓无微不至。在乾隆五年(1740)第二次出任长芦盐政之后,每年夏天乾隆帝都特地赐给他"内廷珍药"用以解暑。乾隆七年(1742),五十七岁的三保生病了。据他自己在奏折内说,他"手足不仁,步履维艰",应该是中风了。此后三保的身体便每况愈下,乾隆帝特地派了太医王凤翔来天津为三保看病。病床上的三保十天内连上两个谢恩折,真挚地表达着自己的"犬马恋主之诚",充满希望地期待着皇帝派来的"好大夫"可以治好自己的病,让自己可以继续为"隆恩高厚"的皇上服务。无奈御医也无回天之力,乾隆八年(1743)闰四月,乾隆帝解除了三保的长芦盐政职务,令他回京调理。

圣心难测

乾隆与三保,可以称作"君臣相得"的范例了。然而接下来发生的事却有点出人意料。三保卸任后，因为一时找不到合适的人选，长芦盐政由天津镇总兵傅清暂管。就在傅清接印后的第二天，乾隆帝给他下了一道密旨，命他调查三保的家人、胥役有没有做什么非法乱纪的事，如果真有，"不妨参奏"，并且特别强调要"重处以示警三保"。这位堪称心腹、已经倒在病床上的卸任盐政，竟然得到了和被他参劾的蒋国祥一样的"待遇"。虽然傅清没查出三保有什么问题，但这道密旨已经让"君臣相得"变成一句虚言，成为封建时代君臣关系的一个绝妙注脚。

（吉朋辉）

乾隆朝最不靠谱的长芦盐政

长芦盐政是管理长芦盐区的最高长官，既是皇帝的耳目，又是钱袋子。清初规定长芦盐政的任期为一年，但后来并不拘泥，比如雍正朝莽鹄立就连任三年。到了乾隆朝，大部分长芦盐政都能连任，其中连任年头最多的是西宁，达十年之久。然而他却堪称乾隆朝最"不靠谱"的长芦盐政。

上任伊始自摆乌龙

乾隆三十五年（1770）闰五月，杭州织造西宁被调任长芦盐政，开始了其长达十年的任期。连续担任要职，可见乾隆帝对他的信任。然而上任伊始，他就交出了一份令乾隆帝颜面扫地的成绩单。按照规定，每年十一月份长芦盐商应将本年的盐运销完毕，交齐盐税。但乾隆三十五年（1770）十月底，应该运销的一百万包盐才完成了六十余万包，而应缴纳的五十六万多两盐税才完成了三千七百多两，竟然不足百分之一。即便如此，西宁仍然应盐商们的要求，上了一道建议缓收长芦盐税的折子，自然被户部驳回了。乾隆帝也下旨，责备西宁任由盐商拖延，导致"课运两误"。

原来盐商运盐纳税，盐政有督催之责。西宁督催不力，以致出现了应纳盐税只完成不足百分之一的窘况。受到斥责后，西宁不敢怠慢，令盐运使福贵抓紧追征，结果让人大跌眼镜：仅仅二十天之后，收上来的税银就达五十五万余两，只剩下一万多两未收了。乾隆帝对此十分不解，下旨让西宁解释为什么会如此"冒昧奏请展限"。

其实这不是西宁在长芦盐政任上唯一一次自摆乌龙。当时天津建有皇船坞,乾隆帝南巡所用安福舻等船只平时即存放其中,由长芦盐政负责管理修缮。乾隆三十五年(1770)九月,乾隆帝令西宁修缮安福舻、翔凤艇。本来只将船顶上层木板更换即可,西宁却自作主张,将两层木板及中间锡片全部揭起重加修整。乾隆帝很不以为然,认为西宁如此大费周章,乃是"攘为己能,希图见好",实在是"不晓事体",将其申斥了一番还不算完,又令他赔出了所耗费的银两。

稳坐要职的秘诀

西宁办事既然如此不靠谱,为什么还能稳坐要职呢?乾隆帝首先看中了他一点:人是老实的。有一个事例为证。乾隆中期以后,长芦盐政与盐商之间形成一个"潜规则":每年由商人购买贡品,再由盐政以自己的名义进献。乾隆三十五年(1770)九月,乾隆帝召见西宁问起此事,西宁不但承认了,而且将此事历任相沿,其前任高诚、李质颖都如此办理的实情和盘托出。其实乾隆帝早已就此事问过李质颖,李当时没有承认。于是乾隆帝认为西宁"人尚诚实,是以和盘托出,不敢隐瞒";而李质颖则不老实,于是下令"存记",给李质颖记了一笔。

西宁的另一个秘诀,就是绝对实心实意为皇帝办事。他在任的十年里,交给内务府的银两从来没有短少过,仅乾隆三十七年(1772)、三十八年(1773)两年就交了近六十万两。乾隆三十六年(1771),乾隆帝发起第二次攻打金川的战争,这场战争旷日持久,耗资巨大,西宁动员辖下的长芦盐商捐银九十万两作为军费。另外他颇能投乾隆帝所好,每年进贡的数量惊人。乾隆三十七年(1772),乾隆帝令在承德建造一座罗汉堂,西宁不仅承担了全部一万六千两费用,而且与其子基厚共同经办此事。乾隆四十一年(1776)二月,他还曾给东巡山东的乾隆帝送去一个名叫张东官的苏州厨子,其做菜甚合乾隆帝的胃口。乾隆帝对西宁也恩赏有加,比如乾隆三十七年(1772)十一月,曾赐给他一份珍贵的《淳化阁帖》。

奏为

奏明請

旨事竊照基厚奉

旨派往海寧成造羅漢一堂所有工程成數經

於上年十一月内恭摺

奏明在案兹於本年正月二十九日據基厚稟稱

目上年八月内在海寧與工以來基厚敬謹督

率匠役人等成造羅漢五百尊三世佛葦馱地

藏痲僧濟顛七尊木胎灰布及背光滇彌座山

璧雕鑿等工並包裹裝盛俱已完竣今概於本

年正月十三日目海寧起程由水路運送通州

再由陸路運往熱河其應用赤金油漆料物及

奴才西寧跪

西宁奏报基厚成造热河罗汉堂罗汉情形折（局部）

最后，也是最重要的原因，西宁背景非凡，可以说是一门显贵：他的叔叔高斌、弟弟高晋都是大学士，高斌之女高佳氏即慧贤皇贵妃；他的儿子基厚曾任江宁织造，侄子书麟官至两江总督；他任长芦盐政时的同僚、直隶总督杨廷璋是他的儿女亲家。正如他在一份奏折里所说的："奴才一门世受国恩。"的确如此。

乾隆帝的"回马枪"

乾隆四十六年（1781）闰五月，年逾八旬的西宁已任长芦盐政整整十年，乾隆帝终于下旨让他离任回京，并且给了他一句评价："办理一切事务尚无贻误。"似乎西宁可以从此安度晚年了。然而第二年八月，和珅忽然给西宁面传了这样一条谕旨："西宁在长芦盐政多年，办理不善，以致商人拖欠甚多，著西宁自行议罪。"

其实乾隆帝以"商人拖欠甚多"为由惩罚西宁，是说不过去的。长芦盐税积欠的主要原因是频繁的带征，也就是将某年的盐税分摊在其后数年内逐次交齐。西宁任职的十年中，于乾隆三十六年(1771)、三十七年(1772)、四十年(1775)、四十二年(1777)、四十四年(1779)五次为盐商奏请带征，带征年份少则五年，多则十年。旧的带征未完，新的又叠加上来，使长芦盐课成为一笔糊涂账。但这十年盐商们从来没有拖欠过交给内务府的帑利银，且报效频繁，光是捐助的金川军饷就有九十多万两，再加上乾隆帝一次六旬万寿、一次南巡、一次东巡、太后一次八旬万寿，每次长芦盐商都要掏腰包。在报效上多掏了钱，就会在盐课上少掏钱，这就是所谓的拆东墙补西墙。这一点乾隆帝岂能不知？实际上每次带征都是经过他允许的，有时甚至是他一高兴，作为恩典赏给盐商的。西宁之所以能够平安卸任，原因即在于此。

然而乾隆帝却来了个"回马枪"，在西宁卸任后又追究起盐课积欠的事来，并且把责任一股脑儿都推在他身上。这背后的原因，似乎并不像谕旨里说的那么光明正大。乾隆四十五年(1780)，和珅想出了"议罪银"这么个"天才"的点子，允许犯罪的官员缴纳罚银，这样既可以让罪官得以从轻发落，又可以充实皇帝的小金库。当和珅向西宁转达了那条让他"自行议罪"的谕旨后，西宁心领神会，一下子给自己开出了八万两之多的议罪银，请限八年交完。按照西宁在乾隆五十三年(1788)奏折中的描述，他在耄耋之年拖着衰朽之躯，卖房卖地凑了五万余两，剩下的实在拿不出来，只得求助于侄子书麟，让他从养廉银里每年拿出六千两来替自己交罚金。

在敲完西宁的竹杠之后，乾隆帝继续对他施以"恩泽"。乾隆五十八年(1793)，西宁已是九十一岁高龄。正月，乾隆帝特意下旨："基厚之父西宁年逾九十，基厚在外久缺定省，著仍回京，仍以内务府员外用，俾得就近侍养，以示体恤。"打一个巴掌给个甜枣，这就是乾隆帝对待自己名为大臣、实为奴才的臣子的方式。

（吉朋辉）

皇家印记

水西庄改建行宫始末

　　乾隆十二年(1747)六月,乾隆帝发布上谕,将次年东巡的计划昭告天下。东巡回銮将会驻跸天津,这让天津盐商无比兴奋。十月初三日,他们的迎接计划通过长芦盐政伊拉齐上报到了乾隆帝案头:"长芦商人金义等呈称,恭逢皇上东巡亲谒孔林,秩于岱宗,旋跸之日,顺道驾幸津门,商等以瞻云就日之心,敬展葵忱,输诚报效。伏见水西庄为驻跸之所,望海寺暨沿河古迹商等情愿捐银五万两稍资修葺,以尽蚁忱。"

乾隆十二年(1747)六月初一日公布东巡计划的上谕

　　天津盐商拿出的方案包括三个部分:改建水西庄为行宫、修缮望海寺、修葺运河沿河古迹,其中的重头戏是改建水西庄。实际上,盐商们早在八月份就已经凑足了银两,伊拉齐上奏的时候,水西庄的工程已经开工了。工程由盐商负责办理物料、召集工匠,由长芦盐政委派的天津分司、直隶总督委派的天津同知协同长芦盐运使督率监工。完工后的水西庄行宫包括正殿、朝房、楼座、宫门70间,游廊158间,膳房、值房、净房72间,亭座16间。在档案中,这座行宫被称为"天津行宫"。

乾隆十三年(1748)二月初,乾隆帝按计划开始东巡。原定的行程中,乾隆帝在曲阜祭祀孔庙、登泰山祭祀岱庙后,即由陆路经济南到德州登船,从运河水路到天津,入住水西庄行宫。然而三月十一日,皇后富察氏在德州船上忽然病逝。富察氏与乾隆帝年少成婚,伉俪情深,她的猝然离世,使乾隆帝受到了极大的打击。

清代画家朱岷描绘水西庄的《秋庄夜雨读书图》

三月十四日,船队到达天津,这里一应梓宫、仪仗都已经准备完毕,乾隆帝为富察皇后举行了入殓仪式。入殓后,乾隆帝亲自到梓宫前供膳三次。十五日一大早,乾隆帝仍到梓宫前供膳三次,卯刻(凌晨五点)天尚未明,船队便自天津出发回京。那花团锦簇的水西庄行宫,乾隆帝自然是没有心情也没有时间去住了。

三月二十七日,连日沉浸于悲痛中的乾隆帝终于想起,天津的盐商们刚刚花费巨资为他盖起了一座行宫,于是给长芦盐政丽柱下了一道廷寄谕旨:

"此次朕躬幸天津,凡修建行宫、预备诸物,皆出众商之力,自宜酌加恩赍。但朕未经驻跸,所备之物既未纳用,在丽柱何敢奏请加恩?朕虽未驻跸,伊等业经预备,已属出力,所备之物若毫不收纳,而伊等亦难冀邀恩。著寄信与丽柱,将行宫陈设之物内有旧佳者,拣选数种送至尔处转奏。……令伊将长芦加给盐斤之处,亦照东省所办,画一酌定。"作为回报,乾隆帝宣布长芦盐加斤,具体来说,就是在一年的期限内,允许盐商每百斤引盐额外带售十斤免税盐。

盐商们营建水西庄的付出得到了回报,然而水西庄行宫却再也没机会发挥它的作用了。乾隆十五年(1750),为了庆祝次年的皇太后六十整寿,乾隆帝下令将颐和园瓮山改名为万寿山,并在山上兴建大报恩延寿寺,工程用料主要来自对各地的征调,水西庄行宫也在其中。乾隆十六年(1751)四月,乾隆帝给长芦盐政高恒下旨:"着将天津行宫所有木料、装修、勾搭等项作速拆下,造具细册一本,运送万寿山交侍郎三和查收。务须原拆原造,不可稍有伤损。其砖瓦石块变价,以为运费。"高恒遵旨在四五月份随拆随运,共拆出松木大小檩、柱、柁、枋、椽、望38183件,松杉木装修35184件,全部运送到了万寿山工程处。水西庄行宫就这样在建成仅三年后,未曾启用就被拆除了。

(吉朋辉)

175

天津皇船坞里的故事

　　皇船坞建于康熙五十二年(1713)，在天津城南门外海河闸口三里处，广场桥与解放桥之间，紧邻海河，坐南向北。康熙帝和乾隆帝都曾数次南巡，所用御舟平时就存放于天津皇船坞内。

　　成书于嘉庆十年(1805)的《长芦盐法志》中就有皇船坞图。从图中看，整个皇船坞被一道围墙圈起，面向海河设一闸门，海河水由闸门引入，形成一道

《长芦盐法志》中的皇船坞图

沟渠,渠两侧各建三座盛放御舟的船坞,共六座。船坞旁另建有官厅、水手房、库房等。船坞内存放御舟十一艘,其中安福舻和翔凤艇是皇帝和皇太后、皇后要乘坐的。安福舻长九丈三尺,宽一丈九尺;翔凤艇长八丈四尺,宽一丈六尺。船上皆有楼阁,异常精美舒适。

皇船坞虽然建于康熙年间,但使用主要在乾隆年间。乾隆帝南巡,并不从天津上船,而是先由旱路南下至水道发达之地,才由车辇换乘御舟。安福舻等船要被提前送到江苏宿迁、清江浦等地备用。南巡一般在春天开始,由于冬季河道结冰,因此在前一年九月就要开始把船往南送了。皇船坞的这十一艘船中,只有安福舻、翔凤艇是每次必用的,其他的船并不那么受待见。像湖船、乌图里船这类的小船,在南方比比皆是,从北方运去徒费财力人力,所以一般都弃之不用,就像被皇帝打入冷宫的嫔妃,徒有"御舟"的虚名而已。

乾隆帝南巡回銮,一般从德州就弃舟登岸,皇后、皇太后则继续乘船北上。九五至尊虽然不在,但皇家的气派还是要有的,一条运河里除了皇家船队以外,不能出现其他的船。然而运河是交通大动脉,漕船、商船络绎不绝,于是只能采取强制措施。比如乾隆二十七年(1762)春,皇太后由运河水路回銮,清廷发布命令,所有船舶届时在天津西沽、临清口外卫河以及洪泽湖、扬州、常州等地回避,有的漕船还必须要更改日程才能在期限之前赶到回避地点。

皇帝巡幸一结束,御舟就回到皇船坞内,船内所有陈设、铺垫都被收存起来,船身用席片苫盖,由座粮厅负责修缮保养。座粮厅还负责管理御舟的配套设施,比如船上的水手及其号衣、号帽,船上所用的旗、幛、槁、橹、篷、缆、锚、锹等各类器具,跟随御舟的各行匠作、船只等。也许觉得白白放着有点可惜,有时候御舟还会有别的用处。比如乾隆四十六年(1781),安福舻、翔凤艇曾作为武器库,存贮了武备院的五万支梅针箭。

御舟原则上每年一小修,十年一大修,实际上皇帝每次巡幸使用之前都要进行大修。乾隆二十六年(1761)四月,乾隆帝正在规划第二年的南巡,心里惦记着存放在天津皇船坞的御座安福舻,于是令在天津任长芦盐政的金辉负责修整备用。金辉奉旨到皇船坞去查看,发现除安福舻外,翔凤艇船顶渗漏,船底也已经糟朽,于是奏准一并修理。加上修理另外三只较小的船,共用去白银六千三百余两。

金辉在修理御舟的同时,顺便把皇船坞也重修了。这时的皇船坞建成已近50年,虽然每年都花钱修理座粮厅,但从未进行过大修。金辉前去查看御舟损坏的情况时,发现皇船坞本身也已经坏得很严重了。他在给乾隆帝的奏折里描述道:六座船坞中有五座"柱木歪斜,装修闪裂,下脚豆渣石、金刚墙并上身墙垣多有闪裂倒塌之处,头亭瓦片破碎渗漏",实在已经是破败不堪。"又坞身原盖本属低矮,每遇阴雨连绵之时,水涨船高,坞内不能藏贮",已经对御舟构成了威胁。这次修理很彻底,几乎将皇船坞的所有建筑都拆掉重建,并且添砌了围墙一道;坞身加高了二尺,另用新砖砌就;闸门加高二尺,用新石料重建。工程自乾隆二十七年(1762)三月份开始,九月份完工,共花费近两万两白银。

清徐扬《乾隆南巡图》中的乾隆帝南巡乘坐的御舟

乾隆帝觉得金辉办理皇船坞事宜十分得力,就于乾隆二十七年(1762)五月十六日下诏,正式将皇船坞御舟交给长芦盐政管理。这是个"双赢"的调整。历任盐政都是皇帝的亲信,对于御舟保养这样的事都很上心,而且盐政手底下有盐商,这样皇船坞经费就有了保障;对盐政来说,掌管了皇船坞,就能够参与办理皇帝出巡事宜,这可是巴结皇帝的好机会。于是此后历任盐政在这事上无不尽心尽力,力争把马屁拍响。但真有拍马屁拍到马蹄子上的。

乾隆三十一年（1766），乾隆帝预备第二年巡视天津子牙河河道工程，告诉长芦盐政高诚提前准备一下。高诚按照过去南巡的规矩，大张旗鼓地准备起来，不但将御舟粉饰一新，而且自作主张地增加了水手人数。这却引得乾隆帝很不满，批评他道："至此次巡阅子牙河等处工程，为日无多，且所过皆平淀小河，非南巡经涉江淮长途可比，何必需用水手多人？"乾隆三十五年（1770），长芦盐政西宁修缮皇船坞御舟，将安福舻、翔凤艇船顶两层木板及中间锡片全部揭起重加修整，并更换了上层木板。乾隆帝很不以为然，认为根据损坏情况，只将上层木板更换即可，西宁如此大费周章，最终受到申斥并被要求赔出所耗费的银两。

乾隆帝去世后，嘉庆帝不事虚华，对摆谱用的御舟并不怎么上心。嘉庆十年（1805），皇船坞里的船已经十六年没有大修了，长芦盐政达灵阿上折子请修，但直到两年后，嘉庆帝准备巡视天津，才令长芦盐政李如枚加以修整。此后清朝皇帝再没有进行过大规模的南巡，功能退化的皇船坞于道光年后被拆除。

（吉朋辉）

柳墅行宫里的皇家藏品

　　柳墅行宫是天津盐商为乾隆帝修建的一座行宫，也曾是天津规模最大的古建筑群落。乾隆帝只是偶尔来此驻跸，但里面还是有相当数量的皇家藏品。

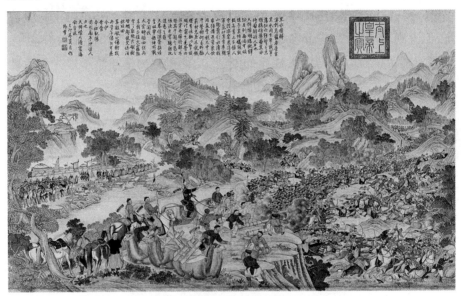

清郎世宁《平定准部回部得胜图之黑水围解》

　　乾隆二十七年（1762），乾隆帝为宣扬自己的战功，令宫廷画师郎世宁等绘制《平定准部回部得胜图》，至乾隆三十年（1765）共绘制完成16幅。画好后被送往法国，制成了16幅为一套的铜版画共200套。这些铜版画制作得十分精美，是清代宫廷铜版画的代表之作。乾隆四十四年（1779）三月十四日，在天津的长芦盐政西宁接到了军机处的札饬："现在奉旨将《得胜图》一份颁发柳墅行宫存贮。钦此。相应札知该盐政,敬谨遵旨尊藏可也。"柳墅行宫由此收藏了200套《平定准部回部得胜图》中的一套。另外还有11套被分发到杭州行宫、苏州行宫、楼霞行宫等其他11处行宫。

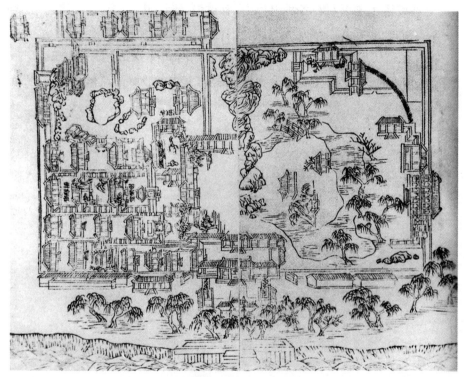

《长芦盐法志》中的柳墅行宫图

除了《得胜图》,柳墅行宫还收藏有一部《古今图书集成》。《古今图书集成》全书共10000卷,是康熙时期皇三子胤祉和陈梦雷等编纂的大型类书。其编纂早于《四库全书》,所选入的书籍没有遭受大规模的删改、销毁,因此更为丰富和珍贵。雍正六年(1728),由内务府印成铜活字排印本共64部,印刷精美,装帧考究,是中国铜活字印刷的巅峰之作。乾隆三十九年(1774)五月十五日,经于敏忠奏准,乾隆帝将其中7部分发陈设于天津柳墅行宫、山东泉林行宫、江宁栖霞行宫等7处行宫,由各省督抚、盐政前往武英殿领取。这部525函、5000余册的鸿篇巨制,让柳墅行宫顿时有了典籍满架之感。爱读书的乾隆帝即使在出巡途中，也可以毫不费力地找到自己想看的书了。

除此之外，柳墅行宫还收藏了大量的乾隆帝御笔墨宝。根据《长芦盐法志》的记载，乾隆帝历次驻跸柳墅行宫所作的匾额、楹联及诗文，都被就地保存。这些乾隆手迹书写在各种材质上，有黄绢、浅红绢、碧绢、洒金藕色绢、洒金黄纸、洒金蓝纸、洒金朱色纸、洒金米色纸、钩金素蜡笺、洒金碧蜡笺、洒金蓝蜡笺等，并钤有"乾隆宸翰""所宝惟贤""惟精惟一""陶冶性灵"等御玺。

道光年间，柳墅行宫奉朝廷旨意被拆卖，其中的收藏品流落到了何处，就不得而知了。

（吉朋辉）

乾隆皇帝与津沽名刹

天津地近京畿，为北京门户，地理位置十分重要，在清代备受统治者重视，不但制定了各项措施巩固天津海防、城防，有时皇帝还亲自来到天津驻跸视察。而来天津次数最多的，当属清高宗乾隆皇帝。据史书记载，乾隆帝一生中曾8次巡幸天津，超过了南巡的次数；而巡幸蓟县盘山的次数，更是达到32次之多，仅次于拜谒东西两陵及北上秋狩。

乾隆帝到天津，主要是为了视察海防、河防等公务。而公务之余，游览天津本地胜景，也是必不可少的。其中一个重要方面，便是游览天津名山古刹。在古代，寺庙往往是人文荟萃之地，对于这位文化修养不凡的皇帝而言，是很有吸引力的。天津的许多名山古刹，都留下了乾隆帝的足迹。

早知有盘山，何必下江南

盘山自然风光奇绝，人文积淀也十分厚重。乾隆在登基之前，曾奉雍正帝之命拜谒景陵，路经盘山，被盘山风光深深吸引，从此便"蓄于目且沃于心矣"。乾隆九年（1744），他发内库银在盘山修建了一座"静寄山庄"作为行宫，从此便频繁地驾临盘山，恣意游览，

20世纪初的盘山天成寺

而且发出了"早知有盘山,何必下江南"的赞叹,由此可见盘山在乾隆眼中是多么美妙了。盘山紧邻北京,路程仅为承德避暑山庄的一半,来去方便;这里的自然美景和人文积淀,能让乾隆帝在繁重的国事中暂时得到安宁。因此盘山成为乾隆帝一个重要的休憩场所,而盘山也因为乾隆帝的喜爱得到了很好的开发和修整,面貌焕然一新。乾隆帝得意地说:"不数年之间使田盘(盘山又名田盘)改观者,余也。"直到嘉庆二年(1797),时年87岁的太上皇乾隆爷还来到盘山游幸。

在乾隆时期,盘山是一座寺庙如林的名山。据乾隆《钦定盘山志》记载,当时盘山的大小佛教寺庵有70余座,是盘山人文风景的荟萃之地。在乾隆钦定的盘山"外八景"中,有6个是寺庙,游览寺庙可以说是乾隆帝到盘山的一项主要内容。从历史资料来看,乾隆去过的盘山寺庙包括天香寺、天成寺、万松寺、盘谷寺、云罩寺、少林寺、千像寺、感化寺、东竺庵、云净寺、青峰寺、法藏寺、上方寺等,可以说当时盘山的寺庙几乎没有不被他涉足的。这其中,他最常去的是天成寺、万松寺、少林寺、云罩寺及蓟县县城的独乐寺等这几处禅林古刹。乾隆十四年(1749)九月十七日,他曾在一天之内就游览了天成寺、万松寺、盘谷寺、云罩寺、东竺庵、云净寺、少林寺7座寺庙,可见其游兴之浓厚。

大概是受到佛的感化,乾隆在寺庙里留下了许多善政。每次巡幸盘山,乾隆都会减免沿途州县应纳钱粮十分之三,有时甚至更多。乾隆五十年(1785)三月十四日到千像寺拈香时,他还降旨赏赐垫砌山道的百姓白银200两。

乾隆御制诗里的天津寺庙

乾隆帝好写诗,这是人所共知的,他一人留下的诗就有四万多首,在数量上与《全唐诗》相近。在游览天津寺庙的过程中,乾隆帝几乎每到一处,皆有题咏,其中光是咏盘山的诗就有两百余首之多。其历年游览天津城内寺庙所留下的题咏也有数十首。

在天津城内的寺庙中,乾隆帝似乎最喜欢望海寺。每次巡幸天津,都留下题咏望海寺的诗篇。望海寺,位于天津三岔河口北岸,始建于明末清初,乾隆

清末移建八里台的望海寺,可见乾隆御碑亭、大钟牌坊及山门

元年(1736)重修。这座寺庙地处三水交汇之处,面前就是海河,与大海遥遥相望,因此名为望海寺。当时的望海寺一带,风光极为旖旎。乾隆年间天津人查礼有诗赞曰:"河分九派门前合,潮送三山槛外迎。烟霭有时浮刹影,霜天无际彻钟声。回瞻宸翰光华著,长使波涛昼夜平。"乾隆帝一到天津,就必要到这里拈香、瞻礼、休息。乾隆三十五年(1770)暮春,乾隆帝在诗中写道:

> 波罗梵宇碧溪浮,恍是普陀紫竹林。
> 即色不殊即空体,海河当送海潮音。
> 到来门径宛相识,悟去慈悲没处寻。
> 未得无心心合众,延禧祝嘏一真心。(《望海寺作》)

古刹中的钟声与梵呗,让日理万机的皇帝感受到了难得的清净。

海光寺也是乾隆帝题咏较多的一座佛寺。但乾隆帝到海光寺的目的不只是游玩,因为海光寺驻有绿营兵,因此乾隆帝曾多次在这里阅兵。他的诗里记载了丁亥、戊申两次。其中丁亥(乾隆三十二年,1767)诗是这样写的:

> 重镇海疆守,今来况始过。
> 因之观素习,可说不扬波。

结队明组练，伸行列鹳鹅。

巡方应诘武，行赏意犹多。　　　　　　（《阅武作》）

从诗中可以看到，乾隆帝对绿营兵的表现还是基本满意的。与此形成鲜

乾隆帝老年朝服像

明对比的是，天津满洲水师营的表现却令他大为恼火。天津的满洲水师是雍正帝为加固海防而设置的，有八旗兵3000名。但是八旗兵是不习惯于水战的，再加上从一开始章程就比较草率，所以这部分水师基本上就是摆设。乾隆三十二年（1767），乾隆帝在检阅海光寺绿营兵的同时，也检阅了满洲水师。检阅那天刮起了大风，兵船逆风而上，难以施展。时任都统的奉义侯英俊因为上了年纪，穿上沉重的甲胄后竟难以行动，以至于所传旗令都错了。兵丁们本来技艺就非常生疏，如此一来队伍秩序大乱，自始至终吵闹喧哗不休。乾隆帝大怒，很快就下令将天津满洲水师裁革掉了。

此外，望海寺旁的崇禧观也是乾隆帝经常去的一座庙宇，并多次写诗题

1858年5月2日英法侵略者绘制的三岔河口北岸景象

咏。其中一首诗记载了这样的事：乾隆五十三年（1788），乾隆帝的銮驾乘龙舟来到天津，在三岔河口北岸登陆。此时天津人民早已扶老携幼在此迎驾了。乾隆帝见他们对自己的崇敬、眷恋似乎比以前更加深

切真挚了,心里感到十分舒畅。登岸咫尺之近就是崇禧观。乾隆帝看到崇禧观旁自己12年前曾经到过的书室仍在,熟悉的路径依然如故,便径直走进了书室。这时他才发现,书室原来已经被精心地修饰过了,增加了许多金银珠宝、古玩字画进行点缀。乾隆帝知道这是天津的富商们为了讨他欢心而准备的,但他随即想到,富商的资财,不也来自民力吗?想到此,再抬眼看看富商们为了迎接他而制造出的歌舞升平,他的心里有了些许的不痛快。他在诗里写道:"弗喜观听纷笙歌,热闹可厌填津河。观民本义讵在此,按辔自问斯为何?"(《崇禧观书室作》)他感到这已经违背了自己巡幸天津观察民风的本旨。

　　另外,乾隆帝还在天津各寺庙内留下了大量的御书墨宝,包括题额、题联、碑刻等。当年海光寺正殿大门之上,曾经高悬乾隆帝御书匾额"普门慧镜",四个大字笔力遒劲,气势非凡,金光闪闪,在蓝天白云的衬托下格外光彩耀目。崇禧观虽然是座不大的庙宇,却深得乾隆帝的喜爱,他不仅为其大门题写了"敕赐崇禧观"匾额,还为正殿题写了对联。盘山的寺庙中乾隆的御书笔迹就更多了。比如乾隆九年(1744)天香寺重建,乾隆帝赐"敕建天香寺"匾额,"无上法味"匾额;乾隆十年(1745)感化寺重建完成后,赐"敕建感化寺"匾额,并赐御书大殿联;同年乾隆帝敕修少林寺,赐大殿"禅指直趣"匾额;等等。如今,这些乾隆帝御书大部分已经随着寺庙建筑的倾颓而无迹可寻了,但透过历史文献的记载,我们仍然能够想象到天津寺庙当日的辉煌,并从中体味到浓浓的文化氛围。

(吉朋辉)

望海寺的第一次大修

　　望海寺是位于三岔河口的一座古刹。这座寺庙究竟始建于什么时候，历来并无准确的说法，地方志中只记载着其于乾隆元年（1736）被重修。现在我们发现了关于望海寺这次重修的档案材料，由此得到了关于望海寺的更多信息。

　　乾隆元年（1736）八月初八日，长芦盐政三保给乾隆帝上了个折子，请求动用运库公费银两修理位于天津三岔河口北岸的望海寺。折子里说望海寺建于"前明"，已经是一座"数百年之古刹"了。由此可知，望海寺应该建于明代中晚期。

乾隆元年（1736）八月初八日长芦盐政三保《奏请修理望海寺折》

望海寺从一开始就不是一座普通的佛寺。三保的折子里就说，前人之所以创建这座寺庙，本就"不同寻常"，因为这里是漕运重地，故而欲借助神佛的力量，来平定波涛的险恶。望海寺内不仅供奉着如来、观音，还供奉着关帝、龙神等为民众所普遍尊崇的偶像。建成之后，吸引了众多过往的船户、商人前来上香、祈福，望海寺也成为他们在险恶路途中的一个精神寄托。

到了乾隆元年(1736)，历经数百年风雨的望海寺已经是"殿宇倾圮，风雨莫蔽"了，甚至如果不加以修葺，马上就有坍塌的危险。三保在折子里说，望海寺如果倒塌，"不特数百年之古刹一时颓废，而津门全郡水口要地，亦顿觉少此重镇"。三保在这里把望海寺称为"重镇"，是指其"借神佛之灵俯，奠风波之险越"的作用而言的，这似乎赋予了望海寺类似于天妃宫、海神庙的功能。既然望海寺关乎漕运，而漕运又关乎大清命脉，那么这座寺庙的价值自然也就不可等闲视之了。

这一点，从乾隆帝的态度中即可得到印证。在读完三保的折子后，乾隆帝的批语是："好！修理须整齐。即再费一二千金，亦未为不可。工成时，具折奏来，朕写给匾额。"他不仅欣然同意，而且还大方地允许多花钱，主动提出要给望海寺写匾额。在他的支持下，望海寺的修缮工程得以顺利开展。工程所用一千两白银表面由运库拨出，而实际上来自长芦盐商的腰包，因为按照惯例，每年长芦盐商都要捐出一定的银两存贮运库，用于修缮海神庙，以及苦补衙署等各项公费。

工程于八月十六日开工，十一月初就竣工了。经过这次大修，望海寺的如来殿、观音殿、关帝殿、龙神殿及山门、配殿都焕然一新。乾隆帝果然实践了诺言，为望海寺题写了一个匾额"瀛堧慈荫"。十二月初七日，翰林院差委提塘官萧菁将此匾额赍捧到天津，三保到郊外跪迎至望海寺中。乾隆二年(1737)大年初一，在热闹的过年气氛中，天津地方官举行了盛大的仪式，乾隆帝的"瀛堧慈荫"匾额被隆重地挂在了望海寺正殿之上。此事轰动整个津城，民众扶老携幼前来观看。此后乾隆帝又陆续为望海寺写了一个"海藏持轮"匾额和两副对联。

乾隆帝在登基之初就与望海寺结缘，此后对这座寺庙的感情越来越深。

八里台望海寺

除了经济政治方面的考量外，望海寺和三岔河口一带的旖旎风光也是一个重要的原因。三岔河口的波光映照着蓝天，清晨或傍晚时分，望海寺的钟声就会回荡在天际，朦胧的雾霭升起，将寺内的殿阁楼台衬托得好似海外仙山蓬莱与瀛洲那般缥缈虚幻，令人神往。这也就难怪乾隆帝每次巡幸天津，都会来望海寺拈香，并留下题咏望海寺的诗篇。

（吉朋辉）

康王府的盐务官司

在引岸专商制度下，每个盐商都只能在固定区域内售盐，这个区域被称为"引岸"，一般一个县为一个引岸。引岸的拥有者不一定是盐商，达官贵人、亲王贝勒都会染指这个暴利行业。不过经营盐业是一件非常费心的事情，有的盐商就将引岸租给别人经营，自己则坐收租价银。北京康亲王府就曾因为出租引岸，引发了一场盐务官司。

失踪的承租人

雍正十二年（1734）十一月十六日，天津长芦盐运使衙门忽然来了一个不速之客。他声称自己是北京康王府二等护卫阿哈诺，要求面见长芦盐运使蒋国祥。随后，他将一份呈词交给了蒋国祥，呈词内说，康王府有元氏县引岸一处，租给天津商人王深办理。现

清末长芦盐运公署

在租期已到，而王深贪利不退，自己奉康亲王之命，来请运使协同王府新招的租商接收引岸。

原来康熙朝后期，康亲王府以府中人路嘉言、卫其盛的名义取得了元氏县引岸的所有权。康熙四十九年（1710），康王府将元氏县引岸出租给王深，每年坐收租价银一千五百两。到雍正十二年（1734）底，王深已经租办元氏县引

岸达25年。既然租期已到，王府想要收回，王深没有不交之理。蒋国祥接到呈文后，不敢怠慢，马上派人去传王深，但派去的人却扑了个空，王深早已不知去向。直到十二月二十五日，王深终于露面，却是被康王府的人从北京押回天津，送到了盐运使衙门。而押送王深的人中，就包括递交呈文的阿哈诺。

一到盐运使衙门，阿哈诺立刻具呈催审。但此时已到年底，按照惯例早已封印停审。直到雍正十三年(1735)正月二十五日此案才开始审理。审讯中蒋国祥才知道，王深之所以失踪，是因为被康王府羁押了起来，而王深说出的事实并不像阿哈诺的呈文中所描述的那样。其实早在雍正九年(1731)，王深就与康王府签订了一份为期十年的续租合同，到雍正十二年(1734)，他还有八年的租办权。自从租办以后，王深从来没有拖欠过康王府的租金，算下来一共给康王府交过三万七千五百两银子。但这并没能让他将引地牢牢把握在自己手里。

"黄带子四老爷"的如意算盘

雍正十二年(1734)四月，60岁的巴尔图从侄子崇安那里承袭了康亲王爵位，他的另一位侄子世雄立刻向他提出了更换元氏引地租商的建议。在当时的北京城，世雄算是一个人物。他常年系一条代表着宗室身份的黄色腰带，人称"黄带子四老爷"。他对康王府的这块引地觊觎已久，巴尔图袭爵之后，他立刻展开行动。

雍正十三年(1735)二月初七日，长芦巡盐御史三保《奏报查审康亲王门上护卫阿哈诺逼勒现商王深退引情形折》(部分)

　　因限于身份不能亲自经营，世雄找到在北京城做商铺伙计的王昌时、冯时敏做帮手。这是两个处事圆滑、惯于钻营的人物，世雄时常在他们铺子里买绸缎、借银钱，由此相识。经世雄带挈，他们常去康王府走动，巴尔图还曾托两人采买戏子行头。世雄在巴尔图面前推荐他们，并承诺让两人孝敬五百两银子，于是巴尔图同意了撕毁与王深的合同，将元氏县引地交给王、冯两人租办。王、冯知道元氏县引地是块肥肉，但他们根本拿不出钱孝敬王爷，更别说办盐的本钱了。这个时候，王昌时想起了在天津业盐的亲戚贾廷璧。雍正十二年（1734）八月份，他来到天津找贾廷璧商量，两人一拍即合，当下一起回北京见了王爷，商定由贾廷璧出本钱，王、冯、贾三人合办元氏县引地，取引名"晋公正"，并且订立了租办合同，每年仍是租银一千五百两。承诺给王爷的五百两"孝敬"，立刻从贾廷璧店里取出，送到了康王府中。

　　让贾廷璧没有想到的是，这五百两仅仅是个开始。"黄带子四老爷"世雄作为首倡者和中间人，先是得到了一百两银子的答谢，后来又陆续"借"走了四百八十余两；随后王爷要嫁格格，跟王、冯"借"一千两银子，两人一商量，干脆将银子算作预交的租银送给了王爷，后来王爷又派人让王昌时"可再交些租银"，王昌时立刻又送去五百两；紧接着王爷的大阿哥莫岱又借去一百两。所有这些花费都从贾廷璧店里支出。再加上给王府的那些办事人的馈赠以及办事所花费的盘缠、酒席费，贾廷璧先后搭进去三千多两银子。

盐政三保"葫芦提"结案

　　雍正十二年（1734）十一月，王深得到王府要更换租商的消息，马上赶到北京，向巴尔图求情。早已得了好处的巴尔图不但断然拒绝了王深的请求，还派了三个人将这位78岁的老人押回客店，监禁在房间内不许出门，连饭都不给吃，以此逼迫他退回引岸。王深毫不示弱，对峙之中，世雄带着王昌时等人来到店内，解开外衣，一边向王深炫耀着腰间的黄带子，一边拉出要动手打人的架势。同来的王昌时在旁帮腔道："这是黄带子四老爷，是王爷的侄儿，你还不退引地么！"不过这种恐吓同样也没有让王深屈服。不得已，康王爷只得派人将王深押回天津,交给长芦盐运使处理。

巴尔图一定认为蒋国祥不敢不给他面子。但蒋国祥将案子审明后,没有做主宣判,而是提交到了长芦盐政三保那里。雍正十三年(1735)二月初七日,三保又将案子一五一十地报告给了雍正帝,然后将决定权交给了雍正帝:"所有康亲王包衣下参领收受银物等情由,仰恳敕谕康亲王据实查奏,抑或发到天津一并讯问之处,理合缮折具奏。"三保将所有的罪责都归结于"康亲王包衣下参领",让雍正帝定夺的只是这些参领是交给康亲王本人处置,还是发到天津处置。他知道对于康亲王本人和他的子弟该怎么处置,不是自己所能置喙的。

三保的奏折之后,此案就在历史档案中销声匿迹。不过嘉庆《长芦盐法志》中记载了三保在雍正十三年(1735)给户部的一件呈复,提供了此案后续的一些线索。这件呈复中说,元氏县引地在路嘉言、卫其盛名下,"并非王府之引,不应一并入官"。这说明雍正帝很可能给了康亲王名义上的惩罚,就是将引地没收入官。清朝有明文规定:"监临盐法官吏及内外权势之人诡立伪名,领引行盐,侵夺民利者,查参治罪,追缴引票,盐斤入官。"另外,旗人行盐也是不便公开的事:"旗人行盐,历来盐院、盐法道等官均有失察之咎。"即便雍正帝不追究康王府撕毁合同强退引岸的过错,也不能置康王府经营引岸这一事实于不顾,至少在形式上要做出收回康王府引岸的姿态。

三保和户部自然不能让康王府真的失去引岸。他们利用元氏县引名为"路嘉言、卫其盛"这个事实,不认定此引地为王府之引,所以不用入官。这种"葫芦提"的结案方式,不仅保住了王府的引地,更重要的是保住了雍正帝和皇室的面子。至于引地的租办权,自然也会因为这个案子的发生而重新选择,王深、王昌时、冯时敏,还有搭进去三千多两银子的贾廷璧,恐怕都要被排除在外。

(吉朋辉)

乾隆朝长芦盐政的进贡秘事

在清代,来自王公大臣、地方大员的进贡是皇室收入的一个重要来源。盐业在当时是国家的"钱袋子",在各大盐区总揽盐务的盐政,一般都由来自内务府的皇帝亲信担任。他们的贡品,在清代的贡单上占了很大的比重,长芦盐政即其中之一。而长芦盐政的进贡在乾隆中后期达到了鼎盛。

名目繁多

清代长芦盐政的进贡有各种名目。首先是例贡,也就是在每年端午、年节、皇帝生日三节的进贡。但以孝著称的乾隆帝在即位后将自己母亲的生日也列入例贡之内,所以在乾隆年间,长芦盐政每年的例贡有4次,即端午、年节、皇帝生日、皇太后生日。例贡主要是一些比较值钱的奢侈品,像丝绸、玉器、瓷器、家具等。乾隆三十六年(1771),皇太后80岁寿辰,长芦盐政西宁进贡

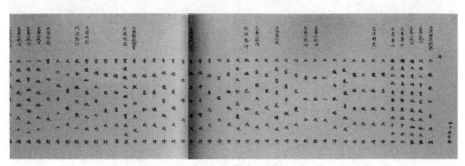

乾隆三十六年(1771)六月二十五日长芦盐政西宁进单

了一大批这类奢侈品，包括缂丝天青宝蓝龙袍褂、绣万福万寿垫靠迎手、八丝缎袍褂等丝绸制品，成窑翡翠花磲、宣窑梅瓶、定窑双鱼洗、成窑五彩花囊等瓷器，紫檀镶大理石宝座、紫檀御案、文竹书柜等家具，玉镶嵌如意、玉龙凤双喜瓶、玉仙人等玉器，等等。乾隆年间长芦盐政每年的4次例贡，所进献的贡品大致就是这类的东西。

除了例贡，长芦盐政每年还要进献古玩、雀鸟、花卉以及供热河消夏用的果品、食物等七八次不等。有些贡品还是固定的，比如每年四月都要进呈雀鸟40笼8架，每年夏天都要进呈佛手5桶。长芦盐政伊拉齐在乾隆九年（1744）曾进过灯贡，包括江山万代堆连二宫灯、六合同春堆绣连二宫灯等一共20对。

长芦盐政的进贡，还要照顾到乾隆帝的特殊爱好。乾隆帝爱玉、爱作诗文，他将这两项爱好结合起来，令人将自己的得意之作刻在玉片上并加以装潢，称为"玉册"，置于座旁时常把玩。这些玉册一部分是内务府造办处制作的，还有一部分来自大臣的进贡。嘉庆三年（1798）八月初七日，长芦盐政董椿向已成为太上皇的乾隆进献了御制诗文玉册13份共100片，基本上囊括了乾隆涉笔的各种文体。其中《南巡记》所用玉片长九寸，宽四寸，厚三分。其他玉册要小一些，每片长六寸六分，宽二寸六分，厚二分。这些玉册都以青玉制成，

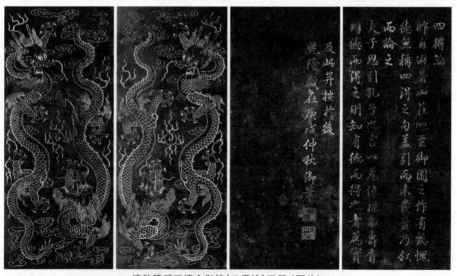

清乾隆碧玉填金御笔《四得论》玉册（两片）

刻字后填金，再配上紫檀木拉道填金云龙匣座，非常精致。这大概是乾隆去世之前最后一次大规模制作玉册了。

乾隆帝热衷于出巡，除了六次南巡盛典，他还经常到离京城不远的地方巡视，所到之地的官员照例要呈进贡品，这被称为"迎銮贡"，也叫"路贡"。天津是乾隆帝南巡的必经之地，他还经常到天津巡视河工、武备。他到了天津，甚至南巡途中经过天津临近的地方，长芦盐政都是要进呈路贡的。综合起来，皇室的吃、穿、用乃至兴趣爱好，长芦盐政都要负责。各种项目加起来，进贡的次数就多了。乾隆五十九年（1794），长芦盐政征瑞前后曾进贡15次之多。

办贡资金

长芦盐政办贡的资金从哪里来呢？答案是养廉银。在乾隆中期长芦盐政的养廉银是每年14700两，其中的11700两要用来办例贡，只剩下3000两做办公费用，最后落到盐政自己手里的就所剩无几了。然而除了例贡，乾隆朝还有花样繁多的其他贡品，如果都从养廉银里出，盐政恐怕还要倒贴钱。于是盐政和盐商之间逐渐形成了一种"潜规则"：由盐政先从运库中拨出一笔银子借给盐商去办例贡之外的其他贡品，然后再逐渐从他们交纳的各种税费中扣还。这样盐政就用不着自掏腰包了。

乾隆二十六年（1761）三月，出身于内务府包衣的金辉就任长芦盐政。第二年正月十二日，乾隆帝陪同皇太后开始了他的第三次南巡，金辉进献了价值不菲的路贡。四月中旬，皇太后从德州登舟，经由运河返京。端午节前夕，皇太后的船队到了天津，此时金辉正随乾隆帝在山东，但他让自己的妻子觐见了皇太后，并且献上了香扇、小菜等家常用品。

这一年的闰五月，金辉调任苏州织造。接任的达色在盘点运库的时候，发现了两笔由盐商借出未还的银两，共37000两。乾隆帝下令调查，真相很快就浮出水面：所有这37000两银子，都是金辉挪给盐商替他备办贡品用了。这已是出乎乾隆帝预料，而更令他诧异的是，就连金辉让妻子给皇太后进献的那些香扇、小菜等竟然也不是自掏腰包，而是令办理路贡的长芦盐商在天津预备的。乾隆帝立刻降旨对金辉加以申斥，说他连小菜等"些微不堪纤悉之物"都无一不出自商力，实在是"非朕意料所及，深负朕委任之意"。被揭穿的金辉，除了在奏折中表示自己"愧泪交流，实觉无地自容""糊涂谬误，咎实难道"，恳求乾隆帝对自己严加治罪之外，也就无话可说了。

乾隆中期以后，商人购买贡品，再由盐政以自己的名义进献，这几乎已经是公开的秘密，甚至得到了乾隆帝的默许。乾隆三十五年（1770）九月，乾隆帝召见长芦盐政西宁，问起关于长芦盐商代办进贡古玩的事，西宁大方地承认了该项贡品都是由盐商代办的，并说此事历任相沿，其前任高诚、李质颖都是如此办理。但西宁不知道的是，这年春天乾隆帝在天津已经就此事问过李质颖，李当时没有承认。于是乾隆帝认为西宁"人尚诚实，是以和盘托出，不敢隐瞒"；而李质颖则不老实，没有据实奏明，于是下令"存记"，给李质颖记了一笔。不过乾隆帝对此事并不怎么较真，不管是金辉还是李质颖，都没有因此受到什么实质性的惩罚。金辉被申斥后仍好端端地做他的苏州织造，遭到"存记"的李质颖则被调到了更大的盐区两淮担任盐政。

嘉庆三年（1798）八月初七日长芦盐政为玉册制成请代为进呈事移会内务府造办处

乾隆三十六年（1771），乾隆帝下令："嗣后长芦盐政每年留养廉银3000两日用，其余银11700两为办贡之需。"不过规定是规定，上有政策下有对策。从乾隆五十一年（1786）开始担任长芦盐政的穆腾额，就在进贡上耍起了花招。他倒是按规定每年把11700两养廉银交给盐商去备办贡品了，但是他向盐商们宣称他还要自己备办其他的贡品，让盐商们缴纳银子。从乾隆五十二年（1787）至五十七年（1792），他以这种方式从盐商那里收敛了白银25万余两，而且还将乾隆帝发还给盐商的贡品扣在自己的手里。数年之间，他就把自己从一个内务府的穷微司员变成了身家数十万的富豪。乾隆五十八年(1793)，他刚刚卸任长芦盐政，就被早已心怀不满的盐商检举，最终被从重判了斩监候。他是乾隆朝唯一在进贡上栽了跟头的长芦盐政——不是因为他向盐商要了钱，而是因为这些钱最终都进了他自己的腰包。

（吉朋辉）

清代后期长芦盐政的进贡

　　清朝官员进贡的鼎盛时期在乾隆朝。嘉庆四年（1799）正月，乾隆帝刚刚驾崩，嘉庆帝便颁布了禁止呈进奢侈品的谕旨。他这个谕旨里说："国家百数十年来，昇平昌阜，财赋丰盈。内府所存陈设物件充牣骈罗，现在几于无可收贮之处。且所贡之物断不胜于大内所藏，即或较胜，朕视之直如粪土也。朕之所宝者，惟在时和年丰。"所以各地方官以后除了有实用价值的物品外，像如意、玉器、瓷器、书画、挂屏、插屏等"饥不可食、寒不可衣"之物一概不许呈进。

嘉庆九年（1804）九月二十九日长芦盐政珠隆阿进单

　　然而各省盐政、织造、关差却不在禁止之列，他们"应进贡物准其照例呈进"。此后长芦盐政的例贡恢复为每年三次，进单上所开列的玉器、瓷器等项明显减少了。当然遇到皇帝生日，贡品还是要丰富一些。比如嘉庆九年（1804）九月，长芦盐政珠隆阿的祝寿进单上，除了玉瓶、玉如意、丝绸制品之外，还列出了"备赏一两重银锞2000锭、备赏五钱重银锞4000锭"，足足4000两银子。

清代后期长芦盐政进献花卉的次数很多，比如道光二年（1822），长芦盐政福森曾在二月、六月、七月、十二月4次进献花卉，仅二月一次就进献了牡丹花200棵。十二月的那次进献，除了香片梅、黄梅这种时令花卉各10盆外，还包括牡丹、蕙兰这样反季节的花卉各10盆，可以说弥足珍贵了。这种日用品的供应，直到清末都没有停止。光绪十三年（1887）三月，直隶总督兼长芦盐政袁世凯给慈禧太后进献了一批鲜果和果脯，其中有苹果、春橘、荸荠、蟠桃脯、蜜枣脯、金橘脯、银杏脯等。

嘉庆朝之后，长芦盐政所进贡品以丝绸制品为主。道光六年（1826）十二月，长芦盐政阿扬阿的年节进单上除了丝绸制品外尚有青竹湖笔40支、徽墨10匣、朱锭10匣，道光二十五年（1845）八月，长芦盐政普琳的进单上就清一色全是丝绸制品了。这些东西都需要到江南苏杭置办。咸丰三年（1853）四月，太平天国在南方势头正猛，所以长芦盐政文谦没能将这一年的端阳、万寿贡品如期置办妥当。咸丰帝对此很宽容，准许当年的端阳、万寿贡品不必呈进，而且采办的贡品到津后即可作为下次例贡，不必再补进。直到这年的秋天，前去办贡的商人才将这批贡品运到天津，存贮在长芦盐运使署中。

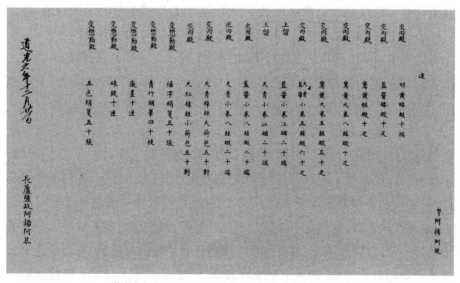

道光六年（1826）十二月二十一日长芦盐政阿扬阿进单

　　不料这批贡品竟然被窃贼盯上了。十二月二十日晚，运署内存放贡品的房屋后檐被挖开了一个洞，窃贼由洞入室，偷去贡箱内绣藕荷芝地纱花卉衬衣一件（随花边一箱）、天青大卷二则、江绸褂料十连、月白江绸绣满花衬衣一件（随花边一箱）。被盗的东西虽然不多，但因为是贡品，整个天津都紧张起来，盐政、知府、知县、盐运使一齐出动，闹了两个多月，窃贼踪迹全无。咸丰帝再次显示了他的宽容，他说"官物被窃例有处分，惟直目之为御用，亦觉过当"，不同意因被盗的是贡品就加重刑罚，只是下令将负直接责任的广积库大使费茂林、天津知县钱万清议处，盐政文谦、知府钱炘和等都没有被追究。

　　咸丰帝的宽容并没有让长芦盐政的办贡之路从此一帆风顺。咸丰十年（1860）闰三月，长芦盐政宽惠在办贡时也遇到了问题。当时江南被太平军及捻军所占据，办贡的人绕道到了杭州城，但此时杭州城各处机匠星散，还没有恢复生产，贡品无处采买。宽惠将这一情况汇报给咸丰帝，咸丰帝准许端阳节贡推迟补进，但要求万寿节贡仍要按期呈进，因为这是他的三旬万寿。宽惠得旨后，便立刻派人赶赴苏杭催取贡品，不料派去的人直到五月底都没有任何音信。六月初九日就是咸丰帝的万寿节，这么重大的日子如果没有贡品，那么宽惠这个长芦盐政也就没法再做下去了。宽惠在给咸丰帝的奏折里说，自己已经急得"五内彷徨，难以言喻"。无奈之下，他只好采取了变通的办法，给咸丰帝送去了一两重的福寿字银锞10000两，才算过了这一关。同样的事情也发生在同治年间的长芦盐政刘长佑身上。同治五年（1866），贡品因为"南路梗阻，势难备办"，所以刘长佑向同治帝进呈了一两重的福字银锞4000两。

　　同治七年（1868），直隶总督兼长芦盐政官文接到了谕旨，令其赶紧织办上用龙衣以及顾绣、缂丝、缎匹等。在当时，绸缎以江宁、杭州的为上品，顾绣、缂丝的活计以苏州为精工。宫廷所用的这些东西，向来由江宁、苏杭等处织造办理，并为此专设有官匠花机。但长时间的战乱对江南一带的丝织业打击很大，湖州产丝不旺，丝织业很难恢复旧日的繁荣。再加上当地关税收入都充了军饷，江浙等省财政困难，督抚大臣不能按年如数给织造拨款，所以已经无法满足皇室的日常供应。内务府病急乱投医，把这个任务派到了长芦盐政的头上。但北方哪有那么好的丝、那么好的织工？官文在奏折里说："虽间有本地土茧,只能织无花土绸,更不谙缂花之法,即京中顾绣亦无非绣零星活计,断难进呈御用。"最终他想了个折中的办法:江浙等省织造所缺的无非是银子,那么就由长芦盐政拨款给他们,东西还是由他们来织办。事情这才得到解决。清末,内务府像这样因为缺少东西而主动向长芦盐政索要贡品的事例还有很多。比如同治九年(1870)六月,内务府造办处就曾发咨

宣统元年(1909)十二月二十二日直隶总督兼长芦盐政陈夔龙进单

文向直隶总督兼长芦盐政曾国藩催交上使五色洒金绢500张、朱红绢福方200张。

宣统元年(1909)十二月二十二日,临近春节,直隶总督兼长芦盐政陈夔龙给宣统帝进献了一批贡品,是佛手、香橼、木瓜等九种水果,每种九桶,倒也符合九九归一之数。但在这份单薄的贡单上,已经看不到半点乾隆时代的那种奢豪气象。两年后,宣统帝下诏退位,进贡制度和清王朝一起成为历史。

(吉朋辉)

市井风情

天津有座思源庄

近代天津的私家园林除了张霖的一亩园、问津园和查氏父子的水西庄外，还有一座思源庄盛极一时。现在很多人认为，思源庄为张霖的后人在问津园遗址兴建，在今天的中山公园内。事实果真如此吗？笔者查阅《河北月刊》中于鹤年的《天津思源庄考》、梅成栋的《津门诗钞》和《天津县新志》等文献后，试图回答思源庄为何人所建、建于何时、遗址何在等问题。

思源庄的主人

《天津县新志》中的《张霖传》曾记载："母没，归葬故里，结庐墓侧，曰思源庄，以志哀慕。"清代著名文学家、诗人史梦兰，在《欸乃书屋诗集》序中写道："余按笨山（张霔号）为鲁庵（张霖号）方伯介弟，祖居临渝城西傅家店。国初山海卫未改县时，地属抚宁，故称抚人。今其祖墓在渝水之西十余里，丰碑林立，翁仲岿然。其北偏有花园旧址，余路经其地，尝低徊者久之。"从以上文字可以知道，最早的思源庄乃是张霖为葬母所筑，为墓地旁的一处建筑，旧址在河北省临榆县的渝水（即石河）以西十余里处。

据《天津县新志》载："霖曾孙映辰，恢复先业，起河北墓园，曰思源庄。时有文人会集其地，规模虽隘，遗韵犹存，至今人乐道之。"由此可知，天津的思源庄为张霖的曾孙张映辰所建。《天津思源庄考》中称，思源庄建成后，"宴游之盛，不亚昔日"。可知，思源庄不仅是一座墓园，也是一文人雅集之所，沿袭了张霖早期兴建的问津园、一亩园的风格，只是规模小些。那么张氏何时来津，与天津又有何渊源？

1934年第2卷第7期《河北月刊》中的《天津思源庄考》一文(局部图)

《张虎士啸崖兄传略》中述其先世时称:"吾家自洪武四年由安徽凤阳府迁居直隶河间府,又徙永平府抚宁县,今所居之传家店,分属临榆县,去山海关十余里,故家谱云山海张氏。"张氏家族原籍在安徽省,明洪武四年(1371)迁至河北省,清顺治时期,张氏家族中的张明宇(名希稳)、张闻予兄弟二人均为沧州长芦盐商。清康熙年间,长芦巡盐御史衙门从北京迁至天津,他二人遂寄寓天津,繁衍生息。张明宇生子名张霖,张闻予有子名张霔。

《天津县新志》中的《张霖传》曰:"张霖,字汝作,号鲁庵,晚号卧松老衲。其先抚宁人,父希稳,顺治间行盐长芦,遂家天津。霖,廪贡生,官工部营缮司主事,历升至兵部车驾司郎中,出为陕西驿传道,康熙三十四年升安徽按察使,三十七年迁福建布政使,三十九年以前在安徽失察属吏,降官,寻授云南布政使。"天津诗人龙震撰写的《记亡友张帆史交情始末》一文写道:"友人张霔,字念艺,又字艺史,号笨山(又号帆史)……本封翁闻予公冢男也。因其伯子方伯公鲁庵居长,乃行第二。有弟子念兹,好勇,举武孝廉。封翁闻予公旧随其兄光禄明宇公业盐于长芦,遂家天津。帆史即天津生也,十二岁时善临钟王石刻，十六岁善诗名。由明经授中书舍人，乃乡试，累不第，遂不仕。"

清《张霖小照山水轴》中的张霖形象

张霖、张霔二人性格迥异，反差巨大。张霖一生入仕，官高位显，宦海沉浮。康熙四十五年（1706），因盐案受到牵累，一度入狱，产业被抄，家道中落。张霔因屡试不第而放弃仕途，性情散淡，放浪不羁，素日裸露头髻，趿鞋而行，人多避之。但他却酷爱诗书，一生作诗万余首，广结名士，为天津诗人中的核心人物，与龙震、梁洪、黄谦等"或一二日即聚，或连夜相聚。聚时即觅题吟诗，相互删校为乐。如此者，十二年如一日"。

张霖有两子，一名张坦，一名张埍。张坦之子名张瑁，张埍之子名张映斗、张映辰。张映辰继承祖业，复为盐商，重振家业。《天津县新志》中《张霖传》云："霖子坦，字逸峰，号眉州，又号青雨，与弟埍同举康熙三十二年（1693）乡试，同官内阁中书。坦子瑁，字无白，官候选州同。瑁子映斗，字南杓，岁贡生。映斗弟即映辰，字拱之，官候选州判。"

张氏兄弟的交游

《天津县新志》载："问津园在锦衣卫桥，一亩园在城东北，俱遂闲堂张氏别业。张氏盛时，招致海内名士，馆于其家，以此为宴游之地。沈一揆、吴雯、姜宸英、赵执信、邵长蘅、查慎行，皆有游问津园及一亩园诗。"

张氏世为盐商，富甲一方。张霖做过大官，既有势又有钱，退隐后，遂在天津建造了名为"遂闲堂"的住宅，还修筑了问津园和一亩园私家园林。问津园风光旖旎，曲径通幽，树石葱蒨，亭榭疏旷，垂杨细柳，流水泛舟。张霔《春晴初过问津园》诗中有"高楼客戏弄弦管""园林入春不寂寞"之句，依稀可见当年问津园的繁盛。问津园专为接纳各界名流之用。当年无论是四方学者，还是乡里才士，凡至此者，他皆一律殷勤招待。《津门诗钞》卷五注语载："案鲁庵中丞，天

《天津县志》中清代诗人沈一揆、姜宸英等描绘问津园的诗

才不羁，性复慷慨。告养时，筑遂闲堂、一亩园、问津园、思源庄、篆水楼诸胜。园亭甲一郡，款接大江南北名流，供帐丰备，馆舍精雅，才人云集，一时前辈如姜西溟、赵秋谷、汪退谷、吴莲洋、洪昉思、王石谷、张石松、方百川、灵毕、陆石麟、马长海、徐芝仙诸公，及同邑诸名宿，文酒之宴无虚日，飞笺刻烛，彬雅之风，翕然大振。后惟查莲坡老人能继之。"文中虽有将思源庄、篆水楼归为张霖所建之误，但记述的这几处当年盛景当为不虚。

天津思源莊故址

思源莊爲清初撫臺張氏所建墓園，詳見本期所載「思源莊考」。舊址在今天津河北中山公園後金鐘廠河北岸，其約略可指者：自瞽民中學前空場起，沿道而南，經一榮園，闢外東界，而立石柱若干，闢内張氏祖墓在焉，此當爲故園，左有土屋數間，再西逾道，沿河經錦衣橋，橋前，剛左爲錦衣衛橋，中三處連貫突起者爲張氏祖墓，右爲榮園。對面高屋爲者楊姓所居，屋外有太湖石一，亦思源莊舊物也；再北，逾山公園界牆，經水池至春永軒一帶，均爲其故址。天津市黌郡，在園之東北。

1934年时的天津思源庄故址

《天津县新志》中《张霖传》有载:"霖豪于家财而风度彬雅……既久居沽上,益饰池馆,务极幽胜,法书名画之属充牣栋宇,延纳四方名俊,相与飞笺刻烛,觞咏其间。一时北游之士,如姜宸英、梅文鼎、赵执信、吴雯、朱彝尊、徐兰、方苞辈,罔不适馆授餐,供张丰腆。执信主其家最久,而契分以雯为最深。"此与《张虎士啸崖兄传略》相互印证:"鲁庵公一生尊贤重士,济人之急,一时名宿,皆主于家,尤与吴天章相友善。为工部主事时,每逢乡会两闱,四方之士出都者赠以资斧,留都者多延至津门。筑有问津园、一亩园,迎送无虚日。"

张霖、张霔兄弟二人广交名士,问津园、一亩园遂成清初南北名流雅集之所。清代现实主义诗人、山东籍人士赵执信在问津园居住时间最长,他在落拓时得到了张氏兄弟的帮助。当时被世人称为"仙才"的山西籍学者吴雯与张霖交情颇深,连他家乡蒲州的庐舍也是张霖出资兴建。据说,驰名文坛的清代戏剧家洪昇的传世名著《长生殿》就是在问津园内定稿。桐城派创始人方苞、博学多才的著名学者朱彝尊,则在此留下了脍炙人口的诗篇。

因张霖、张霍兄弟俱工吟咏，故宾客以文人居多。张霖天资敏异，幼好学工诗，著有《遂闲堂稿》，后遭籍没，稿帙散失。张霍成诗逾万，著有《绿艳亭诗文集》《弋虫轩诗》《读汉书绝句》《读晋书绝句》《欸乃书屋集》《秦游集》《帆斋逸稿》等。问津园中有"红坠楼""垂虹榭"诸胜，均有诗人题咏。只可惜随着张霖事发而衰败，更因年深日久而无遗迹可寻。至于一亩园不仅没有遗迹，就连其方位也是无可辨识了。

思源庄修建的年代及位置

同期《河北月刊》还刊登了一幅天津思源庄遗址照片和《天津张映斗诗稿石刻》的影印拓片，既准确定位了思源庄旧址，又记录了思源庄的落成时间。照片图注为："在河北中山公园后金钟废河北岸，其约略可指者：自觉民中学空场起，沿道而南，经一菜圃，圃外东面立石柱若干，此当为故园东界。圃内张氏祖墓在焉。沿河经锦衣卫桥前，再西道左有土屋数间，为张氏守墓者杨姓所居。屋外有太湖石一，亦思源庄旧物也。再北逾中山公园界墙，经水池至春永轩一带，均为其故址。图左为锦衣卫桥，中三处连贯突起者为张氏祖墓。右为菜圃。对面高屋为天津市党部，在园之东北。"

张映斗诗稿石刻拓片

　　拓片上的文字清晰可辨："戊子夏日思源庄落成,与二弟拱之分赋。思源庄在庐龙北(余祖居榆关思源庄,即故宅也),今向津湄筑草堂;结构岂能如故里,登临权拟到家乡。须栽绿竹看新笋,更种黄花待晚香;素愿与君何日遂,耦耕陇畔老农桑。"以上文字告诉我们,一是思源庄并不像今人认为的在中山公园内;二是张氏早期的思源庄在河北省榆关,天津思源庄为异地重建;三是思源庄落成于戊子夏日,即乾隆三十三年(1768)。

　　《天津县新志》中说,问津园在锦衣卫桥,图注也称思源庄遗址在锦衣卫桥附近。那么思源庄是不是在问津园遗址上修建的呢?我们可以从拓片上张映斗的另一首题为《与诸同人思源庄小集》的诗中找到答案:"风景何殊到剡溪,偶然喜对雨凄迷;绕墙灿烂吟新咏,隔水依稀忆旧题(溪南即问津园故址)。荷带露开千朵丽,月随潮上一湾低;莫辜十日平原兴,掎得扶归醉似泥。"

　　诗中之溪即指金钟河,思源庄在河之北,问津园与之隔水相对,自然就在河之南了。这与诗注"溪南"正合。金钟河之南,也就是海河之东,而《张霖传》所指河东别业即指问津园。因此可以得出结论:思源庄的位置并不是问津园遗址,中间尚隔着一条金钟河,应在今造币厂遗址一带。

　　从众多清代诗人的咏诗中,也可领略到思源庄当年的风貌。乾隆癸酉甲戌联捷进士张湘的《题思源庄》:"重筑金吾旧日庄,红菱白茭护山堂;丁宁河上衔泥燕,还向乌衣觅画梁。暮卷珠帘暑气收,临河亭子坐来幽;照人一片空明水,风满垂杨月满楼。"杨廷烈《沽上题襟集》中的《念湖吴君招集思源庄公饯张楚山先生赴新城》:"五斗不折腰,五升岂腹果?吾道有污隆,意行无不可。广文虽冷宫,青毡犹故我。低头诵经史,日月任潇洒。问庭罗松菊,筠管长螺蠃;退跑苜蓿盘,出跨叹段马。即此意已足,宁论知音寡;送君锦衣桥,水碧秋光泻。临流酌君酒,香挹秋莲朵;此水经我芦,浩淼连平野。送君一帆风,直至新城下,他日倘思君,沿流掉轻舸。"嘉庆癸酉举人高潮的《同梅树君妹丈过张氏思源庄感赋》:"此地多名士,苍凉我辈来;水流花外寺,人上柳边台。胜事百年尽,高风一代开;颓垣见竹石,觅句拂荒苔。"

随家族衰落而荒废

于鹤年先生在文中称："迄今已百六十余年，荒废虽久，遗迹犹存。"那么思源庄到底存在了多少年，因何而衰呢？

从张希稳至张虎士历五代，张霖官高位显，盐务最盛，家业兴旺，登峰造极。然而宦海沉浮，因盐案牵累，产业籍没，家道中落。其子张坦、张埙因受父荫，亦曾入仕，职位不高，事业平平，然皆能诗文。

张坦"性嗜学，于书无不读，博览搜讨，叩之立应"，师从诗坛领袖王士祯和赵执信，著有《履阁诗集》《唤鱼亭诗文集》。张埙长于诗词，著有《秦游诗草》。张坦、张埙共著《二张子合稿》文集。诗人吴雯《柬逸峰孝廉》中有"履阁藏书一万卷，今古纷纭自凌缅"，"昨日相过深下帘，心爱锦轴排牙签"之句，记录了张坦富于藏书和对藏书精心呵护。因此有人认为，张霖、张坦父子是天津最早的藏书家。

遍查史料典籍，张坦之子张瑄的资料少之又少，只有"字无白，官候选州同（即拥有官员资格，作为知州的佐官听候选用的预备官员）"的记载。由此也可证明张氏家族此时已入谷底，康熙末年遂致问津园荒废。到了张瑄之子张映斗、张映辰才重振祖业，再为盐商，复兴家业。

据《张虎士啸崖兄传略》记载，张瑄最后40年的生活极其贫苦，身无长物，其父张坦病故时竟致无钱发丧葬埋。张映斗、张映辰长大后，侍奉爷奶，听命父母，兄弟相依为命，以读书为人生最大乐趣。乾隆年间，一家老小生活实在艰难，无以为继，为改变困境，兄弟二人经过商议，决定让张映斗留在家中一面读书一面照料一家老小，18岁的张映辰不得不身着敝衣，只身出门，到安徽桐城拜访方苞，赴吴楚之地走访亲朋好友，寻求救济。一路上，忍饥挨饿，历经艰难险阻，多次病倒在途中，几次生命垂危。九死一生的张映辰最终在拿到方苞和亲故的一笔资助后归津。兄弟二人以此作为本钱复治盐业，家业由此复兴，遂荣归安徽故里，迁祖母坟至天津，与爷爷合葬，建思源庄以为纪念。

据史料记载，张映辰之子名虎士，字环极，号卫臣，仕至承德县典史。张映斗有子名张虎拜,字锡山,号啸崖,又号召臣,幼年警敏,性情至孝。乾隆三十三年(1768)中举人,逾年取进士,历任内阁中书、宗人府主事,加衔翰林院编修、河南学政、江西乡试副考官。承祖遗风,其诗多收入《妙香阁诗集》。工楷书,张氏先人碑铭、墓志、篆刻,皆出其书。乾隆五十九年(1794)卒于津门,时年53岁。张虎拜死,思源庄遂告荒废。由此算来,思源庄存世不过近30年。

查阅史料文献,没有找到张虎士、张虎拜后人的文字记载。可以推测,后人或沦为平民或迁居异乡。

对天津文化的影响

张氏的问津园、一亩园、思源庄,不仅是研究近代天津的政治、经济、园林、建筑、民俗等领域的重要史料,也是研究近代天津文化的珍贵资料。

梅成栋在《津门诗钞》弁词中写道:"大抵津门诗学倡其风者,惟遂闲堂张氏为首,继之者则于斯堂查氏也。张氏自鲁庵方伯、帆斋舍人,广开馆舍,延接名流,一时往来其家者,若赵秋谷、吴莲洋、姜西溟、汪退谷、方百川、灵皋、洪昉思、张石松、王清淮诸先生。而邑先辈则有梁崇此、李大拙、龙东溟、黄六吉、李汉客诸公,同时唱和,翕然大振。"

天津因漕运而兴,漕运文化随之而生。但在元代天津本是海运终点,仅在交通上有着重要价值。到了明朝,在军事上亦起到了举足轻重的作用,成为首都的重要门户。然而因风气未开,在文化上并无显著地位。从清朝初叶开始,才有一些达官巨贾,修筑庭园,

民国《天津县新志》对问津园的记载

招待文士，鼓吹风雅，吟咏唱和，天津因此产生了真正意义上的文化。其中最著名的当属张霖、张霔兄弟。张霖兴建的问津园、一亩园和雍正时期查氏父子修建的水西庄，以及乾隆时张映辰异地重建的思源庄，均为南北文人雅集之所，为今后诗社和文学团体的形成奠定了基础。

（周利成）

天津城隍庙与城隍庙庙会

　　城隍庙,是供奉民间神明"城隍"的庙宇。所谓"城隍",俗称"城隍爷",是
阴间的地方官,也有府、州、县级别之分,相当于阳间的府、州、县长官。城隍成
为一个重要的神,始于明太祖朱元璋。传说由于他本人是在土地庙里出生的,
因此对土地神的上司城隍十分敬重,于是即位后大封天下城隍的爵位,城隍

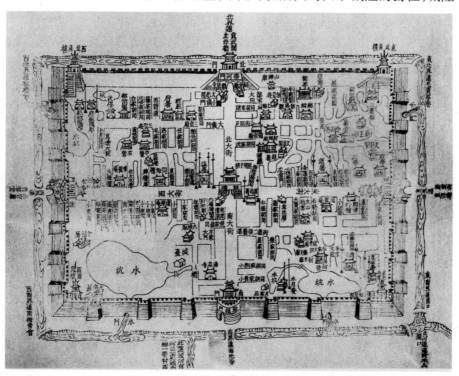

1846年时的天津城图

由护卫神变为冥界的监察之神，道教则赋予其剪除凶逆、领治亡魂的职权。城隍不是一个固定的神，而是许多位神。那些为民做主的好官、保家卫国的英雄，在死后都可能被百姓奉为本地城隍，比如苏州祀春申君、杭州祀文天祥。天津的城隍是谁，已无法可考。

历史悠久的天津城隍庙

　　天津的城隍庙有两座，即府城隍庙和县城隍庙，这是因为城隍庙作为城隍的办公衙署，是与人间官署相对应的，天津有府、县两级衙门，因此也就有府、县两座城隍庙。这两座城隍庙位于城内西北角府署街，毗邻而建，府庙在东，县庙在西。天津府城隍庙建于明永乐四年（1406），与建于永乐二年（1404）的天津城时间接近。该庙建成后年久倾圮，于成化十年（1474）重修过一次。清雍正年间，天津县人缪启乾为之增建后楼。县城隍庙是清乾隆四十一年（1776）由知县孙景修建的，规模较小。我们所说的天津城隍庙，一般是指府城隍庙。

清末天津城隍庙门前的牌坊

天津城隍庙曾是一座规模宏伟的建筑。走近城隍庙,首先映入眼帘的是一座高大的石牌坊,牌坊之后山门两侧,矗立着一对威武的石狮。山门内两侧各有配殿五间,称为"十殿阎君"殿,以塑像展现地狱中下油锅、上刀山等种种情景,令人生畏。山门正对着一座戏楼,飞檐上翘,下有涵洞。通过戏楼的涵洞,就是城隍大殿。大殿坐北朝南,殿前建有栏杆环绕的月台,月台前接广场,东侧为钟楼,西侧为鼓楼。殿内正中供奉着城隍神像,两旁左为药王,右为药圣。大殿之后有一寝殿,是城隍"休息"的地方,塑有城隍卧像。寝殿之后,是一座两层高的楼房,名为后殿,又称北楼,面阔五间,上下共十间,是城隍庙的最后一层建筑。从建成到清末的几百年间,城隍庙的格局基本没有太大的变化。

封建时代的城隍庙地位颇为重要。其与一般的佛、道教庙宇最大的不同在于,它是被列入官方祀典的,其管理和祭祀都由官府来负责,皇帝还经常为这些庙宇赐匾额、楹联以表重视。与城隍庙一同享受这种待遇的,还有社稷坛、文庙、武庙、先农坛、关帝庙、文昌庙、龙神庙、马神庙、海神庙、火神庙、风神庙、天后宫、土地庙等。可以看出,这些庙中的神都是和政治、文化、生产、生活密切相关的。政府对于这些庙宇的重视,一方面反映了其渴望政通人和、统治稳固的心态,另一方面也从侧面反映了人民群众对风调雨顺、平安幸福的期待。既然城隍庙受到了政府的承认,那么民间对于城隍的崇拜也就没有顾忌了。在此焚香祝福、烧香还愿的善男信女络绎不绝,城隍庙鼎盛的香火维持了几百年的时间。

光怪陆离的疯狂节日——城隍庙庙会

城隍庙在天津人民生活中占有不可替代的地位,除了作为祈求平安的精神寄托之外,更多的是因为它每年都会带给人们一个盛大的节日——城隍庙庙会。民间传说,每年的阴历四月初九日,是城隍的诞辰。因此自四月初一至初八的八天时间里,为举行城隍庙庙会的日子,这几天的热闹,就算作是给城隍爷做寿了。

每年阴历三月份,城内好事的绅商们就开始忙活了。他们找人在庙里庙外搭设多处席棚,里面摆设各样精致古玩,悬挂上名人字画,张灯结彩,还组织乐队来"打十番",请来一些书香子弟、风雅之士在庙里戏楼上清唱昆曲。到四月初一日,城隍庙已经被他们布置得喜气洋洋的,一派节日景象。每到这个时候,城里城外的商贩们便像听到了集结号一般,从四面八方汇集而来,有挑担子卖食品的、摆小摊卖玩具的,有拉洋片的、演木偶戏的、练武卖艺的。城中百姓闻风而至,烧香还愿的、逛庙游玩的,熙熙攘攘,热闹非凡,连平日藏在深闺的小姐太太们也得了特赦令,在庙里任意游览。

城隍庙前的高跷表演

庙会期间,每天早晨都要举行一个仪式,叫作"排衙",也就是城隍升堂审案。由承办庙会的士绅身穿明代官服,按照知府在衙门升堂理事的礼法表演出来。城隍的神像被从大殿里请了出来,端坐在殿前月台的宝座上,下面则有衙役,有罪犯,都是由人扮演的。城隍是要"审案"的,这个时候,就需要有一个人蹲在神像后面替他说话,好似在演出"双簧"。审案的过程却是按部就班、严肃认真的,最终还要宣判,或打或罚,毫不含糊。百姓看了心中有所畏惧,能起到一定的劝善作用。

庙会的重头戏是"鬼会"。所谓鬼会,实际是一种化装巡游,在初六、初八两天,人们装扮好后从城隍庙出发,绕津城大街巡游一圈,并为人们做各种表演,称为"出会"。参与表演的人有两种:一种是为了还愿而必须参加的。当时天津有种风俗,凡是家里有了病人,都要对天许愿,如果最终病愈,就在城隍庙庙会参与出会。另一种则是有钱人借出会来自娱娱人。当时有这么一句打油诗:"公子哥,把鬼扮。只图夸富,不是心虔。"这些公子哥们出会时,凡化装所用的面具、服装、道具都要自己出钱配置。鬼脸有的是直接勾在脸上的,花费无多;有的则是彩扎模型,就要付出一定代价了。讲究一些的服装道具花费就更为不菲了。据记载,扮装所用的铠甲一身、面具一个,最贵的竟需要花费千两白银,便宜的也要数十两。有扮演鬼犯的,用朱帛做囚服,囚鞋上系着明珠,枷是银的,锁是金的,走在出会队伍里,光彩夺目。有的后面还跟着十余个随从,每次坐下来休息的时候,就被递茶的、送点心的、打伞的、扇扇子的围在当中,吆五喝六,派头十足。更有甚者,全身佩戴的金银珠宝价值巨万。鬼会成了炫富斗富的大擂台,普通百姓也得以大饱眼福。

鬼会上的"鬼"种类很多,包括黑白无常、开路鬼、色迷鬼、财迷鬼、酒鬼、大头鬼、小头鬼、绿发鬼、赤发鬼等。这些鬼的形象真可谓光怪陆离,令人称奇。比如黑白无常,是用竹篾扎成的架子,高达三丈,头戴烟筒似的大帽子。人要钻到里面去舞动它们,是很需要功夫的。还有一种角色叫作"野和尚打鸡",一人扮僧,一人扮鸡,互相打斗。还有各种各样的"红犯",乃是犯了罪的女鬼。他们在巡游的过程中,还要做各种表演,和观众互动玩闹。比如大头鬼,其形象是戴着一个特大的笑面鬼面具,穿着肥大的衣服,看到路边的小孩,就凑上前去与之对脸,让小孩们既高兴又害怕。

出会是庙会最为热闹的时候。尤其是初八,因为是城隍生日的前一天,城隍要出巡和赦孤,鬼会就更为隆重。这天一早,城隍的神像被抬上绿呢大轿,开始巡游,一直要巡游到晚上才结束。但见"开路鬼"挥舞着三节鞭在前开路,其后紧跟着相当于府县官出巡规格的全副执事,开道大锣、肃静牌、飞虎旗、黑红棍等,一应俱全。执事之后,是中幡、狮子、法鼓、唢呐大乐等各种鬼会表演。还有四人抬的一口大铁锅,沿途善男信女见到此锅便把手中香料扔入其中,名为"香锅"。最后才是城隍的大轿。整个队伍浩浩荡荡、锣鼓喧天、异彩斑斓、奇

清末天津城隍庙前市井

幻诡谲,因此每逢出会之时,沿途观众人山人海,热闹非凡。那时出会沿途的有钱人家,都要在自己的大门口搭台,台上搭席棚,棚前悬挂湘帘,接待亲友内眷前来观会,还要穿上考究的衣服,提供丰盛的饮食。

城隍庙庙会虽然有封建迷信的因素,但在那个文化娱乐相对贫乏的时代,毕竟曾经带给了天津人民无尽的欢乐,其中的某些部分,还带有惩恶扬善、祈求平安的积极倾向。此庙会最盛时期在清朝。1903年,清政府发起"庙产兴学"运动,在城隍庙里设立了官立两等小学堂,一直到1949年天津解放,城隍庙一直处于学校与香火共存的状态之中,但城隍庙庙会逐渐消沉,在1921年举办了最后一次。1950年,城隍庙香火被取消,这座古老的庙宇正式与封建迷信告别。位于城隍庙庙址上的是西北角小学,后又并入中营小学。经过无数的战乱和自然灾害,城隍庙的建筑逐渐消失。在2003年的老城厢地区改造中,城隍庙仅剩的后殿也被拆除了,城隍庙与城隍庙庙会的历史痕迹自此无处可寻了。

(吉朋辉)

闸口龙王庙"显灵"记

　　雍正二年(1724)闰四月,天津地区数月未雨,庄稼干枯,眼看当年的收成就要泡汤,于是一些盐商商量着集资求雨。按照惯例,求雨仪式都要由地方行政长官来主持。天津此时还是卫所建制,地方官员有守备、天津镇总兵、天津道等。但盐商们却径直来到位于三岔河口的巡盐御史署,将呈文交到了长芦巡盐御史莽鹄立手中。

　　巡盐御史虽然官无定品,但因为是皇帝委派的钦差,实际上是可以和督抚分庭抗礼的。而且巡盐御史除了管理盐务之外,对地方事务本就有兼管之责,所以莽鹄立义不容辞地接受了盐商们的请求。

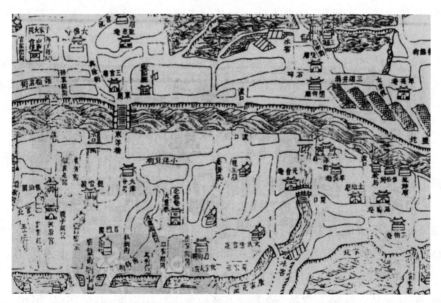

《津门保甲图说·东门外图说》,图上可见闸口龙王庙的位置

223

求雨自然要找龙王。天津当时有三座龙王庙，一座位于大沽口，一座位于西关，一座位于东门外海河西岸闸口附近。闸口龙王庙恰在盐坨对岸，在盐商们心目中是盐坨的守护神，所以求雨理所当然地选在了这里。

闰四月二十七日，莽鹄立带领天津镇、天津道及所属各官，在闸口龙王庙举行了一次隆重的求雨仪式。除了按照祭祀仪典行大礼外，莽鹄立还向龙王谨呈了一份《祈雨疏》。莽鹄立的虔诚果然没有白费。第二天刚过中午，晴朗的天空突然聚集起乌云，电闪雷鸣中大雨滂沱而至，将近枯萎的禾苗很快变得生机勃勃。莽鹄立大喜过望，特地又写了一篇《谢雨疏》。

但龙王似乎是慷慨得有点过头，这场雨断断续续直到五月底还不停，旱灾有变成洪灾之势。六月初一，莽鹄立再次来到闸口龙王庙祈祷天晴，并献上了一篇《祈晴文》，文中以地方父母官的语气，反省自己的无能导致神明的惩罚，恳求龙王将惩罚加在自己一个人身上。

第二天奇迹再次出现，同样是在午后，天空中的阴云一扫而空。这一次祈雨、一次祈晴的立竿见影，在天津造成了轰动效应，商民们毫不怀疑这是龙王显灵，立刻捐资将闸口龙王庙重新修缮了一番，莽鹄立和众官员也都捐了些钱。莽鹄立还写了篇《重修龙王庙记》，并刻在碑上立于庙前。

不过，龙王似乎是想考验莽鹄立和天津商民的虔诚程度，第二年春天再次吝惜雨水。四月底，即将成熟的麦子正是用水的时候，土地却几近干涸。莽鹄立率领文武官员几次到闸口龙王庙求雨，龙王却毫无动静。莽鹄立将情况上奏给雍正帝，雍正帝给了他六个字的谕旨："着实虔诚祷告。"

五月初一，莽鹄立再次率领众官员，头顶烈日在闸口龙王庙虔诚祈祷。这次的《祈雨疏》，莽鹄立特地以"奉旨祷雨"四个大字开头。果然，龙王很给皇帝面子，第二天又一次"甘霖立降，四野霑足"。

但接下来上一年的事情再次重演，雨连绵不绝下到六月，地里的庄稼快被淹死，河东盐坨的存盐也有被冲走的危险。六月二十四日，莽鹄立带着文武官员来到闸口龙王庙斋戒祈晴，这次都没等到第二天，当时便"雨止云开"了。

连续两年的灵验，让莽鹄立和天津的商民们对这位龙王的灵验深信不疑。于是莽鹄立特地上奏折，请求雍正帝给龙王庙赐匾额，并敕庙名。很快，雍正帝御赐庙额"宏仁庙"、殿额"承天下济"便被送到了天津。然而龙王似乎在"功成名就"之后就撒手不管了,七月份连绵不绝的雨又笼罩了天津,终于导致大水围城,饥民遍地。此时莽鹄立挺身而出,带领天津商民开展了一次成功的抗洪斗争。

莽鹄立奏请赐龙王庙匾额的奏折

不过闸口龙王庙并没有因为这次水灾而失去其在天津的地位,直到清末,这里还是天津官民求雨的首选。比如《大公报》记载,1903年农历五月,天津司道府县各官曾在闸口龙王庙设坛,从初十日起求雨三天。

(吉朋辉)

秋草萋萋烈女祠

　　天津烈女祠，位于西门外西关街约一里的地方，建于清初，用于祭祀明末有名的"费宫人"。这位费宫人原名费贞娥，出生于天津东门里费家胡同，被选入皇宫做了长平公主的宫女。李自成起义军攻入皇宫时，纷乱之中，大家都抱必死之心，她却慨然说道："现在唯有一死，但不能白白死掉。"她扮成公主的模样，掩护公主逃走，自己却被捉住，被李自成赏给了部下李虎。成婚之夜，费贞娥暗藏利刃，刺死了醉酒的李虎，而后自刎。清朝建立后，明代的遗老们怀念她对明皇室的忠贞，为她建立了祠堂。

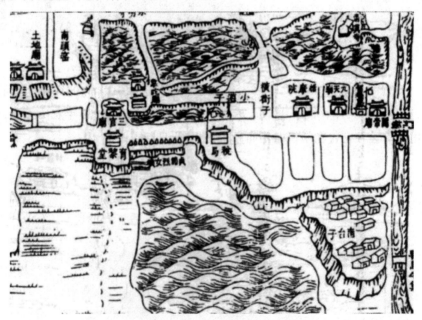

《津门保甲图说·西门外图说》，可以看到贞节烈女坟的位置

康熙年间，先后有陈氏、诸氏、裘氏、丁氏四位烈妇被葬于费宫人祠堂附近，称为"四烈墓"。她们的牌位则被供入祠堂，这座祠堂也随之被命名为"烈女祠"。自"四烈妇"开始，不断有新出现的烈女被祀入祠内。到民国时期，祠堂内已经供奉着烈女牌位61座，不过中间仍是"明费宫人贞娥之灵位"。

所谓"烈女"，是为了保存名节、贞操而付出鲜血乃至生命的女子。烈女祠中的61座牌位背后，掩藏着的是一幕幕血腥的悲剧。

夫死妻殉

在这些烈女中，殉夫自杀者是最多的，其中包括"四烈墓"中埋葬的丁氏，她是山阴人金振的妻子。金振客居天津，授徒为业，但不幸早死。成为寡妇的丁氏做出了一种最让人扼腕叹息的选择：殉夫。在葬礼的当晚，她趁夜半无人，在丈夫的棺材旁边自缢了。

殉夫是封建时代一种非常普遍的现象。翻开历史文献，我们会发现里面充斥着相关记载。在光绪《重修天津府志》中，罗列了大量殉夫的女性：

......

权量妻宋氏，年二十三，量病故。次日，氏仰药以殉。

监生娄举正妻王氏，年二十四，夫亡，氏绝粒六日死。

郎中石元俊妻吴氏......夫亡，绝粒以殉。

高世熙妻唐氏......光绪四年夫染疫卒，氏年二十一，即日仰药以殉。

孟传谋妻庞氏，年二十四归孟......四载夫故。......是夜投水瓮中死。

杨国昌妻陈氏......国昌死，氏是夜含殓毕即乘间吞金自尽。生年二十一岁。

郭鸿仪妻张氏......仪病故，张氏誓以死殉，潜服铅粉死。氏时年二十五岁。

孙鹤年妻沈氏,年二十四,夫亡,视殓毕,不食死。

庠生陈杰妻宋氏,年三十,夫亡,绝粒死。

吴士奇妻郭氏,年二十七,夫亡,投缳自尽。

张德望妻章氏年十九,夫亡二日绝粒以殉。

……

这样的一个列表,在我们今天看来可谓触目惊心,但这里展现的仅仅是冰山一角。根据《重修天津府志》的记载,仅光绪六年(1880)这一年,天津县就有九位因殉夫而被旌表的烈女。她们大多在二十到三十岁之间,甚至有的还不满二十岁,生命中美好的时节才刚刚开始,就猝然结束了。她们有的服毒,有的绝食,有的自缢,有的吞金,有的投水。

光绪《重修天津府志》中的列女传

其实在这些烈女们的亲友,甚至是夫家人看来,她们的殉节完全是没有必要的。因此,有些女子的丈夫死后,家人觉得她有殉夫倾向的话,往往会严加防范。但是她们殉夫的决心实在是太坚定了,以至于在家人的严密看管下,也能用一种出人意料的方式结束自己的生命。比如道光年间天津监生樊景恒的妻子王氏,生性刚烈。在她的丈夫死后,家人怕她殉节,采取了周密的防范措施,但她最终还是偷偷吞下了手上戴的四枚金戒指。家人发现后急忙给她喂药,却被她抬手打掉:"失去丈夫的女子,之所以不立刻去死,是因为有侍奉双亲、抚养孤儿的责任。但现在小叔已经成人,能尽到人子的责任,而我又没有孩子,为什么要活着呢?……你们爱惜我的性命,哪里比得上成就我的美名!"最终放弃了自己的生命。

她的这番话,在众多殉夫的烈女中是颇具代表性的。在这些烈女的心目中,得到"贞烈"的荣誉,是她们成为寡妇之后能够做出的最好选择。而做出这样选择的,往往是那些生于书香门第、知书达理的女性,因为她们从小就被灌输了这样的观念。比如天津人李鹏章的妻子陈淑云,生于诗书旧族,文化水平非常高,平日就喜欢以诗书自娱。但不幸的是,她所读到的大部分是《孝经》《列女传》这样宣扬节孝的书籍。陈淑云从小深受其影响,每次读到"人世奇节"的事,就禁不住啧啧称赞。在她30岁那年,李鹏章病故,她便开始绝食。四五天后,在家人的强迫下勉强吃了一点东西,眼见绝食不成,便在当晚吞金而死。

"从一而终"

"从一而终"是封建礼教灌输给女子们的一个至高无上的信条。在这个信条的控制下,女子们对于"一女嫁二夫"有一种本能的抗拒,将其作为一种莫大的耻辱,甚至不惜付出生命来洗刷这种耻辱,所以很多的烈女没有死于殉夫,却死于守贞。

咸丰七年(1857),天津县人张存义病故,遗下了29岁的妻子汪氏和两个年幼的女儿。其家中原有几亩薄田,并且雇了一个老成的长工。张存义死后,汪氏依旧留下了长工帮助照料田地。有一天,汪氏因为要种麦,没有钱买种子,于是向丈夫的侄子借钱。吝啬的侄子心生不快,不但没有借,还出言讥讽:"你现在已经选好了合适的人,要嫁走了,又何必来找我借钱?"实际是在暗指那个长工。汪氏听后,一言不发,径直走到丈夫的坟前痛哭一场。当晚四更时分,其邻居忽然听到汪氏长女惊呼,而后又听到汪氏哭泣,最后寂然无声。第二天,人们发现汪氏已经自缢,而两个女儿也已经被勒死了。汪氏为了表明自己从一而终的决心，竟然采用了这种极端而惨烈的做法。

有的女子，甚至还没有出嫁，只是订立了婚约，就将与之订婚的男子视为终生的不二归宿，宁死不再更改。田家嘴女子刘氏，幼年被许给了大沽郑起子。不幸的是，在两人完婚之前，郑起子生了一场病，瘫痪在床。郑的父母知道儿子活不长久了，主动找到刘家，要求退婚。刘氏父母欣然同意，但刘氏却坚决不同意，说道："我已经许给了郑家，即使他死了我也应当守寡，何况他还没有死呢？他虽然瘫了，但这是我的命，怎么能考虑别的？应当马上完婚，我会去照顾他。"父母苦劝不听，刘氏最终嫁到了郑家。郑起子由于久病在床，性情乖戾，对刘氏动辄打骂，但刘氏无怨、无倦、无悔，十年如一日。十年后，郑起子病死。郑的父母念及刘氏年纪尚轻，将她送回父母家中，让她另寻佳偶。刘氏视之为奇耻，竟偷偷服毒自杀了。

宁为玉碎，不为瓦全

雍正十二年（1734），天津发生了一件由诬陷导致的人命案，死者是一个普普通通的家庭妇女魏氏，但她的死却在当时引起了不小的震动，连大文学家、桐城派的领军人物方苞都为之作传。

魏氏17岁嫁给了一个叫高尔信的人为妻，夫妻和睦，日子平淡而幸福。高家有一个近邻姓宋，其妻子与魏氏年纪相仿，二人曾经因一些小事发生过矛盾。宋妻是一个心胸狭窄的人，为此久久不能释怀，经常在魏氏的婆婆面前挑拨离间。但魏氏婆媳的关系很融洽，宋妻无机可乘，于是酝酿其他的报复机会。雍正十二年（1734）六月的一天，高尔信母子外出，家中只剩下魏氏一人。这天本来是魏氏归宁的日子，魏母派了侄子自铣来接魏氏。宋妻看到自铣进了高家，不管三七二十一，马上飞奔着找到魏氏的婆婆，叫嚷道："你的儿媳妇和人通奸了，还拿出藏金来给他。"然后又纠集了一伙无业游民，闯到魏家捉奸。这伙人强行解开自铣的衣服，逼迫自铣承认奸情，写下自白书，以便他们进行敲诈。魏氏对自铣大呼："快去向官府鸣冤！"而这个时候的自铣已经被吓得六神无主，只求退身，战战兢兢地提笔写下了自白书。魏氏见状，知道冤情已成,立刻拿出一把刀,引颈自刎。

方苞在《高烈妇传》中感叹道:"烈妇遭怪变,惟死可自明。"的确,在那个时代,作为一个弱女子,在面临侵害时,唯有用自己的生命去抗争。她们知道,一旦被认定有不贞情节,甚至作为受害人被玷污,她也就失去了生的资格。与其如此,还不如拼却一死,去换一个清白。

所谓"贞孝节烈"看似一种荣誉,实际上是旧时代冰冷的礼教、黑暗的社会对女性的一种精神禁锢乃至肉体的摧残。当年的烈女祠,如今衰草枯树,寒鸦哀啼,景象凄凉,并没有其他祠堂所具有的那种庄严与神圣,因为它本来就是那扭曲的时代一个扭曲的产物。那道殷红斑驳的大门,是用无数女子的鲜血染成的。中华人民共和国成立后,这座见证同时也造就了一个又一个悲剧的烈女祠终于随着女性的解放而被拆毁。今天,在天津仅有"烈女祠胡同"这样一个地名可查了。

(吉朋辉)

天津老寺庙逸闻

天津在历史上曾经出现过数不胜数的寺庙、祠堂，其中大部分现在都已经看不到了。但是历史文献、民间传说中却保存了许许多多关于天津寺庙的逸闻，为我们记录下了一个个鲜活的历史瞬间。

白庙两次改名

白庙是位于天津城外北运河东岸的一座著名寺庙。据传说，这里本来是一个小村落，明代万历二十年（1592），一位游方和尚来到此地，在村东募款建

康熙帝画像

寺。寺有三重大殿，大雄宝殿前矗立一座背驮经卷的白马石雕。史书记载，佛教传到中国，始于东汉明帝时和尚摩腾和竺法兰用白马从西域驮来的经卷。这座寺庙即取意于此，称为"白马庙"。天津人说话有"吃字"的习惯，久而久之，"白马庙"被叫成"白庙"，连村子也成了"白庙村"。传说清代康熙年间，有一位老秀才吴琪仁，屡试不第，一气之下在白庙出家。康熙四十八年（1709），康熙帝南巡经过此地，吴琪仁因为有点学问，说得康熙帝十分高兴。吴琪仁趁机请康熙帝赐庙名。康熙沉思之间，一抬头望见空中一缕白

云，想起李白《独坐敬亭山》中的诗句："众鸟高飞尽，孤云独去闲。"于是提笔写下"孤云寺"。白庙便从此又改名为孤云寺了。这个故事只是一个传说而已，所谓吴琪仁，实际是"无其人"的谐音。但康熙帝为白庙赐名"孤云寺"却是真实的，在地方志文献中有明确记载。

挎鼓受两朝封赏

天津老城北门内户部街上，曾经有一座浙江乡祠，原为镇仓关帝庙，康熙七年（1668）改建为浙江乡祠，为在津浙人聚集之所。祠中有四面大鼓，大如桌面。每年春节临近的时候，守祠的人就敲击这四面鼓取乐，沿成风俗。康熙帝南巡的时候，有一次取道天津，从祠堂之前经过。守祠的人又敲响大鼓迎驾。康熙帝听到鼓声隆隆，颇具气势，一高兴赏了击鼓者黄马褂。到了乾隆朝，乾隆帝南巡也经过这里，守祠的人就穿上了康熙帝赐的黄马褂，击鼓相迎。乾隆帝一看这些黄马褂，知道是祖父赐给的，便也要表示一番，于是又给这四面大鼓赐了黄衣、黄绊，并赐名为"挎鼓"，因为这四面鼓太大，只能挎在身上敲。大鼓受了两位皇帝的封赏，从此尊贵起来，平时不再露面，只有天后宫出皇会及七月十五盂兰会的时候，经过会中恭请，才摆架莅临。

草场庵放焰火

草场庵位于天津老城东门内，是一处观音道场。在清代后期，这里香火鼎盛，十分兴旺，成为天津一个热闹去处。光绪年间，天津盛行放焰火，尤其是在新春时节，经常举办大型的焰火会。那时的天津城有两处放焰火的公共场地，一处是西头烟市，另一处就是草场庵。每年二月十九日观音诞辰，焰火会头在这里承办焰火会，名为"敬菩萨"。人们在庵外南马路支起架子，悬挂焰火，药线则蜿蜒数十丈，直达庵中菩萨像手边，菩萨的手中则插着燃烧的香枝。到燃放时刻，会头拿着药线，恭敬地呈献到菩萨面前，然后就着菩萨手中香火点燃，姑且算作是菩萨燃放的。草场庵前面有一大片空地，约有百亩，人们在这里搭台演戏，观看焰火。每到这个时候，附近的居民大都会把亲眷接来，平日足不出户的大家闺秀们也忍不住坐轿前往。焰火会当晚，万人空巷，草场庵前人头攒动，几无立脚之地。焰火会开始，药线被菩萨手中的香火点燃，火光"哧哧"地嘶叫着沿药线飞驰，瞬间从庵中到达南马路焰火架子，紧接着焰火喷薄而出，十分壮观，令观众为之疯狂。光绪二十一年（1895）春，草场庵举办焰火会，由于观众太多，致使场面失控，被踩踏及挤落水中而死者达十数人。草场庵焰火会从此被禁止。

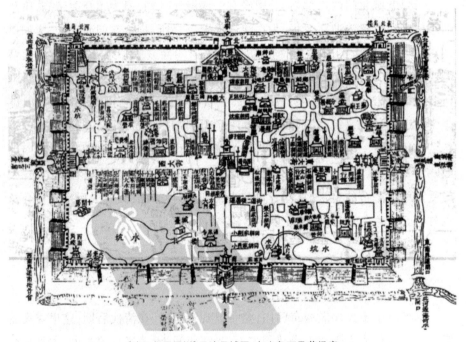

《津门保甲图说》天津县城图，东南角可见草场庵

鸦片灯烧毁草场庵

　　光绪二十三年（1897），草场庵由和尚广月住持。广月是一个不守清规的和尚，不但喝酒吃肉，而且吸食鸦片。这年冬的一天，广月过完瘾后歪在床上

小憩,不想手中拿的仇十洲画册页被鸦片灯烧着,很快延烧至床上被褥。广月被自己养的狗惊醒,逃出禅房,但庵中大殿被烧毁,观世音赤金像被焚,像腹中的赤金五脏也在混乱中被人偷走。大殿及金像重修,至少需要五千两银子。自知应负全责的广月,用一尺多长的铁钉将自己的脸颊钉在山门上,滴水不沾,粒米不进,想以自戕来换取施舍。三天后,广月奄奄一息。当地混混出头请出几家富户,勉强凑足五千两,才为广月拔出了钉子。此时广月已近断气,众人给他灌了一点生鸦片才得以苏醒。

乾隆帝海光寺睡苏床

乾隆二十二年(1757)三月,乾隆帝第二次下江南,路经天津。天津的官绅闻知,立刻筹划为皇上建造行宫。计划上奏乾隆帝,乾隆帝认为太过浪费,没有同意,转而选择了海光寺作为行宫。当时海光寺有一和尚名广园,是北京护国

清末的海光寺

寺住持广大的师弟。广大常住京师,见多识广,看准这是一个发财的机会,于是为师弟多方活动,使广园当上了海光寺的监寺。在将海光寺改建为行宫的过程中,所有办差的官绅,无不秉承广园意旨,广园因此暴发巨万之财。乾隆帝到来后,居住在海光寺后楼。天津富户郝恩光为乾隆帝提供的所有日用器具,无不名贵。其中有苏床一架,乾隆帝最为满意,称赞道:"朕卧床上,如到苏州。"于是赐给郝恩光彩缎二十匹,白金百锭,并作《苏床赋》一篇以赞之。乾隆帝走后,这架苏床被用黄缎罩了起来,当作宝贝珍藏着,普通人不得靠近,只有士大夫有资格瞻仰,但是必须得对着床行三拜九叩之礼。庚子年,这架床被攻入海光寺的日本人掠走了。

铃铛阁晒经

　　天津俗语谓："天津卫三件宝，鼓楼炮台铃铛阁。"铃铛阁是天津旧城西门外稽古寺的藏经阁，建于明代万历年间。铃铛阁有两层，基础高达一丈多，"宽五楹，飞檐四出，如鸟张翼"，雕梁画栋，巍峨壮观。为了防止落鸟污损，房脊、屋檐处悬挂48只风铃，在微风吹拂之下，铃声清澈悦耳，数里能闻，故称"铃铛阁"。清代大文学家朱彝尊描绘这里的景象道："夕阳在衣，风铃铮然，翔鸟上下，为之目旷心怡。"铃铛阁内珍藏有经卷16柜，其中包括珍贵的《大藏经》全部。为防虫蛀，每年的六月初六日都要将这些佛经请出晾晒，并且允许人们翻阅，名为"曝经会"。每到这天，各地文人学士、僧尼居士都会争相赶来，阅读这些珍贵的经卷，以至于天津水陆码头人满为患。光绪十三年（1887），稽古寺中僧人不守清规，盗卖香火、田地等寺产，引起公愤。经过西城士绅共同筹划，将

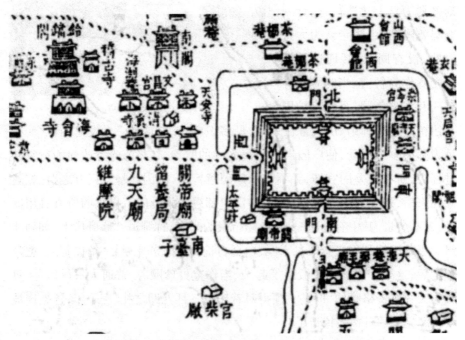

《津门保甲图说》天津城西门外图（局部），西北角可见铃铛阁与稽古寺

僧人逐出稽古寺,集资赎回被变卖的田地、房产等,将稽古寺改为稽古书院。光绪十八年(1892),铃铛阁街板厂失火,延烧至稽古寺,铃铛阁被焚坍塌。令人惊异的是,阁上所有的檩、梁都向中间落下,不但周围的建筑毫发无损,铃铛阁自身第一层也毫无损伤。但阁中的经书全部焚毁,令人扼腕叹息。

大觉庵看芍药

天津卫城西北南运河畔旧有庙名大觉庵,庙内供奉地藏菩萨。在清末民初的时候,大觉庵旁前园村的村民多以种花为业。这一带土地呈弱碱性,但因毗邻南运河,有甜水可供灌溉,非常适宜花木生长。每到春季,大觉庵周围繁花似锦,万紫千红,香风回荡,其中尤其以芍药花最多。天津城内居民,尤其是士大夫最喜欢这里的芍药,每年春游必到此地,边赏花边饮酒赋诗,其乐陶然。时人有小令赞曰:"津门好,年年复年年。大觉庵内芍药园,暮春新雨天又寒,招惹诗人怜。"天津著名诗人梅成栋也作诗《大觉庵看芍药》描绘了这一胜景:"花园遥临水,东风扑面香。千畦封暖翠,一径对斜阳。蝶密红围寺,莺啼绿过墙。村僧接迎客,半日足徜徉。"1917年,天津遭遇洪水,大觉庵被冲毁,周围花圃也遭到灭顶之灾。后来庵址上建立了小学,大觉庵从此名存实亡。

(吉朋辉)

玄奘法师灵骨与大悲院

　　玄奘(602—664),俗姓陈,名祎,洛州缑氏(今河南偃师缑氏镇)人。世称三藏法师,中国佛教史上伟大的佛学家和杰出的佛经翻译家。唐贞观三年(629),他从长安出发,前往印度取经,途中饱受磨难,九死一生,始终坚持前行,信念不衰,终于携大量经卷安全返抵长安,后期致力于经卷的翻译工作,前后共翻译经文75部,1300多卷。664年,玄奘逝世。他因生前非凡的经历和对汉传佛教卓越的贡献,为后世所崇拜。玄奘圆寂于长安玉华宫,葬于白鹿原。其顶骨几经战乱,辗转至南京供养。

　　一千多年来,玄奘法师顶骨颠沛流离,辗转于各地,在这漫长历程中,曾在不同时期不同时间被分供多处,查阅有关记载,却又不尽相同,各种记载众说纷纭,甚至有的相互矛盾。最近,笔者有幸在天津市档案馆馆藏历史档案中,发现了对玄奘法师顶骨分供于天津大悲院的真实记载。

　　1942年初,驻扎在南京的日本军队在大报恩寺三藏殿遗址后建造"稻禾神社",挖地基时挖出一个石函,石函上刻有文字,记载玄奘顶骨辗转来宁供养的经过。为了证实挖到的就是唐玄奘顶骨舍利,日本军方秘密从国立中央大学抓走了5名教授,花费了3天时间进行研究,结果确系玄奘法师顶骨。尽管日军严密封锁消息,但是各种传言仍然不胫而走。1943年2月3日,《国民日报》率先披露了此事。23日,日军迫于舆论

民国时期的大悲院

压力，承认玄奘大师顶骨出土的事实，由日军高森部队移交给汪伪政府。但移交文物的时候，日方私自留下部分玄奘顶骨。

南京的文史专家黄强经过深入研究，在《玄奘舍利今安在》一文中详细地记述了日本归还舍利之后发生的事情。1943年12月28日，玄奘顶骨舍利被分为三份，南京汪伪政府、汪伪北京特别市公署、日本各得一份。北京迎请的那一份舍利又被分为四份，其中一份供养在天津的大悲禅院。但此后玄奘法师顶骨运抵天津一事可谓几经波折。

天津市档案馆馆藏的1943年12月29日玄奘大师灵骨过津供养法会档案，是这样记述的："前载北京迎请玄奘法师灵骨过津事，刻据南京消息，本月二十八日于南京国府大礼堂举行分受典礼后，在毗卢寺供养，定一月三日由该地中日各佛教团体恭送渡江至浦口，预计四日下午即可抵津。"当时天津日本驻屯军和汪伪天津特别市公署、佛教及各慈善团体已筹备，称"届时隆重迎至河北大悲院，举办供养法会，任人参加瞻礼，并拟请求当局于一月五日禁屠，以天昭祥和而灭灾厉云"。但由于种种原因未能按时成行。

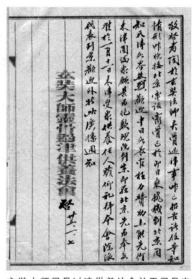

玄奘大师灵骨过津供养法会关于灵骨来津的公告（天津市档案馆藏）

在1944年1月7日，玄奘大师灵骨过津供养法会因法师灵骨未能按日抵津登报表示抱歉，说："敬启者，关于玄奘法师灵骨过津事，昨已报告诸位，量知情形。昨晚接北京电话，灵骨已于即日乘飞机到北京，因知天津各界热烈欢迎……未能先行来津圆满众愿，甚为抱歉。现既到京，即在北京先为奉安，准于一月十一日来津受众供养，任人瞻仰礼拜。本会除派代表到京欢迎外，特此广播周知。"在法师灵骨来津当日进行了播报，报道新闻稿说："玄奘法师灵骨来津事，顷据玄奘大师灵骨过津供养法会方面消息，将准于今日（十一日）由京来津，受众供养，任人瞻仰礼拜。"由此可见，玄奘法师灵骨到津的确切时间，应为1944年1月11日。

为尽快迎请法师灵骨抵津，圆众人所愿，天津佛教协会组成迎请小组，由大悲禅院的大师与玄奘大师灵骨过津供养法会理事长张伯麟等人赴京迎请。灵骨到达天津时，天津火车站万众聚集，人山人海，从火车站至大悲院一路负责迎请的执事多达数百人。典礼法会一连持续了三天，盛况空前，朝拜参礼者络绎不绝，川流不息。至此，法师玄奘的部分灵骨历经千年的颠沛流离，终于被安奉在天津大悲院一座木制灵塔内，受众人瞻仰礼拜。

1957年，应印度请求，中国决定将天津大悲禅院供养的玄奘灵骨移供印度那烂陀寺，以加强中印两国文化及佛学交流。同时赠送的还有玄奘法师的译著佛经1335卷等。那烂陀寺召开5万多人参加的迎请大会，拜迎玄奘法师顶骨舍利。

虽然玄奘法师的灵骨舍利早已移供印度那烂陀寺，却留下了玄奘法师坚忍不拔、百折不挠、执着求知、追求真理的精神，留下了玄奘法师部分灵骨落户于天津大悲禅院这一永恒的时刻，留下了玄奘法师灵骨与天津大悲禅院的千古因缘。

（王瑞兴）

老天津的端午节

清朝年间,天津的端午节与南方无异,家家吃粽子、绿豆糕、杏子、黄瓜,喝雄黄酒,户户插艾草、悬钟馗像。小孩子的脑门儿上写上"王"字,头上戴着绒制的小虎帽,身上挂灵符,腰间系五彩丝绳,脚下蹬黄色虎头鞋,皆为避五毒除灾害之意。女人们将红纸剪成蝎子形状,贴在炕边。民间还以赛龙舟的活动点缀节日气氛。戏园子里演着《盗仙草》《混元盒》《五花洞》《琵琶缘》等应景戏。饭馆、游艺场、店铺较平日更要热闹几倍。各糕点店、水果铺、小摊贩,端午节前皆有应时物品出售。循旧例,每年的端午还是一个还债的日子,因此,节前忙坏了一群人,便是讨债的;急坏了一群人,就是欠债的。

进入民国后,政府倡导新生活,曾将这些民俗当作封建迷信而明令禁止,但端午习俗已在民间根深蒂固而未能禁绝。后来遂禁令大开,全国各通衢大邑、繁华商埠、公署机关、银行公司,照例还要放假一天,人们得以大玩大逛、大吃大喝。

《北洋画报》1927年6月8日登载的漫画《今之五毒》

学生们尚未放暑假,而且正在准备大考,端午节则让他们稍事喘息,放纵一日。满大街的时髦青年、摩登小姐引领着时尚的潮流,他们过端午节不吃粽子,不吃绿豆糕,更不喝雄黄酒,而是吃冰激凌、雪糕,吃奶油菠萝、奶油杨梅,喝橘子水、汽泡水;他们不屑听传统的应景戏,而到电影院看美国大片。文人们则忙着聚餐雅集,吟咏敲诗钟,吊屈原,吟角黍,咏龙舟,诵钟馗,弄个五毒雄黄酒分饮。思想新一点的则不吊屈原吊王国维,不咏龙舟咏宁园泛舟。

　　津门大小报刊的副刊每年节前都要刊登一些说端午、谈粽子、话五毒的文章,旧话重提,老瓶装新酒。戏剧版便要介绍《白蛇传》《混元盒》《金针刺蟒》《捉蜈蚣》等故事的由来。有的报刊还要举办端午征诗活动。征诗又有若干讲究,题目出好,可到六月交卷,评选出前几名,八月十五公布前几名名单,刊登作品,酌给奖励。如1943年《新天津画刊》就举办了一次活动,征诗要求"首四句须将题目点清,不得相连,如楚、粽、蒲、龙四字,须拆开点出,且每联分别扣题"。

《北洋画报》1927年6月8日登载的漫画《"北洋"号龙舟》

活动结束时,共收得征诗18首,但合乎要求的却不多。最终刊发了前八名的作品,均获得一定面值的春在楼餐券。第一名朱叔慈得五元,第二名高扬得四元,第三名至第八名各得三至一元。

　　第一名朱叔慈的题目为《赋得楚粽蒲觞共一楼(得楼字五言八韵)》,内容如下:"夏节逢端午,朋簪共此楼;觞殊蒲匀刻(礼明堂位,周以蒲匀谓刻匀为蒲头也),粽向楚江投。菰黍筒包玉,菖牙液满瓯;醉人同白蘗(见楚辞大招),种子拟红榴(石榴多子,俗呼粽子为种子,取其谐音也)。箬叶凭丝里,兰浆仿艾求;溲蒸堪益智(急就章篇,溲米而蒸则为饵,相粘而已,饵即粽也),洗腆更思柔(诗旨酒思柔)。饮食珍时品,登临扫客愁;灵均真不死,酿酒吊湘流。"

　　　　　　　　　　　　　　　　　　　　　　　　　　　(周利成)

天津旧万国桥建造始末

　　如今的天津解放桥历史上曾被称为"万国桥"，位于天津站(旧称老龙头车站)前，横跨海河，是国内开启型桥梁中的典范。万国桥建成于1927年，在此之前，老龙头车站前的海河上已经有一座桥，它位于万国桥以东约100米的旧法租界古拔路和旧俄租界俄国路之间，在万国桥建成之后，这座桥就被拆除了。为了有别于万国桥，人们习惯将这座桥称为"旧万国桥"或"老龙头

Tientsin Settlement Bridge　　　天津万国桥

清末的万国桥

铁桥"。因为与万国桥在时间上有继承关系，位置又很近，所以一般将它视为万国桥的前身。关于它的建造，还要从八国联军侵占天津说起。

建造目的主要是出于军事需要

　　1900年夏，由英、美、俄、德、法、日、意、奥八国军队组成的联军发动了侵华战争，7月14日天津被攻陷，7月30日列强在天津成立了临时政府，其中文名称定为"天津都统衙门"。此后直至1902年8月15日被袁世凯代表清政府接管，天津都统衙门在两年时间里实施了对天津的一系列的统治。都统衙门下设工程局，专司市内道路和郊外公路及桥梁的建设，旧万国桥的建造也在

其中。

根据有关历史资料记载,提出建桥构想的是八国联军首领中头衔最高的法国占领军将军华伦。他1901年6月向天津都统衙门请求提供一笔资金修建一座铁桥,并特别强调是出于战争的需要:"铁桥将两岸连接起来,战争期间有利于防守,平时也便利交通。"对义和团和清军的英勇抵抗仍心有余悸的天津都统衙门很快答应了他的请求:"这桥的确非常必要,愿意承担修建费用。"并马上着手制订建桥的计划。

法国租界工部局唱主角

桥跨两岸,桥的东边是1861年依照《北京条约》设立,并借八国联军入侵天津之机又扩张的法国租界;桥的西边是趁八国联军占领天津正在忙于签约划界的俄国租界。在当时天津的外国租界中,法国租界划界较早,不论是租界建设还是势力范围均强于俄国。在列强的权力博弈中,谁最有实力谁就是游戏规则的制定者。所以当都统衙门将建桥的决定通知法国领事时,法国领事竟然强硬地提出一个条件:如果不把该桥交给法国的里尔第五公司承建,他就对建桥一事采取保留态度,还摆出了法国租界在建桥问题上存在的许多困难。于是都统衙门做出了姿态,答应了法国领事的条件,并定出了相应的条款:天津都统衙门答应承担建桥的费用;桥梁对中外人士开放,并命名为"万国桥";桥梁的规格为车辆主干通道宽6.7米左右(22英尺)、两侧的人行便道各宽1.4米左右(4.6英尺),桥墩间的航道宽20.72米(68英尺);法国工部局可以作主与承包工程的公司签订合同;如果都统衙门解散,此桥将交给法租界管理;在都统衙门执政期间,由都统衙门负责桥的保养及运行。

1902年6月3日,天津都统衙门与法国里尔第五公司正式签订了合同,随后又邀请了一些比较权威的工程师对桥梁方案进行研究。为慎重起见,又特请了法国的科·雅多洋行帮助审查建桥图纸,并付给这个洋行不菲的酬金。除此之外,都统衙门追加了建桥的第一批款项,使其总数达到58.9万法郎,以便这笔款项可以在合同执行的各阶段中分批使用。此外,又在天津的一家银行存入10万法郎备用,对这笔存款的使用也做出安排:当桥基工程竣工后,存款或其余额包括利息,将由法国领事交给中国省政府(直隶省);都统衙门解散后,法国领事有权力继续支付这些款项,如果还有利息或余款,应由法国领事交给中国的省政府。随后就付款之事,都统衙门再次召开会议商议,就具体付款日期作了如下安排:

付款令号	法郎	支付日期
1.桥基设备到货支付15%	78750	1902年9月30日
2.桥基工程完工支付20%	105000	1903年6月30日
3.桥墩和桥台完工支付15%	78750	1903年7月31日
4.金属桥面工厂完工支付15%	78750	1902年12月3日
5.桥面在天津卸货支付15%	78750	1903年3月31日
6.大桥完工支付10%	52500	1903年10月31日
7.保险期到期支付10%	52500	1904年10月31日
合计	525000	

1902年8月1日,都统衙门将旧万国桥的管理权移交给代表中国政府的直隶总督袁世凯。然而到新万国桥建成后拆除旧万国桥前,法国租界工部局一直实际掌控着旧万国桥的管理权。

旧万国桥的管理困难重重

1904年1月8日,旧万国桥正式开放通行,其桥身分3段,共4孔,中间2孔,为平转开启式,中间一段可以开启。它的通航虽然便利了法俄租界的交通,但是桥的管理及修护费用问题却成了各国租界当局的一块心病。

旧万国桥开通后的当年,即1904年,中国当局就要求列强驻津领事团为桥的维修和维护合作解决资金问题。经领事团开会后,决定了各国租界当局及中国方面的分配方案:法国10%,俄国25%,奥匈帝国1%,比利时1%,中国政府15%,英国15%,德国4%,意大利4%,日本10%,铁路方面15%。不承想这个提议一提出,便遭到各国租界当局的反对,这种分摊方案只执行了一年就作罢了,1905年支付的款项全部由法国工部局承担。1906年天津市政当局与天津比商电车电灯公司达成协议，允许该公司的电车通过旧万国桥，这样就可以从比商电车电灯公司获得一份"过桥费"。

1908年万国桥远景

1907年5月25日，津海关道代表中国当局与比商天津电车电灯公司正式订立万国桥管理合同，授权天津电车电灯公司负责该桥的正常运转和通行，并予以良好的养护，其中包括桥面定期翻新与油漆工程。合同中规定了该桥每年所需修缮款项的分摊方和分摊额，即法国工部局500美元，俄国工部局500美元，津海关道500银两（该项银两中包括由中国北洋铁路分摊之款项）。所有重大维修如由于磨损及事故所导致机器主要部件的更换及桥本身损耗所必需的修缮费用，由津海关道、法工部局、俄工部局及天津电车电灯公司共同摊负，每方分摊四分之一。合同中还规定了开桥时间、负责开桥及护桥工人的工资等。从此，该桥可以行驶比商天津电车电灯公司的蓝牌电车。

就这样，从1907年开始，桥的管理及维修费用主要由以下几方承担：法国工部局、俄国工部局、比商电车电灯公司及中国政府。1907年四个出资方的出资额是各500美元，转年升到675美元。各方的出资只能维持桥梁管理及最少的维修需要，而超出维修费用以外的诸如桥的治安及管理等方面的费用由法租界工部局担负，因此各出资方又被追加了款项。

这种入不敷出的局面一直维持着，除了桥的自然损坏，意外损坏如1918年和1924年天津爆发的严重水灾，也不断增加了修桥的费用。到了1924年海河工程局建桥委员会开始招标筹建新的万国桥时，旧万国桥的管理及维修费用是一笔3500银两的借款，天津中方当局答应在旧万国桥拆毁后再偿还。

若干年来，该桥的管理和维修维护的费用来源，一直是困扰社会各界的大问题。其一，各相关方面普遍不赞成更不情愿出资；其二，就出资方来说，各方出费用的多少是很难平衡的,难以让各出资方都满意,只有靠法租界当局出面与有关出资方协调解决,如果一方出现问题,只有靠法租界独自承担其费用;其三,有关资料显示,用于修缮和管理桥梁的3500银两借款,最后还是由中国政府偿还的。造成这种局面的原因,一方面是由于旧万国桥的建立是以达成军事目的和维护租界利益为初衷的,经费必然由军事目的驱使的都统衙门和利益目的驱使的租界方面解决,而政局的动荡不安,以及列强利益的瓜分不均,必定造成经费的搁浅;另一方面是由于旧万国桥的"国际性",它的管理权不受中国政府的控制,也必然导致一个没有法治的一盘散沙的局面。

恰是这些因素,若干年后给了新万国桥建桥委员会一个启示,他们想出了一个较好的办法解决了新万国桥的管理、保养、维修,以及可能发生的大修的资金难题。

（刘　茜）

盛极一时的"蜂窝庙"庙会

　　旧时天津除了城隍庙庙会之外,还有一个非常重要的庙会,就是峰山药王庙庙会。峰山药王庙位于津南洼,离城三十里,始建于唐代永淳二年(683),是一座有着千年历史的古刹。建成后,这座庙不知何时得了个别称——"蜂窝庙",其原名"药王庙"反倒没有人再叫了。

　　在清末民初时期,蜂窝庙是一座香火旺盛的大庙。这座庙建在一个大土堆上,全庙共有三重大殿,坐北朝南,气势恢宏。这座庙有一个与众不同之处,就是没有山门。据说,这是因为在建庙的时候,有一个行脚僧碰巧路过,对建庙的人说:"此庙若有山门,则主不祥。"人们信以为真,果真没有盖山门。到了清代道光二年(1822),有一位姓黄的施主认为寺庙没有山门,是对神明的不敬,于是捐津钱五百千,让人修建了山门。碰巧的是,山门刚刚修好,剩余的材料还没有拉走,晚上一个看守这些材料的更夫吸烟,不慎将山门引燃。这样一来,人们更加相信传说中的行脚僧的告诫了,于是从此没有人再提修建山门的事。

　　蜂窝庙内有一副对联曰"泽加于民,庶几无疾病;援之以手,如见其肺肝",乃是集四书句子而成的,有其巧妙之处。这副对联揭示出了药王的作用所在,那就是治病救人,这也正是人们前来烧香的目的。据说这里是药王孙思邈成真之处,因此供奉的药王特别灵验。别的药王庙中所供奉的药王神像都是白脸,唯有这里的神像是金脸。前来为他烧香的人络绎不绝,尤其是到了农历四月二十八日,因为相传这天是药王的生日,所以烧香活动达到高潮,久而久之,形成庙会。蜂窝庙庙会以四月二十八日为"正日子",但一般每年的四月初就开庙门了,直到月底为止。从十五到二十八这十几天最为热闹。

蜂窝庙里供奉的神明不止药王一位。其第一重大殿除供奉药王之外，还供奉王灵官、雷公、柳真人、药圣、胡六姑、黄三姑、华太爷，还有一位不知名的神仙；中殿供有伏羲、神农、轩辕、观音大士、禹王、天官玉帝、尧王、汤王、仓颉、增福财神、青龙、白虎；中殿东厢殿供奉的是扁鹊、华佗、柳仙、黄大仙、胡二仙、白大仙、大仙爷、二仙爷、三仙爷；中殿西厢殿供奉柳七爷；后殿供奉如来佛、太上老君、孔夫子、弥勒佛、胡大太爷、胡五爷、柳三爷。整座寺庙供奉的神仙总计有近四十位，甚至儒、释、道三家的神仙竟杂处于一座大殿之内。前来烧香的善男信女们，只是怀着治病的单纯目的，并不问自己所跪拜的神仙是哪一家的，在他们的认识里，只要是神仙，就都可以治病。蜂窝庙也是投人所好，所以才添设了这么多的神像，以吸引更多的香客。当时曾有人写诗对香客进行调侃："还愿峰山去进香，人疑季子为萱堂。神前祷告低声语，却是娇妻病在床。"意思是，看到一个人去峰山药王庙烧香还愿，还以为是为了他的母亲，等到偷听了他在神前的祷告，才知道是因为家里床上躺着生病的娇妻呢！

在当时，蜂窝庙庙会可以说无人不知，无人不晓。当时从天津到蜂窝庙，水陆交通均极为便利。若走水路，则从南门雇一艘小船，经过八里台、大任庄、大寺等村，一直到蜂窝庙前下船，全程约四个小时。若走陆路，就更为方便了，可以乘坐长途汽车，也可以雇一辆洋马车或者大敞车，最次雇一辆胶皮车，由南关或下瓦房出发。沿途设有许多茶棚，专供香客们歇脚之用。

在庙会期间，远近各地的善男信女纷纷赶来，庙内香客、游人昼夜不绝，摩肩接踵，拥挤异常。拉洋片的、说相声的，也都纷纷赶来凑热闹。平日冷冷清清的津南洼，此时变成了天津最热闹的地方。小商贩们瞅准了这一

天津皇会

249

难得的商机,在蜂窝庙内外摆起了各种小摊,包括农具、吃食、玩具。其中最具特色,也是最吸引人的,是一种用麦秸编成的玩物,有扇子、枕头、葫芦、草帽、花篮、公鸡、鱼、马乃至舟、车等,用各种染料渲染,五彩斑斓,极为精致巧妙,凡是去蜂窝庙烧香的,无不要带回一个。

在庚子国变之前,附近民众还组织有上百道花会,有法鼓、鹤龄、秧歌、小车会、跑旱船、高跷、少林会、狮子会等。每到庙会期间,大家聚集在一起举办赛会,为庙会表演助兴,更增添了庙会的热闹。经过1900年庚子国变之后,这些花会逐渐解散,蜂窝庙此后也数次遭毁,直到1997年再次重修。重修后的峰山药王庙位于西青区大寺镇王村,占地一万多平方米,由山门、前殿、中殿、后殿、配殿、钟楼、鼓楼组成,殿宇楼阁恢宏精美,是现在天津的一座规模较大、独具特色的寺庙。

(吉朋辉)

金秋菊影遍津门

金秋时节，百花凋零，唯有菊花合着时令姗姗而至。中国文人将其视作品行高洁的象征，金秋相约赏菊，早已成为一种传统。这种传统在20世纪二三十年代的天津仍延续不断。人们种菊、访菊、展菊、画菊、摄菊，金秋时节的天津城，处处菊影婆娑，菊香萦绕，《北洋画报》《益世报》等对此多有记载。

罗园艺菊注重雅致

20世纪二三十年代的天津有许多艺菊名园，如新农园（管园）、王园、玉芳园等。这其中最有代表性的，就是罗开榜的罗园。罗开榜曾任北洋政府的陆军部次长，1926年退休后到天津做起了寓公。他酷爱菊花，任陆军次长时就在北平寓所开辟了菊园，不惜重金广收新种。到了天津以后，他在今天南开大学校址八里台附近买了十余亩地，种菊数千株，号为"罗园"，一时成为津门艺菊翘楚。

一般人种菊，用"杆插"之法，也就是插栽上年的母本生出的嫩枝。罗开榜则用"晒子"之法，通过授粉使菊花结子，来年重新播种。这种方法耗时费力，却容易因变种而出现前所未见的佳品。罗开榜每年种菊三四千株，新品迭出，到1928年，这样的新品已积累至七百余种，能列入上品的也有五十余种。他选择菊花品种，不重植株高大，而是以花的形色新异、株叶匀净为主，所以他的菊花多有雅逸之品，很受文人雅士的喜爱。

罗开榜虽然爱菊，但并非秘不示人，而是乐于与人分享。每年农历九十月间，他都会选择五六百盆佳品置于玻璃房中，任人观赏。1928年11月的一天，

1932年11月10日《北洋画报》刊登《黄华无主》一文，纪念刚刚去世的罗开榜

袁世凯次子袁克文、小说家刘云若、报人王小隐等相携到罗园访菊。王小隐在《北洋画报》上撰文记述这次访菊，这样描述罗园的菊花："屋数楹，自地以达后檐，盆盎累高骈列，霞绮云蔚，皆菊也，度不下七八百种，翠叶金铛，各擅胜致，或以色，或以态，或以韵，或以奇，或以致，澹雅宜人，不觉恍然自失，尘思尽涤。"赏菊之后，他们进行了诗词唱和。袁克文作了一首《踏莎行》，有"黄花亦自绕篱栽，悠然不见南山耳"之句。

南开菊展比赛起名

1921年，南开中学成立了花木委员会，对于菊花的搜罗培植不遗余力，到1929年，菊花的新异品种已经达到三百余种，于是在11月份组织菊花展览，向校内师生及全社会开放。展览在该校大礼堂举行，所陈列的菊花，除了花木委员会精心培育的珍奇品种之外，还有从校外借来的一些珍品。《益世报》报道，这些菊花"其茎之高者能达八九尺，矮可五六尺，朵之大者直径15英寸，小者几乎数分"。展览的过程中，还划出了一部分菊花向参观者出售。

1930年的南开菊展更是热闹。为了组织这次菊展，南开中学特别设立了艺菊委员会,由数名教职员担任委员,一年精力,尽用于此。他们也用"晒子"法,种子种下后,出菊三千余种,新品百余种。11月8日展览开幕,直到16日闭幕,连续9天车水马龙,士女如云。据统计,平均每日参观人数达千人以上。在菊展进行过程中,委员

1930年11月11日《北洋画报》登载南开学校菊花照片

会选出一些尚未命名的新品种,向社会征集名字。各界参与十分踊跃,最终收到了1500多个名字,其中被评选为前三名者为"紫燕双语""紫电吴钩""醉舞春风",前20名每人获赠菊花一盆。最后还以投票的方式选出了"领袖群芳"的菊花10株,前三名是"云林文豹""凤池春色""古彝"。

菊展开幕之日,张伯苓也到场参观。当人们称赞校方栽培有方的时候,张伯苓说:"种自名贵,栽培何有哉?犹之四方来学者,因材而利导之,利导之力有限,要在天赋与自好耳。"栽培菊花就像栽培青年人才,重要的是根据其天赋与爱好因势利导,发挥其优长。张伯苓借菊花的栽培,形象地说明了他"因材施教"的教育理念。

联合菊展别开生面

1929年11月16日,《北洋画报》刊登了一则启事:"同人等共惜芳华,凤耽幽赏,爰邀雅集,期成大观,特于16日起至18日止,于大华饭店举行菊花大会,公开展览。广征佳品,兼罗丹青;貌取丰神,并及摄影。"这是《北洋画报》报社和天津的一个书画社团撷芳画社共同主办的"菊花画影联合展览",将菊花和以菊花为题材的绘画、摄影作品汇聚一堂,别开生面。《北洋画报》对于菊花有所偏爱,每年农历九十月份,都会有关于菊花的报道,并数次开设菊花专页,对于津门菊事颇有提倡鼓吹之功。此次展览就是出于推广菊花的目的。展

览对外开放，不收门票。

1929年11月23日《北洋画报》"菊影专页"报道"菊花画影联合展"

　　《北洋画报》社和撷芳画社为了办好这次展览，向津门各菊园主人征求展品，最终得菊花四十余种，罗园、南开中学都有珍品送展。在丛菊环绕的展厅墙壁上，悬挂着此次展览真正的主角——书画和摄影作品。除了撷芳画社提供的国画作品一百余幅，陈恭甫、林向之、苏吉亨等津门绘菊名手都有作品参展。这是一次中西合璧的美术展览，绿藻美术会中坚分子送来了西洋画作品18幅，有水彩、粉彩、油画，让展览更加琳琅满目，美不胜收。菊花摄影展品也相当丰富，有摄影家同生的着色菊花摄影18幅、北画主人作品10幅。绿藻美术会摄影班送展的摄影作品45幅，取意之奇、布光之得当，令人叫绝。林森森的"配物摄影"最令人印象深刻，其中一幅，是一枝被弃置于废水桶及夜壶旁的残菊，取名"谁怜"。这次展览非常成功，每日参观者超过千人。

　　当时见诸报道的菊花展览还有很多。日人田村俊在其所开设的东亚医院里广植菊花，花朵肥大艳丽，姹紫嫣红，生机勃勃，不重淡雅飘逸，每年秋季任人参观。1930年10月底，中原公司曾举办楼顶菊展，但每人收费五分，记者评曰："以营业手腕，乘机聚敛，固属货殖本色，然而未免大伤风雅矣。"

（吉朋辉）

民国时代天津的"集团结婚"

　　婚礼,可以在一定程度上展现一个国家、一个城市的时代风尚。20世纪二三十年代,在上海、北京、天津、广州等大城市中,受西方文化的影响,很多人选择用证婚、鞠躬、交换戒指等新的礼仪替代"拜天地""入洞房"的旧风俗,并称之为"文明婚礼"。30年代中期,国民政府发起一场"新生活运动",提倡"整齐、清洁、简单、朴素、迅速、确实"的日常生活,这个运动与"文明婚礼"风尚相结合,"集团结婚"就应运而生了。1935年2月7日,上海市社会局组织了中国第一次集团结婚,那种隆重而又简朴的形式很快就吸引了天津人的眼光。

天津青年会首倡

十五日天津青年会主办集团结婚九双新夫妇与市长张廷谔前市长张廷谔、社会局长郭庆澜,青年会会长雍剑秋合影○天津同生摄

天津青年会主办的第一届集团结婚合影(《北洋画报》1935年6月18日)

　　天津的集团结婚,是由天津基督教青年会首倡的。1935年4月,青年会在报上登出集团结婚的报名启事,只要是有正当职业的本市公民,男子年满20

岁、女子年满18岁,有正式订婚手续,经过青年会会员二人以上介绍就可以报名。为了防止出现骗婚、重婚等非法行为,要提前两周把新人的姓名、履历在各大报纸公布,让其远近亲友皆知。集团结婚的宗旨是提倡婚礼的简朴、节约,参加者只需缴纳10元费用(青年会会员缴纳5元),远低于自办婚礼的花费。但因为集团婚礼是个新生事物,到婚礼开始之前,共有10对符合要求的新人报名,其中一对因病未能参加,所以天津第一届集团结婚实际参加的新人只有9对。

报名的不踊跃并没影响筹办者的热情。1935年6月15日,集团婚礼如期在宁园举行。这个当时天津首屈一指的游览胜地被装扮得喜气洋洋:园内树上悬挂了很多火红的双喜字,礼堂内悬挂大双喜字,礼台上方悬挂"同心"9颗,象征9对新人永结同心。这个新鲜的婚礼吸引了数千观众,因为没有观礼券而被拒之门外的人不计其数。新人们身着统一服装,新郎是天蓝色长袍、玄色马褂,新娘是米色礼服、白色头纱。在东马路青年会装扮完毕后,每对新人乘坐一辆汽车前往会场。当时一般结婚所用汽车都要装饰得花花绿绿的,而集团婚礼的汽车只在车顶系一根红色绸带,喜庆而朴素。下午三点,婚礼正式开始,由两位女士持纱灯导引新人缓步进入礼堂,登上礼台,排列两旁;然后证婚人天津市代市长商震、社会局局长邓庆澜、青年会会长雍剑秋先后致辞,并宣布新人的姓名、履历,新人交换戒指;随后商震授予婚书,新人接受婚书,退一步鞠躬,婚礼就算完毕。比之于烦琐的旧式婚礼,这样的仪式的确堪称简洁。

这年的10月12日,青年会又在宁园举办了第二次集团结婚,这次报名的新人只有6对。但是青年会仍然筹办得非常认真,安排了童子军站在门口,遇有戴着帽子的,就说:"请您脱帽。"新人虽少,观众却不比第一届少。当新人们从作为休息室的宁园球房出发,沿宁园著名的长廊走向礼堂时,立刻被看热闹的人们包围了。新人在礼堂台阶前停步让摄影记者拍照的时候,新娘们离看客仅二尺左右,像古玩一样被"鉴赏"了个仔仔细细,个个被看得面红低首,新郎们见此情形,都急得满身是汗。直到婚礼结束,门外的那些无券人士仍在"虎视眈眈"。这次的证婚人是市政府秘书长孙润宇,他在致辞时说:"将来若是美满,不必骄傲;若是不合适,不必太灰心。"言外之意,合适了就在一起,不合适了还可以分开,这是对从一而终的旧婚姻观念的"公开挑战"。

天津青年会主办的第二届集团结婚合影(《北洋画报》1935年10月15日)

天津市社会局接手

　　1936年10月27日,青年会在宁园礼堂举办了第三届集团结婚,参加的新人达到15对。也许是看到了集团结婚越来越被人们接受,1937年天津市社会局就开始接手了。这年的5月22日,社会局主办的第一届集团婚礼举行,地点仍然是宁园。仪式过程与之前大同小异,但主婚人市政府秘书长马彦翀的演讲让人耳目一新。他说,一般人对于集团结婚不热情,是因为觉得这种婚礼不阔绰,实际上集团婚礼是最阔绰的:第一,地点好,宁园之优雅胜于所有的饭店;第二,来宾多,

1937年5月社会局主办的第一届集团婚礼新娘在化妆间(《北洋画报》1937年5月25日)

个人婚礼很难会有几千位来宾；第三，音乐好，这次的集团结婚，做配乐的是号称"全国第一"的市政府乐队；第四，排场好，上至市长，下至社会局职员都来帮忙，对个人婚礼而言这是不可能的。这对于集团结婚无疑是个不错的宣传。

天津市社会局的集团结婚由于抗战而中断。1945年12月，社会局正式出台了《天津市市民集团结婚办法》，拟定每年四季共举行四次集团结婚，且将参加者的年龄放宽到男18岁、女16岁，婚礼一概由市长、副市长或社会局局长作为证婚人。1946年4月，社会局开始筹备抗战后的首次集团结婚，天津市政府专门批给国币18万元作为经费。与之前的婚礼不同的是，这次增加牵纱的女童，是社会局专门向教育局"借用"的市立第五小学女生。为了接送这些女生，社会局还向市政府总务处借了一辆大汽车。由于宁园在战火中遭到破坏，婚礼的地点改在了中国大戏院。

1946年9月12日，社会局主办的秋季集团结婚盛况空前，共有55对新人参加。证婚人有两位：副市长杜建时和社会局局长胡梦华。杜建时身着全副陆军礼服，胸前满佩勋章，和胡梦华都戴着一朵大花和"证婚人"绶带，显得十分隆重。55对新人手捧鲜花，新郎一队，新娘一队，在司仪的引导下依次上场，然后对面而立，一对一三鞠躬后交换戒指，由杜建时发给结婚证书。由于人数众多，这次婚礼状况百出，闹了不少笑话。有的新郎因为紧张失措，在台上迈起了方步；有的鞠躬幅度太大，脑袋都快碰到地面了；有的鞠完躬头脑发昏，转错了方向。有一对新人从来没有见过对方，伴娘、伴郎询问了半天才把他们"配对"成功。

在政府的提倡下，集团结婚渐成风尚，12月24日的冬季集团结婚又有31对新人参加，而1947年的春季集团结婚，参加的新人达到66对。这年的12月11日，天津市社会服务处主办了天津市最后一次集团结婚。值得注意的是，除了最后一次外，历次集团结婚的时间都是在下午，这一点与天津婚礼的传统还是相契合的。

（吉朋辉）

民国天津市的"公开游泳赛"

1927年,南开大学校长张伯苓发起成立了天津体育协进会,由章辑五担任会长。该会志在提升国人的竞技体育水平,所以成立后在天津组织了很多体育赛事。其中最引人注目的,当属游泳比赛。这项比赛名为"天津市公开游泳赛",每年8月份举行,从1929年到1933年连续举办了五届,《益世报》《北洋画报》等报刊每年都会做报道。

第一届比赛于1929年8月26日在南开中学游泳池举行。当天虽然阴云笼罩,冷雨嗖嗖,但仍没有挡住人们的热情。参赛者三十多人,身穿游泳背心,个个精神抖擞;数百

天津游泳比会赛上之十五米决赛(上)戴沈截浮之
○摄章鼎○　　　(下)士女慈合蔡
50 meters competition in the Tientsin Open Swim Contests
and Miss Amy Tsai in swimming

《北洋画报》1930年8月14日报道南大坑游泳比赛

名观众齐集游泳池旁,时任天津警备司令的傅作义也亲自到场观看。此次比赛设男子50米、100米、200米、400米等项目,泳姿包括自由式、仰式、蛙式等,从下午3点一直比到了7点,开天津游泳运动风气之先。

这个比赛被命名为"公开游泳赛",所以"公开"是它的一个最大的特点。为了能招徕更多的观众,扩大影响,在五届比赛中,有三届是在天然水域里举行的,堪称"野外游泳赛"。当时天津南开大学南面紧邻一片湖水,天津人称之为"南大坑",坑南又有一片水相连,被称为"青龙潭"。这两片湖水离城不远,岸边有绿柳环绕,芦苇丛丛,野趣盎然。每到夏天,这里都会成为天津人的避暑胜地。人们有的在湖边散步,有的在湖中泛舟,尽情享受水面上清凉的微

(一其)者泳游習練之中湖近附學大開南
The swimmers playing near Nan-Kai University (1)

南大坑练习游泳者

风。在人造公共游泳池还没有普及的20世纪30年代,这里成为游泳爱好者的乐园。《北洋画报》1930年8月10日刊登了三幅照片,照片中一群青年男女身着泳装,驾船在南大坑中练习游泳。其中一张照片上,一个小伙子从船上一个前空翻跳入水中,可以看出玩得十分开心。第二届天津市公开游泳比赛的赛场就选在了南大坑,而第四、五届比赛则是在青龙潭举行的。

《北洋画报》对1930年8月17日在南大坑举行的第二届比赛做了专门报道。由于事先做了宣传,这次比赛的观众呈现爆满之势,附近的所有客船都被租来观看比赛。平日里都是船主求客人,那天却是客人求船主,即使涨价也在所不惜。有的人租不到客船,就找来了运土泥的货船。南大坑附近的居民,不分男女老少一齐出动,把坑岸围了个密不透风。记者估计,当日的观众足有1500余人。

参观船泊在坑中心的比赛场周围,形成一座长50米、宽25米的游泳池。赛场两端用木板做成跳台,各种旗帜迎风招展,积善社的军乐队也受邀前来,在观众的欢呼声中奏乐入场。一时军乐声、观众的欢呼鼓掌声相呼应,热闹非凡。此次参赛者有32人,个个身材魁梧,皮肤黝黑,人们称之为"健康色"。比赛项目比第一届更多,有50米自由式、100米仰泳、200米蛙式、400米自由式、200米接力,尤其是增加了难度更大的1500米自由式,对选手是一个挑战。这次比赛还设立了"入水跳"项目,比赛结束后,组织者将各种游戏玩具还有垒球等抛掷到水中,运动员们跳入水中互相争夺嬉戏。比赛在欢乐的气氛中结束。

在体育协进会的努力下,天津公开游泳赛的选手成绩一届比一届好。在1930年的第二届比赛上,1500米比赛第一名杜炳贤34分2秒的成绩与当时的全国纪录只差一分钟。到了1933年的第五届比赛上,200米蛙泳的冠军董景纯以3分22秒的成绩打破了3分28秒的全国纪录。成绩优秀的选手会得到奖杯、奖品。奖品多来自社会各界的捐助。1933年举行第五届比赛时，张伯苓捐助了一座银杯，天津水上公安局局长捐助了一面银盾，专门奖励1500米第一名。而其他参加1500米的选手，只要游完全程，就可以得到一件白色背心的奖励。

　　由于种种原因，比赛中少有女选手的身影。第一届比赛曾设有女子项目，但在开赛之前临时取消了。第二届南大坑的游泳比赛原定有梁佩瑶等女子表演，开赛前她们还曾在水中做练习，但最终由于时间限制而取消。不过比赛过程中，赛场之外还有些"水上票友"游泳助兴，其中就包括津门名媛蔡令辉、蔡令媛姐妹。她们穿着鲜艳的泳装，不时靠近群舟游泳，为比赛增色不少。1931年的第三届比赛中终于有了女选手的身影，共2人，一名白永珍，一名狄莉莉，参加项目为20米自由式和30米自由式。她们都是业余选手，年仅十三四岁，比赛时有两名男队员左右保护。比赛的结果是狄莉莉获胜，得到了一座大银杯的奖励。此次女子比赛虽然只有两名

《北洋画报》1931年7月23日报道的南大坑游泳比赛盛况。右上为13岁的女子冠军狄莉莉。上为沿坑之观众，中为发令船，下为1500米比赛

选手，而且水平"仅能缴卷而已"，但不可不视作开风气之先的创举。遗憾的是此后的第四、五届比赛都没有设置女子项目。

　　第三届比赛还有一个亮点，就是参赛的青光游泳队组建了自己的啦啦队。啦啦队队员有男有女，女子居其大半。不管男女，都头戴花色新奇的小帽，以唱歌来为自己的队伍加油打气。但因为女子占多数，并没有达到预想中的效果，记者描述道："但闻呖呖之声发自水上，以言壮军威则不足也。"

（吉朋辉）

老天津的冰上娱乐

旧时天津冬日，由于气候的原因，没有什么雪上娱乐活动，但水面也能够结冰，因此历来有冰上娱乐。传统的方式，有一种冰排，或称"冰床"，以木制成，形如去腿的床，上面能够容纳两三人，需有人用长杆撑着前进，因此比较费力，而且人坐在上面动弹不得，在冬日的寒风中会觉得冷不可耐，因此并不太受人欢迎，更多地被用来作为交通工具。

近代以来，西方的滑冰方式传入天津，由于需穿着特制的刀式冰鞋，因此这项运动被天津人称作"滑冰鞋"。当时天津人称跳舞为"跳琴"，是出于同样的语言习惯。滑冰流行起来以后，天津出现了多处滑冰场。

天津的滑冰场

20世纪二三十年代，天津最繁盛的滑冰场是英租界英国球场内的"溜冰俱乐部"。其冰场是在铁架席棚内人工浇水冻结而成，分一大一小两部分，小的专门给儿童及初学者滑冰用。由于冰面光滑平整，且可以避风，比较温暖，因此价格较高，每次1元，季票15元。尽管如

旧俄国花园冰场照

此，由于这里交通便利，滑冰者颇多，其中包括很多华人。特三区（原俄国租界）旧俄国花园冰场是由湖水冻成的天然冰场，面积更大，人们可以滑得更尽兴，且价格要比英国球场便宜一半。但由于这里相对偏僻，所以华人不多。这个冰场有一点比较好，就是在冰场中设了一些木椅，椅子腿上镶着防滑的铁片，供初学者扶靠之用。

1930年位于河北区的天津公共体育场落成之后，每年也开设滑冰场，票价仅每人1角，十分便宜。此场地每月举行溜冰竞赛一次，场内还设有冰球场，是比较专业的冰上运动场地，1936年曾举行冰上运动会。此外，1933年冬英租界马场道西湖饭店后孙家花园设溜冰场，名为"南湖溜冰会"。南开大学、北洋大学、南开中学等学校水面在冬季也常常被用作冰场。这些冰场都对外开放，青年男女们在其中或滑冰，或打冰球，享受着风驰电掣的乐趣。而最有意思的冰上娱乐项目，非"化装溜冰"莫属。

南开大学化装溜冰会

滑冰运动传入中国后，不知从什么时候开始，人们喜欢在滑冰的时候把自己装扮成各种角色，堪称中国早期的"模仿秀"。这项娱乐活动在华北尤其是平、津地区以及东北大城市非常流行。1931年2月，《大公报》在南开大学秀山堂前的湖中举办了一次"全市化装溜冰大会"。是日天降大雪，但溜冰会仍照常举行，参加的溜冰者五六十人，观众一二百人。《大公报》的不少名人到场，比如大名鼎鼎的副刊《小公园》的主编何心冷，当天晚上就要南下，但仍抽时间来参加。

大会开始后，南开大学最活跃的学生、绰号

南开大学秀山堂前全市化装溜冰大会

"海怪"的严仁颖自告奋勇做了发令员。随着他一声令下,参加者们冒着雪,手拉手开始在冰面上展示着各自的化装杰作。他们扮演的角色穿越古今中外,看起来真是五光十色。有化装成卓别林者,有手打"西方接引"幡而披麻戴孝者,有小孩扮演成日本小老头者……冰场上一共有三位女性,吴佩球、吴佩珉姐妹一位全身黑色,上面画了个人的骨架;另一位则全身朱红,变成了武侠小说中的青年侠客。还有一位陈姓女士,用报纸为自己剪裁了一身服装,人送绰号"新闻小姐"。南大校长张伯苓的四公子张锡祜身高两米有余,却偏偏化装成了一个女郎,腿高如鹤,被观者戏称为"摩登大娘们"。最后评出了前六名优胜者,吴佩球得了第二。获得第一名的金桢弼装扮了"卖烧饼的",像戏曲丑角那样在鼻子上涂了块白灰,胳膊上挎着一个篮子,身穿打着补丁的旧式布袍,惟妙惟肖。几天后,南开中学又举办了一次化装溜冰会,这次严仁颖化装成圣诞老人,不但下场溜冰,还得了第一名。

国难中的北宁溜冰会

　　1932年1月31日,北宁路局在宁园举行职员化装溜冰会,有170余人参加溜冰,其中有刘姓一家兄弟姐妹5人参加,最后连观众共来了500多人。这次的化装溜冰者们也没有让观众失望,化装花样翻新,甚至有不少人为了追求

(左至右)月松吴·瑞与汪·生德李·翔永麦·瑜与汪·慈永麦之上会运冰

1935年1月宁园冰运会照片

化装的新奇,不惜在寒风中裸露肌肤。比如有一个扮演哪吒的,身穿荷花纸衣,露出的两腿、两臂涂成绿色,让场边观众直呼"不甚人道"。这次溜冰会设了技术比赛,为拾土豆、托鸡蛋两项,其中托鸡蛋难度尤其大,飞驰的溜冰者手上的鸡蛋纷纷滚落,极少有能顺利完成的。

　　然而就在三天前,日本人在上海发动了"一·二八"事变,溜冰会当日,上海正处于日军炮火之下。为了表示没有忘记国难,组织者在场内张挂了一副对联:"何必冰渊始警惕,应从冷处决争先。"溜冰会开始前,全体为死难同胞默哀三分钟。有一位溜冰者,把自己化装成东三省流民,全身缟素,高高的帽子上写着"还我河山",还有人装扮成受伤的中国士兵。但这些很快就完全被淹没在现场热闹喧阗的氛围中了,因此引来了不少的批评。《益世报》对这次溜冰会的报道,第一句就是:"国难紧急中,北宁体育会在该园溜冰场内举行盛大化装溜冰大会。……两岸观众,尽被迷醉,几不知目前尚有亡国之危机。"《北洋画报》主编吴秋尘的批评更为激烈,对于将溜冰与抗日联系起来尤为反感。他讽刺场内的那副对联说:"要说冷处,我以为东三省最冷,大家为什么不到那儿讲争先去!"他批评那个扮东三省流民的溜冰者说:"扮一个'东三省孤哀子',就会把民气鼓励起来了吗?"这次溜冰会虽然热闹,但的确有些不合时宜。此后直到全面抗战爆发,宁园每年都要举办溜冰活动,1935年、1936年还曾经举办冰上运动会。

(吉朋辉)

天津城的菜盐与牌盐

在长芦盐区内，天津城和大部分地方不同，从设卫建城直到乾隆十七年（1752）的大部分时间里，并不销售引盐。这是因为天津城不远即有盐场，河东又有盐坨，购买十分方便。为了避免有人以购买食盐为名行贩卖私盐之实，天津城先后采用过"菜盐"和"牌盐"两种特殊的售盐方式。这两种方式，为我们揭开了清代天津百姓日常生活"开门七件事"中有关于盐的一角。

菜　盐

菜盐也就是腌菜所用的盐。每年秋后是北方人腌菜、制酱以备过冬的时

右行天津衞

者即槩拿觧院究除本院亦差役巡查外倘
该衞衙役有窎故縱容等事察出定行嚴拏究
處该衞亦有未便毋違速违

發買領其手本過河即徼毋得重複牔算售
多撥人役在於鹽坨等處津城内外各街巷口
稽查如遇有不法之徒重複登買及私收窩頓
地邀照定期按口計鹽慎焉投遞手本以便批
票仰該衞官吏照票事理文到即速傳諭該郷
人丁煩多恐滋弊端合飭多撥人役巡查爲此
日批放兵役士商菜鹽計口批鹽二斗五升世
六十七三日批放開津居民菜鹽十八百十五兩
送到院本院槩委青州分司定於本月十五
雍正二年十月十一日鹽院莽
照得批放菜鹽已據該衞將入厂戶口造册呈

為微知事
批放菜鹽

右行各州縣

本院開誠布公之意也各宜懍遵
催帶銷全完從此年銷方副考成庶不貟
以裕　周課而盡職守也嗣後二年之内將積引盡力督
以靖地方嚴私販卽所以督引目趁商囤即所

雍正二年（1724）十月十一日长芦巡盐御史莽鹄立《批放菜盐檄》（雍正《新修长芦盐法志》）

节,家家户户都需要大量的盐,这也是盐商们卖盐的黄金时节,被称为"菜秋",全年的引盐销量能不能达到预期,菜秋这一季至关重要。天津人的菜盐直接到盐坨购买,这是天津人一年之中唯一一次买盐的机会,所以他们必须买够全年的用盐量,包括腌菜和食用。

天津发放菜盐有着严格的程序:先由天津地方官府将人丁户口造册呈送长芦巡盐御史,再由巡盐御史委令天津分司按册在盐坨发放,日期一般在十月中旬,连放五日,每丁口批给盐二斗五升。这些菜盐与盐引无涉,由盐商额外运销,无须缴纳盐税,所以价格极低,一斤不过一二厘白银,而引盐的售价则都在一分白银以上,差不多相当于菜盐的十倍。这大概是天津普通百姓最切身的一点"区位优势"或者说是"特权"。

菜盐与引盐之间的差价如此之大,难免会使贪利者产生觊觎之心。如果有人购买后囤积起来,再私自向销售引盐的地区贩卖,对引盐的冲击必定十分严重。所以每到放菜盐的时节,天津的地方官和盐务官员就会高度紧张起来,提前数日就开始谋划布置,给人以如临大敌之感。雍正二年(1724)巡盐御史莽鹄立指挥的菜盐发放就很具有代表性。这次放菜盐的日期是十月十五至十九日,前三天发放阖津居民菜盐,后两天发放兵役士商菜盐。十一日,莽鹄立便通知天津卫署,到放菜盐时须多拨人役巡查盐坨、维持秩序,并在天津城内外各街道巷口稽查,如果查到有不法之徒重复购买及私自收买窝囤的,立刻锁拿;同时他又移会天津镇总兵,请其派兵于放菜盐之日在天津城内外及沿河一带严行稽查。这样一来,天津为发放菜盐动用了巡盐御史署、天津卫及天津镇三股力量,城内外到处都是稽查菜盐的兵丁和差役。

菜盐从清初开始实行后,久而久之,天津人就把食用廉价盐视为理所当然。但当时的天津已经是"商人聚凑之处,户口繁多",朝廷不愿意浪费这里潜在的盐税额度。康熙十七年(1678),由于长芦引盐滞销达六十万斤,需要将这些盐分销到各引岸消化,朝廷便以此为契机在天津设盐引四千道,年征收盐税一千八百九十余两,但天津人习惯了价格低廉的菜盐,引盐根本卖不出去。天津地方官和盐务官为了完成征税任务,将引盐按丁口强派给天津百姓,搞得民怨沸腾。

康熙二十九年（1690）三月，直隶巡抚于成龙和长芦巡盐御史江蘩联合上疏，说如果再这样发展下去，"虽天津衿民咸有公输之义，第恐日后丛弊滋扰，事难经久"。他们打算屈服于天津的舆情，户部却不愿意放弃已经到手的盐税份额，说这四千道盐引行之已久，不可取消。然而让人意想不到的是，康熙帝驳回了户部的质疑，下特旨免除了这四千道盐引中的三千三百道，剩余的七百道也被疏销到静海去了，天津城的百姓仍然食用廉价的菜盐，直到乾隆元年（1736）被牌盐所取代。

牌　盐

所谓"牌盐"，是清廷推出的一项抚恤平民的措施，即允许居住在盐场附近的六十岁以上、十五岁以下老少贫民，及少壮有残疾、妇女年老孤独无依者，在向官府注册后得到特许腰牌，就能以肩挑背负的方式贩卖食盐，借以维持生计，但不得采用其他方式运盐售卖，且每人每日限购运四十斤。这项政策在全国各盐区都有施行，长芦盐区从乾隆元年（1736）开始由直隶总督李卫、长芦巡盐御史三保奏准实施，其销售范围包括出产食盐的十三个州县，天津城自然也在其中，菜盐从此"永行革除"。牌盐的价格比菜盐要稍微高一些，但也远远低于引盐，所以没有遭到天津百姓的抵制。

然而盐商们对牌盐的意见却很大。菜盐只是在不设引盐的天津城范围内销售，牌盐却可以在盐商们的引岸销售。按照朝廷的预估，数量有限的老少孤残者能够背负的牌盐不足以冲击引盐，但这项政策在施行不久后就失去了控制。一些不法之徒将老弱贫民贩来的牌盐收买下来，再囤积转卖，牟取暴利；还有一些人借老少名目重复混卖，或者串通灶户行私，数额盈千累万。一旦被拿获，又以老少牌盐为借口，百般抵赖。几年下来，"官引日见难消，私枭日甚一日"，盐商们能赚到的利润自然也就越来越少了。乾隆九年（1744），长芦巡盐御史伊拉齐将这种状况上奏，结果滦州等五州县的牌盐被废除。

乾隆十七年（1752），天津牌盐的废除也被提上了议事日程，但遭到天津百姓的强烈反对，因为朝廷的计划是以引盐来取代牌盐，而且天津引岸将被

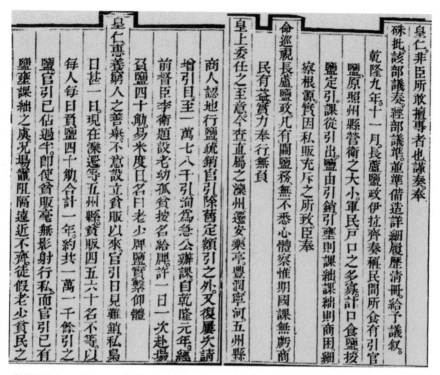

乾隆九年(1744)十一月,长芦巡盐御史伊拉齐报告牌盐影响引盐的奏折(嘉庆《长芦盐法志》)

交给盐商王至德经营。这位盐商在天津百姓中的声誉极为不佳,大街小巷很快出现了这样的传言:官府裁撤牌盐,是为了让王至德开设盐店,好垄断天津的盐业以牟取暴利。关于王至德与盐官之间亲密关系的传言也甚嚣尘上,有人说盐政吉庆和王至德同宗,有人说运使卢建曾与王至德亲厚。再加上王至德平日行为即不检点,有"积惯贩私之迹",所以各类浮议层出不穷。

为了避免发生混乱,朝廷规定天津改行引盐后的盐价仍保持牌盐的价格,即每斤卖小制钱五文,比其他州县的最低盐价还要低。以这样的盐价,王至德做的是赔本买卖。朝廷向王至德承诺这只是权宜之计,王至德这才暂领了天津的七百道盐引,大家所吃的还是和以前一样的贱价盐。然而民众的担心并没有因此立刻消失,他们不相信王至德会一直维持这么低的盐价。乾隆十八年(1753)四月,有一个名叫金国英的武举印制了一些传单在天津街市散发,声称要筹款将五文钱的盐价刻在碑上,作为盐商售盐的警示,并且不许查拿到天津来售卖的私盐。天津府知府熊绎祖将此事禀告给直隶总督方观承,认为金国英是在借机敛财。方观承饬令将金国英拿获监禁,斥革了举人的功名,照棍徒办理,天津市面这才安静下来。

当然王至德是不甘心做赔本买卖的,他"屡次请呈,不愿行销",最终政府作出让步,将天津县作为公共口岸,选商轮流办理,递年更替。为了提高盐商的积极性,规定除额引七百道照例缴纳盐课外,天津城范围内所销售的余引免于缴课。乾隆三十七年(1772),武清引地改为公共口岸,并于乾隆五十年(1785)与天津口岸合并,是为"津武口岸"的由来。

（吉朋辉）

老天津的夏日冷饮

炎热的夏天来杯清凉的饮料是再舒服不过的了。不只今人如此,在民国时代的老天津,每到夏热难耐之时,各式各样的冷饮也会成为人人喜爱的消暑佳品。

传统解暑饮品

天津本地最好的解暑饮品,非酸梅汤莫属。酸梅也就是乌梅,开水煮后加入白糖、桂花,冰镇后酸甜清爽。旧时天津每到夏季,糖果店都会自制酸梅汤出售。北门外裕顺斋的酸梅汤最受欢迎。其甜度及桂花香味适中,盛在一套唐三彩松花缸里,镇以天然冰块,酸甜爽口,让人欲罢不能。一般摊贩卖酸梅汤,架起白布凉棚,手中持一冰盏,铜制,形似大号酒盅,不断敲击发出"滴答滴答"的清脆响声,只听这响声就让人有清凉之感。20世纪30年代,西马路一带这种酸梅汤小摊最多。但酸梅汤毕竟用料多,价格较高,一般下层劳动人民喝每碗一分钱的大碗茶也能消暑。

老天津还有一种消夏食品,名"红果酪"。红果,也就是山楂,去核去皮后煮烂,加白

清末天津街头的冷饮摊

糖、桂花冰镇，就制成了红果酪。天津河北大街鲜活店周起泰制作红果酪，在木槽子里配料，冰镇后盛在朱红色上釉瓷容器里，又好吃又好看。

汽水与果汁

天津开埠后，西洋人的冷饮开始进入。1900年，英国人创办了"天津万国汽水股份有限公司"，专做汽水。该厂生产的汽水为瓶装，瓶口以一个玻璃珠塞住，喝的时候把玻璃珠捅到瓶子里。汽水以柠檬酸加气制成，味道酸甜可口。1902年，因山海关水质优良，该公司于此处设厂，1905年更名为天津山海关汽水股份有限公司，自此"山海关"成为北方响当当的汽水品牌。到了二三十年代，天津的汽水工厂已增加至十多家，山海关汽水则已经发展成系列品牌，有橘子汽水、柠檬汽水、咖啡汽水，甚至有在今天也方兴未艾的"葛瓦斯"（发酵）汽水。

1933年7月《北洋画报》冠生园冷饮广告

汽水有了，果汁也不能少。请看《大公报》1929年7月17日这则广告："本公司所制各种果子露系用科学蒸馏方法，将各种果汁提其原汁，完全天然，解暑生津，诚为夏天之最良饮料也。"这是冠生园公司刊登的"果子露"广告，实际上就是果汁。另一个公司的饮料广告更加诱人："取十四种天然果汁，精密配制而成一种饮品，怡悦齿颊，培养精神，佳美无比。"再看这果汁的名字，竟是如雷贯耳——可口可乐！原来早在1918年，山海关汽水公司就与美国可口可乐汽水公司达成协议，成为天津乃至中国北方地区独家制售可口可乐的企业。这则广告除了渲染饮品的美味外，还强调了饮品的卫生："其瓶监制最为卫生。开饮之时，清洁无比。"而且还有防伪措施："认明瓶样或瓶盖为记，谨防伪品冒充。"山海关汽水厂也出品各种"山海关"牌果汁，菠萝、橘子、杨梅、樱桃、苹果、柚子，应有尽有。

冰室里吃冰激凌

夏天最能消暑的东西,自然是冰。天津自古有窖冰的传统,冬天把冰从河里取出来存贮在窖里,夏天拿出来使用。但河冰毕竟不能入口,只能用来存放物品。中国第一家冷饮厂1927年出现在上海,到了30年代初期,天津的食用冰制品已经非常普及了,"冰激凌"成了司空见惯的东西。最初冰激凌比较简单,不过以桂花汁与白糖水冻结成冰碴而已,此后又有牛奶冰激凌、水果冰激凌,种类日渐丰富。30年代初,天津制冰激凌最佳者为冠生园、大三元、福禄寿三家。福禄寿公司制作的冰激凌,加入桃仁、瓜子、青梅丝等果料,别有风味。美国公司专门为跑狗场、电影院等处制作的冰激凌,以硬纸圆筒盛之,奶油与杨梅冰激凌各具其半,呈太极图形状,并配一把木质小勺。还有一种盛在方形小盒里,内以锡纸包裹奶油馅冰激凌,乍一看形似肥皂,打开食用,一下子让你冷到牙齿根儿。日本冰铺最拿手的是红豆冰激凌,甚至有西瓜味的红豆冰激凌,别具一格。

由于夏天冰激凌大受欢迎,各大饭店、旅馆、娱乐场都会把冰激凌作为招徕顾客的"撒手锏",甚至设置专门的冰室。比如天祥市场后门的"水晶宫",美丽川菜馆隔壁的"冷香室",中原公司的"饮冰室""茶香室",还有天凉时卖饭菜、天热时专门提供冷饮的"北冰洋""露香园"等。这些冰室中的冷饮种类繁多,最多的达16种,瓜果梨桃无所不备。一般每份一毛钱,贵的也不超过两毛五。三五好友约集了去大吃一顿,所费也不过一两元而已。如果想吃点可以果腹的,冰室还会提供茶点,面包配着黄油、果酱加汽水。

1930 年 7 月 22 日《北洋画报》冷香室广告

除了在饮食上下功夫,这些冰室的主人们还想了些新花样。日租界有一家日本冰店,主打"野趣"牌。因其地处海河岸边,于是因地制宜,用苇席作为篱笆围成小院,面向海河,中有小室一间,室内遍悬淡青纸灯,设有桌椅,夏季

1934年7月《北洋画报》
中原公司"茶香室"广告

每天日落后出售冷饮。在所有冰室中,客人最多的是冷香室,这要归功于老板请来的三个女招待,人称"一号风流浪漫,二号徐娘半老,三号大家闺秀",引得男顾客频频光顾。

在当日,冰室之盛已经成为夏天一景。人们聚集在此闲谈消暑,一待就是几个小时。某票房甚至把冷香室作为活动基地,包下一间雅座,每日在里面"浅斟低唱"。每到夏夜,冰室里明灯盏盏,人影幢幢,扎扎的敲冰声、鼎沸的喧笑声,让冰室成为夏天最热闹的去处。冷香室的三位女招待引得观者如堵,老板不得不用白纱幔将门窗挡住。然而仍有人从纱幔空隙向内张望,于是又迁址至隔壁,设雅座四间,以黄栏白幕相隔,才免去了看客的打扰。

小贩卖冰棍

去冰室消费的多是摩登男女,一般平民百姓想要吃冰激凌的话,可以找沿街售卖的小贩。这些小贩所卖的冰激凌多装在用饼干制成的牛角形杯里,花样自然比不上冰室。还有一种"冰棍",其制法从冰激凌脱胎而来,在直径寸余的小铅管内注入糖水,中间插上竹签,置入冰箱之内,半小时后即可凝结成形。然后再将铅管放入冷水中,即可将冰棍抽出了。这种冰棍的价格很便宜,一般售铜圆四枚或两枚,短衫帮及小学生都可以买来吃。

1934年一入夏,天津市特二区的夜市里有一个小贩推着冰箱车售卖汽水、酸梅汤,兼做冰棍,每根铜圆四枚,一天下来可以赚三四元,足可养活一大家人。有两个人见他赚钱多,也各自购置小车冰箱前来制售冰棍,但所制冰棍较小,每只仅卖铜圆两枚。于是夜市里形成"三车竞争"的局面。但这种局面仅维持了两天,便被警察以"夏日苦疫,取缔不良冷食"为名禁止。于是卖四元一根的那位小贩又转战租界,照样赚钱。

(吉朋辉)

世海沉浮

旧天津的混混儿

天津枕河濒海，九河下梢，八国租界九国地，商贾云集舟车聚，既是军事重镇，又是商业聚集地。自明永乐二年(1404)建卫以来，形成了天津固有的文化和民俗，在这种氛围中自然也产生了各个阶层的人群，每一阶层的人群都有天津文化与民俗特色，混混儿便是其中的一类。

天津混混儿的由来

清光绪二十六年(1900)以前，天津出现一批地痞、流氓、土棍，名为"混混儿"，又称"混星子"。据《津门杂记》记载，"天津土棍之多，甲于各省"，也有记载，混混儿最初原本是反

1907年的天津街头

清的秘密社会组织，乃是哥老会的支派，只因年深日久，渐渐忘却根本。哥老会属于天地会或洪门、红帮系统。天津卫老人们回忆，混混儿这种人终日游手好闲，没事找事，是旧社会天津的"土产"，其属于市井无赖游民。

混混儿属于"瞽不畏死"之徒。他们结党寻衅，持械逞凶，称霸一方，扰害

清末法租界码头繁忙的货物装卸

乡间。八国联军入侵天津后，混混儿们趁火打劫，抢掠金店、银钱业、大商号及大富户。日租界及南市一带逐渐繁盛起来，妓院、落子馆、白面馆等处，成了混混儿们盘踞之所。随着帝国主义国家对中国加紧经济掠夺，天津洋行增多，海陆运发达，进出口业务的搬运、装卸业务越加繁忙，脚行从而得到大发展，成为混混儿争先经营的生意。一些有势力的混混儿转营妓院，还有部分混混儿闲散在社会上，多在日租界、南市、车站、码头一带坑蒙拐骗、敲诈勒索。各租界巡捕多与混混儿相勾结，在各路口要冲，指使混混儿为他们向过往货运的车辆勒索过境钱。此外，拐卖妇女、开设暗娼、聚赌抽头等罪恶勾当，也多系混混儿所为。

混混儿的基本组织称为"锅伙"，是同居伙食的意思。锅伙在天津城内外几乎到处可见，一群混混儿或借或租几间房屋，或强占残破庙堂寺院，屋子中间常有一铺大炕，上铺一领苇席，地上摆着几张破桌陋椅，上面放着些简单炊具。墙边倚放着花枪、单刀、斧把、白蜡杆子等打架用的家伙。混混儿们将锅伙自称为"大寨"，锅伙头头被称为"寨主"。混混儿们平日无事便来这里聚会，遇事抄起家伙就走。如果混混儿准备聚众斗殴，或者有人请他们帮忙，管他们吃喝，锅伙内就要支锅造饭，打酒炖肉地热闹一番。若有新成员入伙，大家也要吃顿捞面以示庆贺。

清代光绪年间，天津的混混儿已经很有名气了，但具体起源于什么年代没有人能够说清楚。混混儿的出现与早年天津的社会风气有关。《津门杂记》中写道："天津五方杂处，民俗逞强尚气，易滋事端。"《天津府志》中说："天津民间风气刚劲，以义气自雄，而械斗之风遂炽。"19世纪天津人口迅速膨胀，成分复杂，混混儿们也越来越活跃，当时他们把持行市，搅害商民，结党成群，借端寻衅，恣意逞凶。一遇社会动荡，他们便成为不可或缺的人物。

混混儿的营生

混混儿的第一营生是敛财,敛财之道归纳起来有九种:

(1)开赌局。开赌局是最普通的方法,只要有宽阔地方,混混儿作局头,拨些打手相助,立时成局,其中以押宝、推牌九、摇滩获利最多。每日所抽的头钱以千百吊计,除一部分给执事人外,尚有一大笔收入,便不愁锅伙中吃喝。开赌局要对官方人随时应酬,年节还得点缀一番,即可平安无事;遇有搅局的,打手们自己可以应付。

(2)抄手拿佣。一年四季,天津城厢一带需用青菜瓜果甚多,都来自四乡和外县。乡民运货来到天津,在沿河一带及冲要地点趸售,自由成交,并无任何花销。周边的混混儿就出头把持行市,硬要全数交给他们经手过秤,转卖给行贩,成交后向双方取佣。初时当然无人听从,他们便用武力解决,打翻几

清末天津街头景色

个,不怕你不俯首帖耳,百依百从。这叫作"平地抠饼,抄手拿佣",系打下来的定例、行规。当年天津西头是大批瓜菜总汇点,初设立定例时,混混儿们不知经过几次恶战,伤亡了多少人,才奠定了根基。

(3)鱼锅伙。无论西河、北河的河鲜还是海河的鱼虾蟹由船运到天津,必须卸在鱼锅伙里,由混混儿开秤定行市,卖给全津的大小行贩,他们从中得佣钱。有不少的鱼锅伙由混混儿把持,分有疆界,各占一方,其中以陈家沟子、河北梁嘴子、邵家园子几处为巨擘,而李家、赵家、邵家乃是其中最大的。李家是陈家沟子的首户,即江西督军李纯的上辈。邵家、赵家是河北一带老财主,出过不少的文武举人、秀才,当年都是由武力创出来的世传事业。

(4)把持粮栈。一般粮行斗店代客买卖是官方许可的正式行商,锅伙这帮

人也可以在村边以武力把持，和上述鱼锅伙是同样性质。

（5）开脚行。脚行表面上是替行栈客商起卸运输的承揽人，有定价、行规，但索价极高，而以极低的代价叫其他劳动者搬运。劳动者流血汗挣来的工钱仅足糊口，混混儿所得却超过其若干倍。他们各有辖境，互不侵犯，管装不管卸；如兼管卸货，须另给当地脚行一笔费用，名为"过肩儿钱"，若违犯行规，便是一场凶殴。

（6）摆渡。当年各河桥梁不多，每隔一个地段必有摆渡口。渡口撑船的也是混混儿们把持。有的一家独揽，有的两三家合作，每人过河一次虽只一文，而一日所得为数也颇可观。这也是凭争打得来的世传事业。

（7）口上的。口上的是小脚行，仅限于抬轿和替人搬家，以及遇有婚丧大事代雇小工等，每两三条巷子，必有一家口上的混混儿把持。一般也有管界，不得逾越，违者也能酿成群殴。这行又名"站口的"。

（8）拦河取税。当河拦一道大绳不令船只渡过，派有专人把守，船经过时给他一笔钱，方能撤绳放行通过，违者立即苦打。当年有几句民谣，"打一套，又一套，陈家沟子娘娘庙，小船要五百，大船要一吊"，即指此事。

（9）立私炉。天津南关外二三十里，原是一片荒凉地带，出南门便是荒草水坑。混混儿在那里私立铸钱炉，用带砂子的次黄铜铸钱，所铸一般都是光绪钱。有的其薄如纸，入水不沉，名为"水上漂"；有的其小不及原来一半，名叫"鹅眼"；也有较大较厚的。这些钱私运入城，每三四吊换正式制钱一吊，他们从中渔利。商人把私铸钱买到手中，掺杂在正式制钱中使用。

以上这些混混儿行业都和府县衙门差役有勾结，平日孝敬，三节送礼，应酬周到；而公门差役多半是混混儿出身，岂能伤害其类。常言说："民不举，官不究"，下边无人告发，上边乐得糊涂，双方勾搭早成公开秘密。

除上述敛财之道外，混混儿们还有捧场的赠予。当地绅商若有求于这类人物时，赠予钱财、米粮。打完群架之后，受官刑挨打的、打架受重伤的，也有人送钱，送米、点心、食品等，应有尽有，送的东西堆积如山。因为他们没"走畸"，露了脸，理当予以鼓励，混混儿们亦认为是无上光荣，名利双收，乐此不疲，死而无怨。

混混儿有了平地抠饼、白手拿鱼的无本生意，便有人存心觊觎，想从他们手中夺来享受，这就有了混混儿的第二营生——争行夺市。归纳起来有四种：

（1）搅赌局。赌局抽头，可谓日进斗金，羡慕的自然大有人在。但若想从中染指，也不是容易的事，必须单人独马，闯进赌场大闹一场。闹的方式方法各有

清末天津的街头艺人

不同。有的闯入赌局，横眉竖目，破口大骂，声称把赌局让给他干几天。局头见祸事到来，挺身应付，不到三言五语，两下说翻，局头一声令下，打手们取出斧把便打，来者应当立时躺下卖两下子。躺下有一定的姿势：首先插上两手，抱住后脑，胳膊肘护住太阳穴，两条腿剪子股一拧，夹好肾囊，侧身倒下。倒时拦门横倒，不得顺倒，为的是志在必得，不能让出路来替赌局留道。如果一时失神躺错，主人借此自找下梯，诬赖他安心让路，不是真挨打来的，奚落几句不打了，这一来便成僵局，来人空闹一场无法出门，结果是丢脸不曾达到目的，反闹一鼻子灰。有的横倒下后，仍是大骂不休，要对方打四面。其实只能打三面，打前面容易发生危险，既无深仇大恨，谁也不肯造成人命案子，因为那样一来赌局便开不成了。打时先打两旁，后打背面，打到时候，局头便自喝令："擎手吧！够样儿了。"打手们立时住手，听候善后处理。另有人过来问伤者姓名、住址。用大笸箩或一扇门，铺上大红棉被，将伤者轻轻搭上，红棉被盖好，搭回去治伤养病。有礼貌的主人亲自探病，好言安慰，至此改恶面目为善面目，少不得送钱送礼。这便是天津俗语所谓"不打不相识"。挨打人伤愈后，经人说合每天由赌局赠予一两吊钱的津贴，只要有赌局一天存在，风雨无阻，分文不少，或自取或派人送到，名为"拿挂钱"，江湖切口叫"拿毛钿"。双方从此反成好友，这人算有了准进项，便可安然享受。如果被打的人喊出"哎呀"二字，不但白挨一顿打，而且要受奚落，自己爬着走开。当年颇有些初出茅庐的混混儿，未经考验，率尔轻举妄动，势必丢脸而回。

还有的混混儿用另一种方式：进门后不动声色，到赌案前自己用刀在腿

上割下一块肉作为押注,代替押宝的赌资。有的宝官只作未见,押上时照三赔一的定例割肉赔注。这一来便不好了结,双方造成僵局。另由旁人过来,满脸赔笑婉言相劝,结果仍须给挂钱。不幸押输,宝官把肉搂走也是不好下台的。对方只好将案子一掀,作二步挑衅,少不得重新挨打。遇有识事的赌头急忙赶到笑着说:"朋友!咱不过这个耍儿……"随向手下人说:"给朋友上药。"便有人拿过一把盐末,揞在伤口上。这时来者仍然谈笑自若,浑如不觉疼痛的模样,神色如常,少不得经人解劝,结果也可以每天拿钱。总之,不打出个起落,是不成的。及至言归于好,反成莫逆之交,便是俗语说的"好汉爱好汉"了。至于集体搅局,必须带领一群,扬言整个接收。赌局有防备,双方便是一场恶战。但看结果如何,败者退出,胜者占有,也就是说败者无条件让渡,扬长一走也不顾惜。若打不出胜负来,必经外方和事人说合,赌局成为共有,通力合作,利益均沾。

(2)争脚行。脚行有大有小:大的能霸一条繁盛的大街,所有铺户皆由他起卸运输;或独揽一家斗店、行栈,向火车站、水旱码头等处大批搬运。小的在比较冷落的去处,做些零星小搬运。但无论大小,都有坚固的组织,大头目之下有若干小头目,都是当初出力的,每人有一根签作为世袭罔替的凭证。每天按大小股分钱。本人死后,由子孙们承袭。后代子孙另有出路不屑吃这碗饭的,可以把签卖给他人顶名接替;不成材的子弟,到了债台高垒无法维持时也可出卖。所有持签者多半不出去供职,只在家中享受。倘若有人想乘机谋夺,单人独出的常用前述方式,卖味儿挨打,争取一根签分钱;集体的可以整个夺取,一场群殴后决定胜负。他们为了终身衣饭,势必豁出命地恶斗,一场分不出强弱,不惜再接再厉,竟有铡刀铡人、抬小炮子轰击的惊人恶

天津的码头搬运工

战。有的经官缠讼，多年不能了结。

(3)夺老店。当年夺老店曾经造出惊人奇事。据老年人传说，当年夺老店，双方不止于争打，尚有摆阵、约定时日，当场比试的。有的架一块大铁板，用火烧红，赤足在上面走几趟，对方不能照办，知难而退。最令人胆战的一次是，主人张绍增熬热一锅油，跳在锅里炸死，从此永远无人再敢生心，奠定了其子孙们永世衣饭根基。这事哄传一时，但凡天津卫人都知道这件事情。

(4)夺粮栈。河东有一家粮栈，主人外号叫"王半城"。因为有人谋夺他的事业，他当时慨然应允。待谋夺人到来，他在门前烧一锅热油，伸手到热油中捞了几下，将手臂炸成焦炭，一次就把对方惊走了。

混混儿的第三营生是打群架、受官刑和其他。

混混儿认为打群架是正当行为，更有一定的步骤，不论争行夺市还是因故斗强，或约定时、地，或突然袭取。有的事先由一方约妥若干人预作准备，名为"侍候过节儿"。在准备期间，一律集中在一起，每日供应好吃好喝，没有巨款的势难应付，因所约多至百人以上，少也数十人。有的日期不能预定，因为对方何时来到难以预测，一时一刻不能放松，但表面上要不露行迹，有人问及，坚不承认，只称万无此事。至于公开争斗的场面便又不同：人到齐后，门前摆出所有的兵刃，名为"铺家伙"，意在示威。在出发前，如与对方有"死过节儿"，预先要选定几个人准备牺牲，选人的办法或自告奋勇，或用抽签法取决，名叫"抽死签"。即使当场不死，事后也由这些人顶名投案，认作凶手。出发时，寨主当前，众人随后。长家伙当先，短家伙跟后，一概散走，并无行列；最后面有些人兜着碎砖乱瓦，在阵后向对方投掷，名曰"黑旗队"。双方会面后，用不了三言两语，立即开战。他们平日不练武术，只有少数人能抖蜡杆子，余者一概猛打猛剁，但只限于头破血出、肢体伤残，不必要时谁也不愿酿出人命重案。及至打到分际上，甚或有死亡的，才有人出头劝止，再办善后。

当时负责地方治安的乡甲局(它的职责犹如后来的派出所)有一个小武官称作"老总儿"，手下有些兵丁名叫"老架儿"，平日维持交通，弹压地面。老总儿听到该管地保(天津人叫"地方")来报混混儿打架时，立即驰往肇事地点弹压，到时只在远处遥望，并不制止；直到打架人停手，方才近前几步喝止。双方明知乡甲局已到,只作不见,毫无忌惮地苦斗。斗到将要停下来,又听见吆喝,少不得给点面子,众人闪在一旁,双方寨主走到马首,请一个安说:"副爷请回,我们一会儿就到。"所谓"副爷"马上一拱手说:"好吧。回头再见。"副爷走后,双方寨主各自查点,死亡的等候知县验尸,重伤的抬回,一声令下:"哥儿们,丁着下!"便甩着长袖子各回锅伙。回去后才准备叫顶凶的投案,受伤的听候验伤;如认为受伤人数不多,由寨主选些无用的人冷不防把他们打伤或剁伤,以便凑数。投案的人到了乡甲局,官方并不审问,仅具一张呈文押解到县衙处理。

县官早已得报,先带凶手到尸场验尸、验伤,随即回衙升堂审问。双方上堂,争先抢作原告,要先受一次苦刑。这时堂下瞧热闹的挤得风雨不透,多半是各方的混混儿,由寨主起,无论已成名、未成名的都来观看。有关的双方尤为提心吊胆,生怕自己的人当场出丑。初次受刑是掌嘴。挨打的也须懂行,如不把嘴张开,将来两旁槽牙皆掉。打时皂隶掌刑,且打且唱报数目,如果把钱花到满意时,可以徇私,打时多唱少打。挨打时每10下为一顿,受刑人还要低声叫"老爷恩典"。其次是打板子(打手心)。把手绷在墩上,也是10下一停,不过数目要200下为起码,多者论千,终归打得皮开肉烂,手掌迸裂,不然毒火闷在心里,伤不易治。挨打的最忌出声呼痛,犯者立时丧失混混儿资格,县官立即斥退他,当堂轰出。这时他要爬着下堂,堂下的老前辈们每人踢他几脚,一直踢出衙外。该人就此便断送一切,不齿于同类,即便另谋生路,污点一世也难洗掉。这次过堂只决定原被告,双方各诉一番理由,凶手寄押,挨打的如果没有

1908年的天津街头

"走畸",下堂时看的人们个个挑大拇指称赞,由两个人架到班房院中,找个好单间休息所休养,立时有人送钱,送米,送点心、鲜货、熟食。钱帖子塞在枕下,东西成堆,不问受刑人清醒昏迷,安慰几句,撂下东西就走。班房的班头、原差皆来道辛苦慰问,并请外科医生治伤,伤愈后听候下次过堂。

二次过堂时,原告情节轻的可以责打一顿取保开释,下次传唤不误,情节重的不分原被告一同刑讯。这次以后即用大刑、酷刑。如打扫帚枝、蟒鞭、压河流、压杠子、坐老虎凳、上光棍架、跪铁锁种种。打扫帚枝乃是脱去上衣用竹帚打后背,起码便是1000下,没有几下即能血肉横飞,好似一片红雨,溅得到处皆是。蟒鞭系用牛皮条编成,打在背上更为难搪,鞭梢有个疙瘩,甩到前胸,肋条可以击坏。挨打的昏迷过去,用草纸燃烟熏醒,或冷水喷面,也能苏醒过来。其余酷刑都是压腿,上刑不到几分钟,立时额角汗如雨下,随即昏迷。上夹棍时将两腿用棍夹起然后用皮条紧勒,此可以将腿夹断。以后隔些日过一次堂,到定案为止。

混混儿打架经官方审理定案以后,按情节轻重依律判刑。徒刑计有"六年徒刑""十年大军""打解地""解狱"几种,都由县里出公文派差解押送指定地点,分别处理。死刑分"斩立决""监候斩"和"斩监候"三种。斩立决又叫"就地正法",乃是对于案情重大,有关明火执仗、趁火打劫之类的犯人,一刻不能容缓,禀请上宪送营务处,按军法处置。其他两者全案上详,经知府、臬台三审之后,解北京打朝审后,仍解回原县收狱候判。能搪刑的可以在此期间推翻前案呼冤,谓之"滚供"。确有破出皮肉受苦滚出来的,然而九死一生,所余只有皮骨而已。如判死刑,仍须由北京批准,方能行文一层一层批到本县,秋后或冬至日执行,这叫"监候斩"。"斩监候"等于后来的无期徒刑,终身不能出狱,也有经过多年熬成"狱头"的,便是全狱之主。他可以向犯人任意勒索,单立厨房,任意吃喝,出口便是命令,无人敢违,终老狱中,则被称为"当家的"。

混混儿打架伤人后,照例有瞧病的仪式。打人的带礼物亲自登门慰问受伤者,见面后一味客气,表面上不音深交密友,彼此交谈十分亲热。

混混儿们打架如果伤人不多,更无死亡,可以不经官涉讼,双方和解;也有已经涉讼,经人和解双方递呈息讼的。和解方式:由双方知交的老前辈(所谓"袍带混混儿")凑集几人,分头向双方解释,请求抛弃前嫌,言归于好。他们必须说先到这里,经许可后再到那边,两下里都这般说,以示尊重。经过两三次说和,得到双方同意,再约定日期地点,由和事佬出资备若干桌酒席,并请些人作陪,双方按约定同时到来。双方见面彼此客气几句,都不肯先进门,互相让过三两遍,终由和事佬婉商,仍须一先一后入内。入座时后入的首坐,先进的陪坐;临走时后入的先出,先入的后出。入座时彼此一味客气,众人趁着帮腔,只叙旧交,不谈前事。这一席酒饭虽不是上等酒席,动辄十几桌,所费也属不少。席间每人只吃一小碗饭便罢,双方遂同时起席向众人告别,出门后仍由原和事人相陪送回。这种会餐,俗名"坐坐儿",双方经过这次会面,一揖分手之后,一场恶战从此告终。

混混儿人到了中年,自知平日所为不循正轨,而且危险万分,遇有机会,便另寻长久之计,他们主要致力于五种营生。

(1)开娼窑。开娼窑虽非正当营业,却得官方许可,若搭上个老妓,开个班子或较低的妓馆,也能每日衣来伸手,饭来张口,无事提笼架鸟,喝清茶,听评书,斗纸牌,澡堂子、酒馆里都能消磨时光。

(2)开小押。小押当铺没有字号,暗中营业,当本比一般当铺大,利息却十分高,100天为满,不赎将物折本。当时预扣1个月的利钱,当1吊只给950文,合5分利,有的比5分利还重。

(3)滚利盘剥。他们放利息钱有不少方式,有的按月取息,普通的三分利、四分利;有的叫转子钱,借钱人写十二个条子,一年还清,借十吊,每月还一吊;或按日归还,出一个札子,借十吊每天还一百文,一百二十日为满,名为"印子钱"。还有更可怕可恶的是滚子钱、赘儿把、蹦蹦钱等名目,不外将息作本,息上加息,借钱的一经上套,便还不清。这类钱没有期限,借钱的多半系富家不成材的子弟,滚上些年,势必将房产地业尽数滚到债主手中为止,借钱人只落得家产尽绝,最后仍然不能偿清。其实初借时为数不多,经过几个月,本利合起,再给些钱凑成整数,如是堆积,便成千累万。

(4)开戏园子。开戏园子比较容易,只要觅好相当地点,收拾好,赁些桌凳即可,只是不易遇到空园子。开张约角不用自己出钱,自有鲜货案子、壶碗、手巾把所谓"三行"代垫,他们每月应给园主一笔费用,应有垫款的义务,方能在园中作业。这类营生,无人争夺。

(5)开落子馆。按天津传统的行规,一个落子馆统辖若干高等妓馆,所属的妓女能唱的皆尽义务给落子馆唱曲,分文不给。后台另有主持,称作"后台老板",领导些弹拉歌唱的男艺人。侍候场面兼报告节目的名叫"皮靴",自称"男伴伙计"。开场先由男艺人几名拉打"十不闲",锣鼓喧天,一面招徕顾客,一面借此通知各妓,另派专人催场。前三场由男艺人演唱,以后皆由妓女演唱,她们称为"唱手"。前台对于后台不给工资,全赖教妓女歌唱得代价,遇有台前点曲,及外边侑酒得资,馆主扣一部分,余者充后台开支,妓女得不到分文。落子馆所得票价全数归馆主,更有三行的月例。馆主对于妓馆妓女有保护责任,她们借钱由馆主经手向放债人转借,落子馆作保,因而获得监视权,故此没有潜势力和手眼的绝对不

妓女在南市权乐落子馆登台卖唱

能干这行生意。当年侯家后有水顺、东永顺、天泉等数家,肉市口有金华,紫竹林有晴云几家。庚子后旧日租界地有同庆、中华两家落子馆崛起。

混混儿中也有人庸庸碌碌,到老寻不着生财之道,困饿而死的。有的闯祸之后不敢投案,或无法应付,便背井离乡远走高飞到异地逃避,大多是出门到东三省谋生,一旦闯出山海关以外便没人追捕。他们在关外十之八九是开娼窑,此外便是开赌局,或者投军当兵。这都是走投无路中的一线生机。

混混儿的特点

混混儿的特点众多,从三方面看便能概括。

1.政治上以混为主

混混儿人群文化层次较低,在政治上没有什么主体目的。在不同历史时

南市"三不管"

期有不同的社会影响，辛亥革命前，混混儿成份多是"反清复明"组织，政治目的很清晰。清廷灭亡之后，以"反清复明"为宗旨的洪门失去了原有政治斗争目的，组织日渐涣散，危害社会的消极因素越发明显，混混儿也迅速地堕落为各种黑暗反动势力利用的工具。混混儿以无业游民为主，这部分人是旧中国病态社会的产物，他们脱离生产，没有正当职业，相当一部分人以当土匪流氓、走私等为谋生手段，这种放荡的生活使他们具有对统治阶级的反抗精神，但同时又具有严重的、盲目的破坏性。他们危害社会的活动主要有：打家劫舍、奸淫掳掠、扰乱秩序、贩卖人口、制造伪钞、包运鸦片、设台放赌、绑票暗杀、倾轧群殴、逼良为娼，等等。

民国以后，这种涣散的组织对社会的破坏作用更为突出，帮会成员普遍被地主豪绅、军阀政客和帝国主义所利用，在很大程度上成了他们的鹰犬。

抗日战争胜利后，一些有名的混混儿，尽管他们仍想在政治上有所作为，但毕竟势力衰退，走下坡路。萎缩的原因，一是抗战胜利后一批汉奸帮会人物被惩罚；二是抗战胜利后，各城市的外国租界归还给中国，市政由国民党政府统一管理，他们不仅失去赖以生存和发展的死角，也失去了帝国主义的庇护。国民党政府虽然在一定程度上还会利用混混儿达到一些政治目的，但是大都不再使用难以驾驭并且声名狼藉的混混儿。

纵观天津混混儿的政治生涯，他们大多数人不具备政治目的，只会耍狠耍横，被有政治目的的阶层利用。他们大多数出身微贱，经济上有些满足就可，他们表现得狠与横，卖得也很便宜，大多数混混儿是盲从，政治上用一个"混"字就可以概括。也有些有头脑的混混儿，他们通常是脚踏两只船，这类混混儿大多数是帮会人物。有一点需要说明,帮会人物中只有市井无赖才被称为混混儿,比如袁文会。但是他们绝非都是混混儿,比如袁世凯的二公子袁克文。从老百姓的眼光来看,只有那些坏到极致且没有品位的人,才能叫"混混儿"。

2.肉体上不怕打

天津老百姓对混混儿打架有一句评价:"可怜混混儿命,专为打架生。"混混儿们没有正经事,打架就成了头等大事,天津混混儿们打架,不只是相互打打闹闹,而是按照"原则"进行"战斗",打人和被打都有许多规矩和说法。

在清代天津的街头巷尾,常常可以看到两伙混混儿各持凶器,混战在一起。他们打架的方式很特别,不讲究招式、路数,只见斧头、菜刀、白蜡杆上下翻飞,当凶器打过去的时候,对方既不躲闪也不抵抗,反而挺身相迎,头破血流全然不顾,当双方渐渐分出高下,失败的一方却不退却,全都躺在地上任凭对方一顿痛打,没有一个人叫出声来。

混混儿自讨苦吃的做法,令人很难理解,但是对于清代的混混儿们来说,这正是他们必须经受的考验。混混儿们一般都以能打架而自豪,而且多以经历过殴斗的"大世面"、挨过打受过伤作为炫耀的资本。但是像这样只想招灾惹祸,引得棍棒加身,讨一顿打,借以成名,则是天津混混儿独特的行为方式。他们往往采用跳油锅、滚钉板、过刀山、断腿、剁手等玩死签、自毁自残的极端手段,迫使、要挟对方屈服。

混混儿讨打还有一套规矩和术语。他们把讨打挨揍,称作"卖味儿",对方打来的时候要马上躺下,称作"叠了",任凭对方殴打不得还手,更不能呼痛讨饶,称作"不带哼哈";如若忍耐不住脱口"哎呀"一声,对方便立即停手,得胜而去,被打者就算"栽啦",称之为"走畸",该混混儿会因此被赶出锅伙。

锅伙集体殴斗,混混儿会个个争做"拼命三郎",如若对方打来,要挺胸相向挺头去迎,丝毫不能含糊,如若躲闪或去搪挡,虽然不致被立即赶出锅伙,也会被人耻笑瞧不起。打架、挨打,成了混混儿们必须经受的考验。

混混儿们视打架为乐事,锅伙之间打群架更被看作是"英雄用武"之时。混混儿之间常常因侵犯彼此的地盘,或者受保护的地盘内有人被对方欺负等原因积怨结仇,称之为有"过节"。"过节"越闹越大,到了无法解决的时候,便会用一场"战争"解决问题。

民国时期老明信片:天津三不管

　　双方或者先下战书约定决战的时间和地点,或者不问青红皂白突然袭击,先发制人。有时人手不够,还要约请其他锅伙助战,被约者称为"充光棍",参战者至少数十人甚至上百人聚在一起,就会有人供给吃喝。这就更加助长了混混儿们打架的风气,一到打架的时候,混混儿们比过年还要高兴。

　　天津混混儿的特点就是死缠烂打,不惜性命。天津混混儿打起架来不要命那是全国有名。即便绑上法场,那也是视死如归。光绪二十年(1894),天津两帮混混儿因为小事儿产生摩擦,五百多人公开火并,打得天昏地暗,惊得官府急忙派人来抓,一边抓了五个人。其中有个叫张小卜的,才十二岁,胳膊瘦得跟麻秆一样。官府一看小孩也心疼,不忍心杀,劝他改过。不料这小子脖子一挺——杀就杀,让我改过?没门。官府一生气就把张小卜拴在柱子上,让太阳暴晒,说:"你什么时候决心改过,我什么时候放你下来。"张小卜竟然不吃不喝挺了三天,人都晒成肉干了也不肯改过。到第三天,突然天降大雨,这哗啦啦一浇,把快要死了的张小卜浇活了,张小卜于雨水淋漓中仰天大笑。官老爷一看也无可奈何。据说张小卜走出法场的时候,一路唱歌,睥睨世界。一个十二岁的小混混儿都如此这般,天津混混儿的不怕死就可见一斑了。

3.行为上得露"相"

清末民初天津北门外北大关一带

　　清末的天津街头，常常见到一些无赖土棍，单人行走或是三五成群，身穿青色裤袄，青洋绸长衫斜披在身上，肥衣大袖不扣纽扣，腰扎白洋绸褡包，脚穿蓝布袜子、绣花鞋，头上的发辫蓄着大绺假发，粗大的辫子搭在胸前，有的还在每个辫花上插一朵茉莉花。这种打扮在当时很是不伦不类，惹人注目，人称"花鞋大辫子"。这些人说起话来喜欢摇头晃脑挑大拇指，走起路来总是迈左腿拖右腿，故作伤残之态。他们自称"天津哥们"或"天津娃娃"，整天闲逛街头，衣袖里暗藏斧头，腰间插着匕首，惹是生非，讲打讲闹。

　　混混儿出道也很有趣。比方说一个人想当混混儿了，就要出来到胡同口摆谱儿，走路，这里有很大讲究。先说站，要一个肩膀高一个肩膀低，前腿虚点，后腿虚蹬，两拳拳心相对，四指相叠，大拇哥朝外，缩肩曲肘，头似扬不扬，眼似斜不斜，一看就是吊儿郎当，站没站相。走路更要练习，衣襟敞开，横甩手，踢踏着前脚掌，外翻膝盖走路，这副德行平常人绝对没有的。据说当年津门老演员严佩齐为了演好郭运起这个混混儿角色，足足在家练了一个礼拜这套把式，混混儿们管它叫"英雄谱"。想当混混儿的人逛了一会儿，就会从堂口里出来一个人，劈头盖脸骂一顿，挑了一身的毛病，然后回家再练几个月，回来再逛一遍。锅伙里边的人看你有模有样了，就出来一帮人，开始第二步，"打"！没有原因，就是看你有种没种。别管打得多重，不许叫一声，眉头都不能皱。这以后就通过考验，算是正式加入了锅伙。这个过程混混儿一般叫"开逛"，对混混儿的资历是很重要的，就像我们大学毕业是哪一届一样，一般头次见面的混混儿，都要问对方哪年开逛，晚的要称早的为师兄。

民国时期天津北门外河北大街

如果发财，即改变服装，长袍短褂，绸缎缠身，云子履、夫子履，表面上和乡绅无别；或者做办理地方公益的董事，遇事排难解纷，垫人垫钱，仿袭古人所称的"任侠"一流人物。不过他们仍要挺起腰板，说话提高嗓音，使外人一望即知其原是不肖之人。混混儿不知要受过多少折磨和考验，方能成为名利双收的露脸人物。露脸以后，年纪已老，更须保持名誉，言谈行动不得有丝毫差错。倘若一时失于检点，一言说错，一事做差，被人问短，顿时前功尽弃。在这种情况下，他们唯有把自己禁闭在家中，永不见人，至死不出大门一步。天下所有的混混儿虽然没在脑门上写着"混混儿"，但在穿戴上、脸上、表情上、行为做派上，都自有一番"混混儿相"。

4.文艺作品中混混儿的形象

乾隆年间修《天津府志》载：即使普通居民家死了人，掐尸殓，也有人"恃有杠具，各分疆界"，且"不顾人家贫富"，"甚至吹手、纸扎等行亦皆效尤"，绝对"不容彼此掺越"，如硬掺和、越边界，如何？那就是"一场事"，以斗殴决胜负。《沽水旧闻》记载："有市井无赖游民，同居伙食，称为锅伙。自谓混混儿，又名混星子。"他们"把持行市，扰害商民，结党成群，借端肇衅"。

清代张焘《津门杂记》对于混混儿记载道："天津土棍之多，甲于各省，有等市井无赖游民，同居伙食，称为锅伙，自谓混混儿，又名混星子。皆愍不畏死之徒，把持行市，扰害商民，结党成群，藉端肇衅。按津地斗殴，谓之打群架，每呼朋引类，集指臂之助，人亦乐于效劳，谓之充光棍。"

作家林希曾经这样说:"旧社会的混星子,天不怕地不怕,终日骂骂咧咧,这类人也有他们的生活信条,那就是一句话:光脚的不怕穿鞋的。"天津作家刘云若写过一部小说《旧巷斜阳》,里面有一个叫王五的混星子,就有一段也算得上是脍炙人口的内心独白了:"有时喝醉了酒,我就整夜地骂。他们混得穿上了鞋,自然怕我这光脚的,他们一提撵我,我带刀子找上门去,问是你扎死我,还是我扎死你。"

冯骥才《神鞭》里的"玻璃花",是最深入人心的混混儿形象。天津最大的混混儿是袁文会,他也是诸多文艺作品中经典的流氓、汉奸形象。

在涉及天津的影视作品中,有很多泼皮无赖的形象,如《大清炮队》《神鞭》《假打侠》《老少爷们上

混混儿头子袁文会和他的徒弟们

法场》《泥人张传奇》《血溅津门》《大宅门》《三不管儿》《马三立》《狗不理传奇》等,这些作品中的混混儿形象,虽然不一定是正面和高大的,却都非常生动鲜活,反映了旧天津底层社会五光十色的一面。

5.官府对混混儿的镇压和利用

旧时天津街头巷尾到处可见成群的小混混儿,小抢小劫,打架群殴,好比家常便饭,一抬头就可见到。这伙人好勇斗狠不怕死,不容易管制,也因为他们不像土匪胡子般打家劫舍、杀人越货,犯的是大罪;混混儿是小打小闹的地痞,盘踞一方干欺行霸市的勾当,属于类似"边缘犯罪",不大好管。这些人又对当地官府轻蔑得很,官人从不被他们放在眼里,媚俗不媚官。混混儿唯恐天下不乱的恶行劣迹,使得清朝时期天津的社会风气愈加败坏。清代后期每当直隶总督上任,往往总要先镇压一批混混儿,以刹民间斗殴之风,求得社会的安定。

天津开埠之前,直隶总督恒福便奏请朝廷批准,如混混儿犯罪被拿,按强盗律论处,如聚众械斗杀人则按拿办土匪正法。袁世凯在天津当政期间,也曾将一些混混儿正法。光绪年间天津道台裕长还编写了《混星子悔过歌》:"混星

子,到官府,多蒙教训;混星子,从今后,改过自新。细思量,先前事,许多顽梗;打伤人,生和死,全然不论。纵然间,逃法网,一时侥幸;终有日,被拿访,捉到公庭。披枷锁,上镣铐,王刑受尽;千般苦,万般罪,难熬难撑……"四处张贴,要混混儿们通读熟背,希望他们改邪归正。官府的严惩重刑也好,苦心说教也好,对当时社会安定也许起了一些作用,但是却不能抑制混混儿势力的膨胀。

杨以德

清末民初是天津混混儿的"黄金时代",打群架七品官都得绕着走,可见其气焰。历任地方官对混混儿们都无可奈何。天津混混儿的真正克星,是警察厅厅长杨以德,绰号"杨梆子"。杨上任警察厅厅长之后,因为他出身下层,在黑道上有不少朋友,一些混混儿也就给他面子,自动收敛,有的干脆成了警察的眼线。对这些人,"杨梆子"非常客气,但是对那些不给面子的混混儿,他也毫不客气,下手整治。天津卫的混混儿们元气大伤,对"杨梆子"更是畏如蛇蝎,以后天津混混儿的威风,就一直没有缓过来。

日本侵占天津时期,大多数混混儿全然没有了"狠""横"的"骨气",而是对日本人尽奴颜婢膝之能事,天津的大多数汉奸即为混混儿出身。日本侵略者不遗余力地拉拢青红帮分子为自己效劳,还成立了许多汉奸组织,这些汉奸组织成员以混混儿为主。他们认贼作父,为虎作伥,卖国求荣,充当了日本侵略者的忠实走狗。袁文会就是与日本紧密勾结,靠日本人势力起家的。在烟馆、赌场、妓院、饭店、旅馆、车站、码头、娱乐场所等处搜集情报,重点是八路军的活动情况,其他诸如政治动态、经济活动、社会舆论等,也在搜集之列。袁文会将这些情报分送给日本宪兵队、特务机关、日本驻津总领事馆、日本守备队等处。在日本人指使下,袁文会出面收编了一些土匪武装,改编成立了汉奸武装"袁部队",袁文会自任队长,日本人川济为顾问。"袁部队"配合日军经常到天津周围的抗日根据地进行清乡扫荡,烧杀抢掠,残害抗日军民。此外,袁文会还为日本人大肆抓捕贩卖华工,将一批批妓女送往日本军营,充作慰安妇,做尽了坏事。1942年,日本特务机关为把天津各种势力笼络在一起,以便控制利用,组织成立了"天津安清帮道义总会",参加的帮会人物,大都是混混儿。

日本投降后,国民党军统特务头子戴笠指示天津警备司令部成立了"忠义普济社""青年共济社",这两个组织共有成员6000余人,大部分是脚行组织中骨干成员混混儿出身,基本是杂糅各种社会垃圾的集团,这两个组织均成了军统的外围组织。

在国家内忧外患时期,天津的混混儿们干尽了坏事,他们的下场不是被比他们更坏且有头脑的人利用,就是被官府镇压。当他们被比他们更坏的人利用时,还自鸣得意,以为攀上了高枝。

混混儿的结局

近代天津是个移民城市,是北方最大的水码头,流动人口较多,当地人可以利用外地人缺乏时间和人脉的弱点,采用死缠烂打的手段榨取钱财并以此为荣,故混混儿文化长盛不衰。虽然大多数天津人热情豪爽、幽默风趣,但这些主流却被混混儿的恶劣影响给削弱了。

一般的港口城市都有庞大的黑社会系统和流氓文化,但是天津的确比较特殊,混混儿的斗狠和皖北的流氓斗狠方式非常相像(不是真正有严密组织的黑社会)。其他城市黑社会活动大多还是以斗殴占地盘为主。

后期的混混儿也被天津人称为"杂吧地"。"杂吧地"活动的领域已是很窄,人数也少之又少,这些人和前世的混混儿有些差异,他们做人缺乏诚信和信仰,只信有奶就是娘,气人有笑人无,无端惹是生非,行走于法律政策的边缘,钻环境和风气的漏洞,行为做派令人厌恶,其特点是既无道也无德,只有"混"。就像《水浒传》杨志卖刀遇见的牛二,他们人生观、价值观严重扭曲,无论如何也做不到实事求是、客观公正地对待身边的人和事,满眼尽是阴暗面,永远居心不良。

新中国成立初期,随着一些有组织体系的混混儿被官方镇压,宣告混混儿退出历史舞台,但混混儿并未绝迹,只是表现形式有所差异。特别是"文化大革命"期间,天津流氓团伙盛行,这些流氓地痞实质上是混混儿的延续。

1983年，为整顿社会秩序，清理社会垃圾，公安部在全国进行了"严打"斗争，这次严打，混混儿们可谓是被"重创"。从此有组织、有团伙的活动几乎销声匿迹。

（张月光）

直隶善后公债票背后的故事

1926年，直鲁联军占据直隶省会天津，奉系军阀张宗昌任直鲁联军总司令，褚玉璞任直隶军务督办兼直隶省长，他们以筹措军饷为名，滥发债票，印发纸币，横征暴敛，在直隶发行直隶六次公债、直隶善后长期公债、直隶善后短期公债，这些债票名为公债，实则强行摊派，毫无信用。

本文几张图，是当年褚玉璞在华北地区发行的直隶善后短期公债票，包括债票、息票，正面是中文，背面是英文对照，印制颇为精美。这样一份"漂亮"的档案，却是军阀恶霸抢掠人民的罪证。天津市档案馆的馆藏档案记载了这公债票背后的一段故事。

话说天津是直隶省会、北方金融中心和繁华商埠，军阀张宗昌和褚玉璞既然占了这块宝地，就得想法趁机多搂钱，好继续穷兵黩武，巩固自己的势力。天津卫有钱人多，谁家钱最多? 银行啊。褚玉璞打算软硬兼施，狠狠敲诈一笔，就瞄准了这么一个由头……

军阀：搂钱先立威，能敲一笔是一笔

1925年11月17日直隶井陉矿务局向天津大陆、盐业、金城、中南四银行借款银圆30万元，以直隶省银行钞票30万元为担保品，点封盖章交存在大陆银行内保管。合同规定，每月16日由矿局拨还本款银圆6万元，并随时照付利息。但是一直到1926年4月合同全部到期，井陉矿务局都没有归还一分钱，眼看血本无归，四行不得已，于6月9日将封存的直隶省银行钞票拆封，每行分了7万5千元。直隶省银行就是坐落在天津城东北角的赫赫有名的官银号，顾

十元债票正面

名思义,这是一家国有银行。其时,直隶省银行由于滥发纸币,在市面上已经行不通了,徒有一个官定的名义,四行分了钞票,一时也不知该如何处置,姑且这样存放着。这本属于银行之间的债务纠纷。

8月份,作为直隶省督办的褚玉璞来天津搂钱,宴请天津商业和银行各界代表,向各银行借款,并以直隶省未发行之封存钞票为抵押品,各界不敢得罪,准备凑集一笔借款应付。不料褚玉璞却察知了四行与直隶省银行曾有过的这段纠纷,就令天津警察厅密查四行是否拆动了作为抵押品的直隶省银行钞票。其实,此押品非彼押品,虽然同是直隶省银行钞票,但根本不是一码子事。"密查"之下,大陆银行坦然承认,这下可让褚玉璞抓住了借题发挥的把柄,8月22日下令警察厅拘拿四行经理,按"破坏金融、扰乱市面,从严惩办,以儆效尤"。要拿人,却也没有马上就拿,而是由警察厅厅长丁宏荃将褚玉璞的令文透露给四行方面的人,以卞白眉为首的银行界人士自然不敢坐视不管,四处奔走疏通,设法挽回。由于位处租界,盐业银行还致函法国警察署及法国总领事,陈述事件过程,要求依法保护。最后,由吴鼎昌出面,请国务总理潘复从中疏通,褚玉璞等提出大陆、盐业、金城、中南四行认购还未发行的直隶善后短期公债券80万元,四行当即答应。

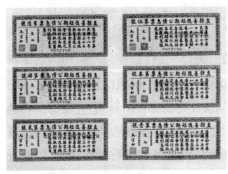

五元息票正面

档案中记载得非常生动。8月26日,大陆、金城、盐业、中南四银行联名向张宗昌、褚玉璞呈文表态,说四行先行垫款80万元新公债,"以表提倡赞助之意",各行经理由各总管理处自行饬责,免予传询,以副"两帅始终维持金融之盛意"。8月27日,张宗昌以直鲁联军总司令名义颁令:"该银行等既认垫缴公债洋80万元,具见热心公益,殊堪嘉尚。所有省银行钞票押品仍旧另行加封,以符原案,手续亦合。该行等天津经副理应准免予传询。仰候咨行褚总司令饬知各机关分别办理可也。"8月29日,四行将凑齐的80万现大洋交上,才算了结了此案。

银行:不管听不听,有理要说清

成功敲诈了四大银行,等于是给整个天津银行业一个下马威,之后,张、褚搂钱的手又伸向其他银行,要求天津各银行购销债券200万元。档案中保存了直隶善后公债局与天津银行公会从1926年12月起数次往来函件,公债局不想按银行业集募公债的通行办法,而是调查审核了各行家底,除大陆、金城、盐业、中南四行外共40家,按实力分别拟定了应摊缴的具体数目,从十几万到几千不等,责令各行立即缴齐款项:"军需善后需用浩繁,旬届年关,待款万急","事在必行,势无可缓","尽三日内如数缴齐,立即由局汇解,毋得贻误"。可见搂钱之心,相当急切。

面对军阀的步步强逼,天津银行业人士没有退缩。1927年1月26日,天津银行公会函复直隶善后公债局,毫不客气地指出这项善后短期公债的欺骗性,说明了银行不愿意摊销这份公债的原因:这份善后公债的还本付息基金由两部分组成,其一为盐税协款项下拨付十分之六,其二由全省统杂税及契税项下拨付十分之四。表面似无问题,可是明眼人都能看出,现在时局混乱,交通阻滞,盐斤的运销受到极大影响,盐税收入必然锐减,所以这六成的基金不靠谱;另外,财政厅曾以稽征税(统杂税的一部分)抵借过80万元,早已到期却还没有归还,说明这部分基金亦不稳固。且善后短期公债条例原定1926年12月10日第一次抽签还本付息,现在日期早过,公债局却以劝募尚未足数为理由,推展期限半年,这真是"催募之书敦迫急于星火,而立信之举犹有待于将来"。银行为经理资产的机关,而非拥有资产的真正主体,所有款项都是股东的血本与雇主的债权。银行受股东及债权人托付经理款项,对于政府发行

五元债票正面

的公债只能尽代募的义务，不能负购买的责任。总之，各银行对于善后短期公债不能如数照购。现在共募集了十万多元，如果仍然追讨，只有"屏息以待复命，不敢再赘一词矣"。

话已经说得很明白，奈何军阀想搂钱，是不会管你那么多的。又经过多方胁迫催缴，至1927年3月，只有中国银行、交通银行、直隶省银行如数共缴33万元，其他银行至多缴了五成或一分未缴。3月8日天津银行公会再次致函直隶省公债局，将各银行认购情况及困难一一加以详细说明：目前总计会内外各行实数认购已达五成以上，加上之前北四行已认购80万元，另外按照奖励章程规定募债90万元以上者给奖金四厘计算，再按票面价值的九折交款，核计会内各行认数已达八成，会外亦达六成以上。"各行已勉力输将，筋疲力尽，敝公会劝导再三，实已唇焦舌敝。现在敝公会办理此案拟即就此结束，倘贵局认为仍未满足，只有请将敝会加以惩处，以代同业而谢当局。"银行业公会敢把话说得这么硬气，是因为摸清了军阀的底线和实力：要多少给多少，当然不可能，你心里也明白；耗了这么些日子，我也出了血，对得起你了，你的气焰就是这么一阵，差不多得了，看着办吧。

褚玉璞占领天津的两年，横征暴敛，草菅人命，各行各业都受尽了他的盘剥掠夺。银行公会敢于对褚当局针锋相对地敷衍拖延，据理力争，固然是和银行业盘子大、根子深有关，从档案中的记载也可以看到天津银行业人士坚守行业原则、处事灵活的业务能力。这几张印制精美的公债票当然没有兑现，最后只能是静静躺在档案卷册中留存至今。

（刘轶男）

天津运库的银匠之弊

长芦盐区作为清代的一个大盐区,每年创造着大量的财富,仅征收的盐税就高达数十万两。除了追求利润的盐商,在盐务管理和运营体系内部还有许多双贪婪的眼睛盯着这些银子。手握大权的巡盐御史、盐运使们自不必说,就连有些处于盐务体系底层的人也想要分一杯羹,银匠就是这样的一类角色。

银匠的职责与特权

清代康熙年间,长芦巡盐御史和长芦盐运使先后移驻天津。巡盐御史的衙门建在了天津城外的三岔河口,而受其管辖的盐运使衙门则建在了天津城内的中心地带。这看起来有些奇怪,其实合情合理,因为运使衙门里有一座银库,也就是通常所说的"运库"。每年盐商交上来的盐课、帑利等银两,在解送户部或内务府之前就存放在这里,少则数万两,多则上百万两。银库建在城内,比建在水陆通衢的三岔河口显然要安全得多。

但外贼易躲,内鬼难防。一座银库总要有各种办事人员,管库的大使、记账的书办、抬银的杂役,来来往往,络绎不绝,很难无缝监管。更有一类人员,虽然地位卑微,但身份特殊,能和进出银库的银子进行零距离亲密接触,他们就是负责看估、倾销银子的银匠。原来那时盐商们缴纳盐税,交上来的都是卖盐所得的原银,大小不一,各式各样,需重新销熔倾铸成统一的规格,方可上交,名为"倾销"。更重要的是,这些银子成色不一,虽有部分足色纹银,但大部分都是成色不足的杂银,因此在入库之前,需要经过银匠看估成色,将不足之数令盐商另外补交，名为"加色"，倾销的时候加入原银之中。

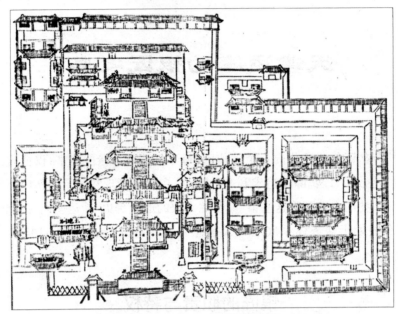

《长芦盐法志》中的长芦盐运使司署

这样一来，银匠的角色就很关键了。银子是否足色，需补交多少加色银，都由他们说了算，弊端由此产生。有的银匠与书办勾结，借加色之名向盐商索取钱财；有的银匠会和盐商勾串起来，以杂色银充足色银，让国课蒙受损失；还有的银匠在倾销银子的过程中任意挪用银两，导致延误解送日期；更大胆的直接将银子据为己有。为了杜绝这些弊端，运库一般设置两位银匠，以便互相监督。且在运库当差的银匠，需要由盐商共同保举，如果银匠挪用造成亏空，盐商们要和银匠一起赔补。

银匠窃银逃逸引发改革

雍正四年（1726）八月，新任长芦巡盐御史顾琮走马上任。此时的长芦盐运使是陈时夏，运库两位银匠叫黄诚信、夏文熊。八月二十五日，顾琮来到运库盘查库存银两，盘查的结果是：存库银十四万七千九百余两，其中足色纹银还不到一半，其余的成色自九九到九四不等，还有品质非常低劣的潮银四百余两。已经收上来加色银五千五百余两，两位银匠正在加紧倾销。顾琮巡视完毕后，就放心地回自己的衙门了。

然而九月十八日，银匠黄诚信忽然跑到运使陈时夏那里报告，说另一位银匠夏文熊拐银逃走。陈时夏马上带人来到运库查点，发现库里的银子竟少了一万多两。据黄诚信透露，夏文熊至少拥有两座银号，一座是位于天津北门外的文升银号，另一座是位于京城廊坊胡同的德升银号。不用说，这两座银号的生意主要是靠挪用库银支撑的，这种挪用必定非常频繁，并且在运库簿册上动了手脚，以至于连顾琮盘查时都没有发现。黄诚信更不可能毫不知情，只不过当夏文熊逃走以后，他畏惧同谋之罪，故而出面告发。

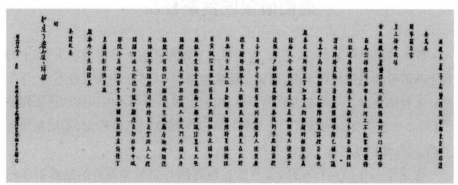

雍正四年(1726)九月二十日《长芦巡盐御史顾琮奏报银匠夏文熊拐走银两折》(部分)

当抓捕夏文熊的人来到文升银号时，发现该银号已经关门上锁，伙计周大也不知去向。但这样一个案子没人敢怠慢，九月二十五日晚上，夏文熊在武清老米店他的亲戚王四骆驼家被抓获，一同被抓获的还有其兄长、伙计以及妻妾等十人。雍正帝虽然接到了报告，但没有对审讯追究这个案子做出任何指示，顾琮等人也并没有被处分，反而因为及时迅速抓获银匠而得到了嘉奖。因为银匠之弊不止运库中存在，所有州县征收钱粮之处都不可避免，非一时可以解决。至于损失的银两，自然由长芦盐商们分摊赔补。

但此事毕竟骇人听闻，当事者不可能不做任何表示。陈时夏不久升任江苏巡抚，在离任前上奏折对消除天津运库银匠的弊端提出了自己的见解。十一月,顾琮根据陈时夏和其继任者赵国麟的意见,对运库经收盐税的方式进行了改革。其中最关键的一点,就是令盐商以足色纹银缴纳盐课。新的办法规定,在纳课之前,盐商须先找银匠倾熔成足色纹银,上刻银匠姓名。如果查出成色不足,则盐商没有责任,只令银匠赔补。另外,原来盐商缴纳盐课后,仅仅由运库书办将数目记在账册上,却不发给盐商收据,给书办与银匠合谋作弊留下可乘之机。此后仿照州县收取钱粮的形式,在盐商纳课时发给串票,以便查考。如果盐商交银时仍查出成色不足,就令其当场加足,朱封寄库,次日即倾熔成锭,锭面凿刻银匠姓名,装匣入库,不再给银匠挪用的时间。如日后查出短少,就让银匠赔补。

运使借银匠贪赃枉法

改革效果是明显的。改革前,每年收上来的税银有一多半银色不足,平均每千两需补加色银约四十两。而到了乾隆年间,只有零星小块银色不足,每千两只需补加色银二三两至五六两不等,银匠们很难再利用库银的加色来作弊了。但那些意欲贪腐的盐官们依然将银匠视为通向利薮的桥梁。不能在加色上动手脚,他们就打起了人的主意。

雍正十三年(1735)八月,长芦盐运使蒋国祥忽然将原有的运库银匠杨德、蒋洪二人革退,另招两人杜桓、潘泰充任。杨、蒋二人本是众商保举的银匠,供职多年,从无贻误,深得盐商们信任,而杜、潘二人则来历不明,蒋国祥安插此二人,显然是在为自己的贪腐排兵布阵。其实此前蒋国祥已将他的家人杨二安插在运库,所有收缴杂课、发倾库银的事都由杨二经手。这位杨二先是扬言,要把杨、蒋二人看估过的三十多万两库银交给新银匠倾销。杨、蒋怕新银匠故意看低银色,连累自己赔补,就向蒋国祥要求将这三十多万两银子仍交给自己倾销。几经恳求,这些银子终于由杨二交到了他们手里,但清点之下,竟然短少了一千一百两。二人惹不起运使,只好自己挪借赔补。直到十二月,此事被巡盐御史三保访闻,蒋国祥被查处,杨德、蒋洪经盐商再次保举,这才重新回到运库继续做银匠。

所谓"上有政策,下有对策"。运库的制度虽然完备,制度的执行却掌握在杨二的手里,他可以随意决定执行的尺度。他依仗着蒋国祥的权力,控制着库银的出入,在欺压了银匠后,还叫嚣"随你哪里去告",如果不是三保得知了真相,两个银匠恐怕只能吃个哑巴亏了。

（吉朋辉）

"盐二代"查为仁科场舞弊案

清代盐商的运销活动受到官府的严密管制，所以他们十分需要官场的人脉资源。另一方面，盐商的身份处在"士、农、工、商"四民的最下层，这与他们巨大的财富极不匹配，也导致他们急切地渴求通向仕宦的台阶。所以许多盐商都很积极地让子弟参加科举，导致清代科场出现了许多"盐二代"舞弊的案件。天津"盐二代"查为仁的案子就是十分典型的一例。

富豪父亲的如意算盘

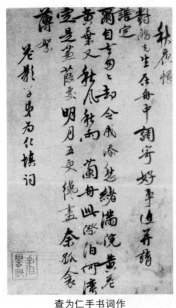

查为仁手书词作

康熙五十年（1711），十七岁的天津县生员查为仁即将参加辛卯科顺天府乡试。查为仁是盐商查日乾的长子，上一年刚刚成为秀才，取得了参加乡试的资格。辛卯科顺天乡试一开，查日乾就迫不及待地让他报名应考。查为仁是一位典型的"盐二代"，良好的教育和优渥的生活把他塑造成了一位青年才俊。对他来说，中举并不是一件难事。然而他的富豪父亲查日乾还是为他找了一个枪手。

作为一名专商引岸制度下的盐商，查日乾对官位权力有一种本能的需求和渴望。他是在大盐商张霖的扶助下起步的，当日张霖之所以能在京津地区呼风唤雨，贩卖私盐十余年而平安无事,正是因为他本人深深涉入官场,做到了比较高的官位,并且凭借这一身份,构建了一个上至权相明珠、下至众多著名文人的人脉网络。虽然张霖最终一败涂地,但在富有冒险精神的查日乾看来,与权势所能带来的利益相比,这种概率较低的风险是他完全可以接受的机会成本。虽然查为仁通过正常的途径并非不能获得官位,但那也许要经过一个相当曲折漫长的过程,这是查日乾所不能忍受的。随着张霖的倒台,他更急切地需要一个承担起张霖角色的人物。查为仁自然是不二人选。

查日乾笃信钱财的力量,并不认为找枪手代笔是一件多么大不了的事。更何况在那个时代,这种事也的确不鲜见。就在查日乾替查为仁谋划舞弊的同时,步军统领托合齐的一个家人也为自己参加顺天府乡试的儿子请了枪手,而远在千里之外的扬州盐商则是集体作案,让"盐二代"占据了当年江南乡试中榜名单的半壁江山。在这样的风气之下,查日乾几乎可以认为替儿子找枪手是理所当然。

从乡试解元到科考钦犯

事情的实施并没有费太大的周折。查日乾家里有一个现成的枪手,那就是家庭塾师邵坡。邵坡出身于浙江余姚望族邵氏,他自小聪慧过人,潜心钻研宋明理学,曾受到桐城派领袖方苞的赏识。康熙四十一年(1702)中举后,在查家当塾师等待会试。邵坡年岁与查为仁不符,不能亲自进场替考,只能在场外做完文章后传递进去,查日乾找到了一名考场书办承担这个任务。一切准备就绪,康熙五十年(1711)八月初九日,查为仁带着查日乾殷切的期待,走进位于北京崇文门内的礼部贡院考场。查日乾设法弄出了考试题目,邵坡在场外做好了文章,由书办带进考场,交到了查为仁手中。一个月后发榜,查为仁高中第一名解元。

照理说,这张桂榜应该让查家感到欢欣鼓舞,但查家的真实感受却是心惊胆战,因为榜上"查为仁"三个字的后面,赫然写着籍贯"大兴"。查为仁的籍贯是宛平,报名册上就是这么写的,但邵坡在代写文章时却错填了大兴,而查为仁竟然就这么交了上去。查日乾和查为仁知道，这个错误很快就会被发现，因为放榜当日考官须将试卷送交礼部磨勘，也就是重新核对试卷各项信息。其实他们还有机会挽救，按规定他们在发榜后十日之内可以到顺天府声明籍贯。但或许是害怕由籍贯勾连出作弊的实情，他们没有去顺天府。负责磨勘的官员发现了查为仁籍贯的问题后，等待了十天。九月二十日，直隶巡抚赵宏燮将情况上报给了康熙帝。康熙帝立即下旨："该部严察议奏。"

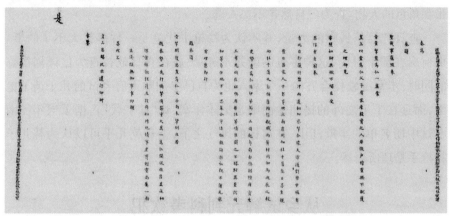

康熙五十一年(1712)四月初六日《直隶巡抚赵宏燮奏请批示查拿查为仁父子事折》

查氏父子是何时逃走的不得而知，也许在赵宏燮上奏折之前就得到了风声，甚至在发榜之后立刻就潜逃避祸。反正当天津盐运使马世勇和天津道刘棨带人来到查家时，查氏父子早已不知去向。这样一来他们舞弊的嫌疑就更大了，这让康熙帝大为恼火。对查日乾，康熙帝当然并不陌生，就在不到两年前，他格外开恩释放了因张霖案入狱的查日乾，满心希望这个盐商能够有所收敛，知恩图报，结果查日乾却如此得寸进尺。盛怒之下，康熙帝下了死命令，要求在天津城"挨户稽查"。但此时查氏父子早就人在千里之外了。

直到康熙五十一年(1712)四月，天津道刘棨终于从查家的一个家人那里找到了突破口，得知查氏父子逃到了浙江山阴，后来又藏身于杭州的西溪。数月风平浪静之后，他们原本以为可以侥幸躲过一劫。当捉拿他们的官兵来到西溪的时候，查为仁正沉迷于这里的"竹翠幕山，繁花袭涧"，甚至起了在此处读书终老的念头。随着查日乾父子的落网，此次科场舞弊案的真相也就大白于天下，枪手邵坡和其他涉案人员也相继落网。康熙五十二年(1713)二月,查日乾作为主使者被判斩监候,查为仁及考场书办被判绞监候,邵坡被革去了举人,挨了一顿杖责。

仕途无望成就文坛佳话

查日乾这次被判斩监候,比上次入狱更为凶险,因为康熙帝的目的不再是收回朝廷的经济损失,而是对敢于破坏抡才大典的胆大妄为之徒给以惩戒。火上浇油的是,在辛卯科顺天乡试舞弊的不止查为仁父子,前文提到的托合齐家人周三、周启父子,在被首告后竟然想要杀人灭口,于是这父子二人被双双处斩。在这样的情势下,查家必须不惜代价去营救查日乾父子。最终由查日乾的妻子马氏出面,捐银二万两为夫赎罪。查日乾和查为仁就这样逃过了一次次的秋审,直到康熙五十七年(1718)秋和康熙五十九年(1720)春先后获释。

父子两人出狱后重整旗鼓,家族盐业生意很快重新兴盛起来。但经过这

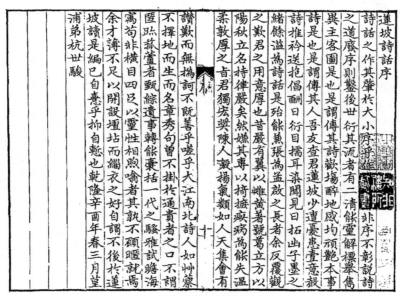

查为仁《莲坡诗话》

次科考舞弊案，查为仁再也没有可能踏入仕途，后半生只能安安分分做一名盐商。查日乾本来想用金钱为儿子买一个好前程，但最终的结果却是毁了儿子的前程，查为仁一生得到的最高"官衔"，仅仅是因为捐资赈灾而被赏给的一个七品顶戴。不过对查为仁来说，仕途的无望并没有成为人生的绝境，反倒为他开启了另一扇大门。

查为仁本来就是一个颇有才华的人物。在狱中的数年间，他将精神寄托于诗书之中，留下了不少的诗作。出狱后，他与父亲一同建起了私家园林水西庄，业盐之余，广揽南北文人雅士，流连于水西庄的盛景之中，宴游题咏，使水西庄成为与扬州盐商马曰琯的"小玲珑山馆"相辉映的文化胜地，他本人也留下了《莲坡诗话》《绝妙好词笺》等传世著作，创造了天津古代文化史上的一段辉煌。这也可谓"无心插柳柳成荫"了吧。

（吉朋辉）

一个"玩权"官商的覆灭之路

清代天津盐商张霖以营建问津园、结交南北文人而名噪一时。他商而优则仕，一路做到了云南布政使，又利用在官场积累的人脉，为牟取暴利架桥铺路，成为一个典型的"官商"。

胆大妄为遭众恨

清代的盐商行盐，先要买断一定区域内的食盐专卖权，每年只能在此区域销售一定数量的盐，不能越界，也不能多卖或少卖。一般一个县作为一个行

《长芦盐法志》中的长芦引岸图

盐区域,称为一个"引岸"。这就是所谓的"专商引岸制"。为了便于管理,每个引岸的食盐专卖权都被分成若干份,一份称为一道盐引,每道盐引所能运销的盐数,在清代长芦盐区是三百斤。张霖家族拥有冀州等八处引岸,还承办着河南陈州七处官有引岸,每年利润惊人。

在盐业经营过程中,张霖表现出普通商人所不具备的胆大妄为。他从内务府借来四十多万两内帑用于行盐,又从权臣明珠那里借来本钱,靠着"皇商"的名头和权臣的威势,把持垄断,无人敢惹。根据雍正《新修长芦盐法志》的记载,康熙二十九年(1690),天津原有的四千道盐引中的三千三百道,以"不便于民"的理由被取消,而唯独留下了张霖承办的七百道盐引,张霖由此得以垄断天津的食盐运销。更有甚者,他借着承办官有引岸的便利,公然"以一万官引带卖私盐,约行十万引之盐,每年得余利一二十万不止"。就这样,财富源源不断地流进张霖的腰包。

发达起来的张霖似乎忘了"树大招风"的道理,对子孙辈的管教也不严格。他的儿子张坦,曾因"伤害多命"而被革去举人,后来依靠父亲的钱财和人脉恢复了举人资格,成为候补中行评博,跃跃欲试地想要进入官场。虽然众论不服,但由于张霖平日"重贿交结",竟无人提出异议。于是乎"山海关以内直到天津军民人等颇多衔恨"。

家破人亡尝苦果

张霖很快就尝到了自己种下的苦果。康熙三十九年(1700),张霖被工科给事中慕琛以"出身盐商,官方有玷,舆论不孚"为由参劾而遭革职。张霖于是布衣归乡,专理行盐事务。康熙四十四年(1705),直隶巡抚李光地对张霖动了真格。这年五月,他向康熙帝上折子参张霖"出身商贩,居家不检,网利殃民,纵子为非",引起了康熙帝的重视,六月一日在北巡途中发出了究办张霖的旨意。

康熙四十四年(1705),工部尚书王鸿绪奏张霖案情折(部分)

康熙四十四年(1705)十月,康熙帝批准了刑部对张霖案的处理意见。张霖的罪名包括:假称奉旨贩卖私盐,得银一百六十一万七千八百两有余;放纵儿子张埙、张坦骄淫不法,肆行无忌。最终他被判斩监候,家产入官。张埙、张坦也遭杖责,张埙还被发配宁古塔。朝廷还给张家开出了总额高达二百零二万五千余两白银的追赃账单,以家产相抵后,仍需缴纳一百零三万六千余两。对于已经近乎家破人亡的张家来说,这是一座永远也背不完的大山。

命丧狱中结局惨

康熙四十八年(1709),已经入狱近四年的张霖又被提审。有一位名叫孟恒的长芦商人揭发大盐商安尚义、安岐父子曾与张霖同伙暗分盐引。原来康熙三十五年(1696),张霖的叔叔将陈州七处官有引岸作价卖给了一个叫钱仁的盐商。而这个钱仁,实际上是安尚义的引名。如此一来,张霖、安氏父子便要担负私自买卖官引的罪名,安氏父子还犯了伪造盐引的重罪。但这个案子并没有那么简单。安氏父子是明珠的家人,而张霖在承办陈州七处官有引岸时,用的也是从明珠那里借来的本银。明珠当时虽然已经失势,但仍身居高位,查办此案的直隶巡抚赵弘燮最终以"旗人行盐,历来盐院、盐法道等官均有失察之咎,牵连人众"为由,建议康熙帝对安氏父子只罚银,不抓人,被康熙帝采纳。于是安氏父子交纳了十六万九千多两的"引窝银"了事。

(清)禹之鼎《张鲁翁像》中的张霖形象

张霖的案子,还牵连到日后的水西庄主人查日乾。他当时只是天津关的一名书办,投在张霖门下行盐,参与了张霖带卖私盐的行为,被判监禁四年,但并没有耽搁他日后成为天津首屈一指的大盐商。案子办到最后,安、查皆得全身而退,唯有张霖结局凄惨,于康熙五十二年(1713)死在狱中。

株连子孙终豁免

雍正十三年(1735)九月初三日,刚即位的乾隆皇帝下了一道恩诏:"各省侵贪挪移应追之项,查果家产禁绝,力不能完者,概予豁免,毋得株连亲族。"对于张霖的孙子张琯来说,这是一个激动人心的信号。自从祖父东窗事发,他和家人已经背负了整整三十年追缴赃银的沉重负担。

果然,三个月后,长芦盐政三保就向乾隆帝递折子,请旨宽免张霖的赃银。在这份奏折里,张霖和他的后人是这样被描述的:张霖早已"监毙",他的子孙们则"身无立锥,形同乞丐,甚至男不能婚,女不能嫁"。在描述完张霖后人的惨状后,三保向乾隆帝建议道:"张家家产尽绝,无可著追,是以承追各员徒受参处,究无补于赃项。"乾隆帝朱批道:"张霖欠项既与恩诏之例相符,应听部议。"张家的欠款随之被宽免。

张霖曾短暂地收获了"金满箱,银满箱"的辉煌,而他留给后人的,却是"展眼乞丐人皆谤"的悲惨。在以财富套取政治资本、以政治推动财富积累的冒险中,张霖可以说是一败涂地。

（吉朋辉）

一位"老实"盐政的谢恩折

乾隆五十五年十二月十六日,也就是公元1791年1月20日,乾隆帝收到了来自天津的一份辞藻典雅、态度恳切的谢恩奏折:

奴才……于本月十二日奉旨:穆腾额着再留任一年。钦此。

奴才随恭设香案,望阙叩头谢恩讫。伏念奴才奉职长芦,迨兹四稔。荷鸿慈之优渥,未效涓尘;愧驽质之庸愚,终鲜调剂。犹幸天颜之常觐,得承圣训以遵循。兹当更换之期,重荷恩纶,仍予留任。叠蒙任使,感悚弥深,奴才惟有倍加策励,勤慎率属,以期仰报高厚于万一。所有感激微忱,谨缮折恭谢天恩。伏乞皇上睿鉴。谨奏。

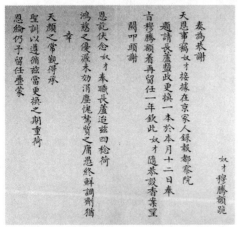

长芦盐政穆腾额奏为奉旨留任长芦盐政一年谢恩事折(部分)

上奏折的是留任的长芦盐政穆腾额。这种谢恩折,几乎每一个足够级别的新任或留任官员都要呈递,实际上是官员给皇帝的保证书。穆腾额在奏折里主要表达了三个方面的意思:第一,谦卑地表示自己资质愚钝;第二,既然自己这么愚钝,皇上还让我留任长芦盐政这么重要的职位,那真是比天高、比地厚的恩遇;第三,既然我蒙受皇上这么大的恩遇,那么我以后必定要加倍努力,加倍勤勉谨慎,不但要洁身自好,绝不渎职贪污,还要管好下属,只有这样才能报答皇上对我的恩典。

这样的奏折,在位五十五年之久的乾隆帝不知道已经看了多少份。他知道这只是些包装华丽的套话,但每一次他都希望这些套话中的承诺是真诚的。这次他所抱的希望尤其大,因为上折子的穆腾额是他十分信任的一个人。

"人颇老实"的盐政

穆腾额出身于内务府。这是专门为皇帝管理家务的机构,在其中任职的一般出身于上三旗,因为亲近皇室,很容易被放外任,而且都是织造、盐政、税关监督这样的肥得流油的美缺。穆腾额属正白旗,本是内务府一个穷微司员,却近水楼台地上达了圣聪,得到乾隆帝的御口评价:"人颇老实。"就是这个四字评语,奠定了穆腾额飞黄腾达的基础。乾隆四十三年(1778),穆腾额出任九江关监督,三个月后便升任江宁织造,后来又调任粤海关监督,帮助乾隆帝处理涉及外国人的机要事宜。乾隆五十一年(1786),穆腾额调任长芦盐政。

长芦盐政,即长芦巡盐御史,驻于天津,是管理长芦盐区的最高长官,兼管天津关务。这一职位向来由皇帝的亲信担任,既是耳目,又是钱袋子。长芦盐政任期为一年,干得好可以留任。到乾隆五十五年(1790),穆腾额已经是连续第四次留任了。此后他还将连续留任三次,前后任职七年,在所有长芦盐政中仅次于任职十年的西宁。

到了乾隆五十七年(1792),穆腾额在长芦盐政任上的第七年,他还没有出过任何大的纰漏,似乎在兢兢业业地实践着自己谢恩折中的诺言。乾隆五十八年(1793)正月,穆腾额接到谕旨,调任两淮盐政,不必进京听训谢恩,直接从天津赴扬州上任。两淮是比长芦更大、更为重要的盐区,从长芦盐政到两淮盐政,名为平调,实为升迁,可见乾隆帝对他的信任与日俱增。照这样的势头下去,穆腾额成为封疆大吏只是早晚的事。然而乾隆帝马上就要知道,此时的穆腾额早就和大多数官员一样对自己食言了,而问题正是出在了给自己进贡上。

借进贡谋取私利

按照惯例，地方大员的贡品，都得自己花钱备办。虽然长芦盐政每年的养廉银子有一万五千两之多，但大白菜胡萝卜可当不了贡品，呈进宫里的即便不是奇珍异宝，起码也得是货真价实的奢侈消费品，绸缎、字画、古玩、雀鸟、花卉，每样都价值不菲，真的拿养廉银来买，一万多两银子恐怕连个响声都听不到就没了。再加上手底下管着天津城这些富可敌国的盐商，穆腾额想要不动歪心思很难。

穆腾额的做法是：每年从养廉银子中拨出一万一千七百两给盐商，令盐商代为购办贡品，但规定这些银子专办香料、龙衣、靠垫、纱缎等项，其余贡品由他自办，但需要盐商们缴纳银子。从乾隆五十二年（1787）至五十七年（1792），他以这种方式从盐商那里收敛了白银二十五万余两，合每年四万余两。

在穆腾额以前，商人虽然也替盐政备办贡品，并贴补盐政养廉不足的部分，但从没有哪个盐政令盐商缴银的。而且进呈的贡品，其实皇帝大部分都看不上，照例要发还给盐商，折价变卖后尚不至亏损太多。到了穆腾额，不但令盐商缴银，还把乾隆帝发还的贡品扣在自己手里不放，盐商们心中积怨已久。穆腾额也知道此事不妥，在离任前耍了个小聪明，拿出二十余件发还的贡品分给盐商，想以此掩人耳目。这些东西价值仅一万六千多两，只及盐商一年缴银数的三分之一。盐商们这下可被惹恼了，穆腾额刚一卸任，立刻就把他检举了。乾隆帝得到消息，立刻派官员来天津查办。

谢恩折沦为废纸

当天津知府、知县及长芦盐运使带领查抄家产的人马来到位于三岔河口附近的盐政官邸的时候，穆腾额的家人们正兴高采烈地忙乱着收拾财物，准备南下扬州。大批的衣物、家具、古董字画堆放在院子里，门外南运河里停了一艘大船,第一批财物已经装载上船,等待启程。如狼似虎的兵丁们飞奔而来,不由分说,将穆腾额家财就地查封,连那艘大船也被扣押。穆腾额在离开天津前的最后一刻东窗事发。因为证据昭彰,穆腾额很快便被革职定罪。根据查抄家产的官员统计,这位曾经的内务府穷司员,已经是拥有数十万家资的富豪了。

在读到关于穆腾额罪行的奏折之后,乾隆帝朱笔批道:"大奇,亦不料其敢如此。"诧异之情溢于言表。回想自己多年以前给穆腾额下的评语,乾隆帝心里一定很不是滋味。按照律法,穆腾额应以枉法罪定拟绞监候,但是最后却从重照侵盗仓库钱粮入己的罪名定了斩监候。乾隆帝的恼怒由此可见。

(清)佚名《潞河督运图》中的长芦巡盐御史衙门

也许穆腾额本来真的是个老实人,他在谢恩折中的感激涕零、信誓旦旦,未必不满含着真诚。但手握权力,面对金钱,如果没有有效的制度约束,再老实的官员也会变质,再漂亮的保证也是空话。所以那份冠冕堂皇的谢恩折,注定会变成一张废纸。

(吉朋辉)

李卫揪出盐商"冯大爷"

清代康熙、雍正和乾隆朝前期，是天津盐商的黄金时代，他们积累下巨额财富，再依靠这些财富换来权势。且不说安氏、张氏、查氏这些大盐商，就是一些名不见经传的小盐商，一旦有了些家资之后，便忍不住要和做官的结交，德行修养不够的，就变成仗势欺人、飞扬跋扈之流。雍正年间李卫当上直隶总督后，就曾经遇到过这样一个人物。

闹出大动静的小案件

雍正十年（1732）七月，李卫以浙江总督署理直隶总督印务，二十六日到保定府走马上任。八月，李卫接到天津知县徐而发的详文，说天津县典史崔天机的母亲病故，请求"给假治丧，仍留办事"。按规定崔天机应该"丁忧"，也就是辞职回家守孝，但徐而发考虑到天津刚刚设立地方行政机构，又有河道、盐道衙门以及驻兵，衙役聚集，事务繁杂，而崔天机久在天津办事，对各种情况非常熟悉，县衙少不了他帮助办事，所以请求把崔天机留下，不令其丁忧。李卫虽然上任伊始，但知道天津情况复杂，所以就批准了徐而发的请求。

然而就在两个月后的十月二十九日，李卫突然接到雍正帝朱批谕旨："天津县典史名崔天机者，闻讣之后竟不遵例丁忧，仍然恋职向盐行市肆各商借端科敛，贪污显著云云，不知此事曾否卸事。朕意斯等劣员即或已经离任回籍，亦不可令其漏网。务须确访款迹，严行惩究，以肃官箴。"李卫见此谕旨，吃惊不小，如果此事属实，他至少也要问个失察之罪。他不敢怠慢，立刻行动起来。因为此事涉及盐商,并且天津的当铺也多是盐商所开,所以李卫命令在天津的长芦盐运使彭家屏查问盐商,看崔天机有没有索贿行为。对于其他行业的商铺,李卫考虑到天津县可能会为崔天机隐瞒,所以直接让天津府知府李梅宾调查。当然,李卫并不完全相信他们,所以同时还派了自己的人去天津密查。

雍正十年(1732)十一月二十九日,直隶总督李卫《奏复天津典史崔天机收受奠仪节规及商人冯相臣狂妄招摇情形折》(部分)

十一月底,彭家屏和李梅宾的调查结果都送到了李卫的案头:崔天机母亲病故后,天津的盐商、铺商等虽然不少人前去祭奠,但所送的奠仪加起来总共只有二十余两,都是各人自行馈送的。而且据商人们反映,崔天机这人"官既微小,人复痴呆",大家不可能受他的科敛。李卫派去密查的人所报情形,与此大致相同。这个结果让李卫松了一口气。但如何向雍正帝回奏,这里面是有学问的。如果直接告诉雍正帝崔天机是个清官,"借端科敛,贪污显著"什么的都是谣言,那岂不是相当于说雍正帝糊涂,拿着谣言来郑重其事地下谕旨?李卫当然没有这么笨。且看他是怎么说的:"伏查杂职等官平日与地方盐商、当铺往来生节,收受陋规礼物,实为交际之常。此等积习相沿,难逃圣明洞见。"先奉承了雍正帝,然后又建议,崔天机收受奠仪,虽然数量很小,且是别人自愿馈送,但"既经染指,罪有难辞"。这不过是在给雍正帝台阶下,雍正帝于是顺水推舟,朱批写道:"若然,崔天机何罪之有?勤勉奉职处果实,岂特毋庸斥革,尚应咨留,以备驱策。"崔天机也算是因祸得福了。

"冯大爷"浮出水面

按理说崔天机案就此可以了结了,但李卫觉得此案有不太合常理之处:一个小小的典史贪污的事,怎么就惊动了皇上?而且据他派去密查的人禀告说,在对崔天机的调查开始之前,天津市面上就在传扬此事了。李卫抓住这条线索,派人根究传闻的根源。原来就在李卫接到雍正帝谕旨的当天,一个名叫冯相臣的盐商对众商说:"崔典史事发了,过几日就有分晓。"自己在保定刚刚接到的朱批谕旨,一个远在天津的盐商竟然能立刻知晓,这让李卫十分骇异。他立刻对冯相臣展开调查,这一查不要紧,一位飞扬跋扈的"冯大爷"的真面目就此浮出水面。

冯相臣原籍杭州,在天津业盐。这人有点家资,与天津、京中的许多官员有来往。他家中还豢养着一个姓叶的道人,道袍草履,时常往来于京师,自称"能于王府行走"。冯相臣借着这些后台,在天津很不安分,甚至对天津的中下级官员视如草芥。运同孟周衍有一次催收盐税太严,被他破口大骂。还有一次,他去拜访通判裘幽生,人家没有给他开中门,他便自以为受到奇耻大辱,口出狂言道:"我儿子凑几两银子来,也可买一通判做!"由此可见其嚣张跋扈到何种程度。天津官民称其为"冯大爷",无人敢惹。

雍正十年(1732)九月二十四日,冯相臣在家里招待了一个从北京来的客人。此人姓刘名业浚,曾在天津任总兵,当时和冯相臣来往密切。刘业浚此次从北京回天津帮人收债,到天津后便直奔冯相臣家。是日晚两人喝酒到四更才睡,第二天一早,刘业浚便发现自己随身携带的两包衣服、四十两银子不见了,便立刻报官。恰巧当时天津知县因公去了保定,所以典史崔天机便前往查验,见冯相臣的房子左、右、后三面都是商家,前临大街,墙垣坚固,没有损坏,而且刘业浚的衣服、银子都随身放在枕箱里,似乎外人不大可能窃取。所以他将冯相臣、刘业浚的家人带到县衙盘问了一番,也没有问出什么子丑寅卯来。

　　崔天机想不到的是,他的这种做法却冒犯了冯、刘两位"大爷",在他们眼里,这个小小的典史竟然敢公然将他们的家人带走讯问,是故意让他们难堪。刘业浚恶狠狠地丢下一句"必要报仇",就回京去了;冯相臣在天津则大发其淫威,跑到守备李甲早家里咆哮呵斥,限令三日之内将窃贼抓住。窃贼当然是没有抓住,崔天机和冯、刘的仇算是结下了。恰在此时,崔天机母亲病故却没有丁忧,冯、刘马上抓住机会,也不知用了什么通天手段,竟然把谗言进到了雍正帝那里,并且朝中必然还有人给他们通风报信,让他们能随时掌握案子的进展情况。

　　事情查清楚了,李卫却感觉心有余悸。在给雍正的奏折里说:"天津五方杂处之地,似此狂妄招摇,颇有关系。"雍正帝对李卫这个奏折颇为赞许,说"此奏殊属可嘉"。"冯相臣乃大不安分之人也,极应严行惩处。至于叶姓道人行踪诡异,亦当究明来历,不宜疏忽。"关于冯相臣、叶姓道人究竟是怎么处置的,如今不得而知,而这位盐商"冯大爷",确实可以作为当时天津盐商的一个缩影。

(吉朋辉)

长芦盐政李如枚的宦海末路

　　嘉庆十二年(1807)九月,长芦盐政李如枚督修存储漕粮的天津北仓廒,兢兢业业地守在工地。嘉庆帝为了犒劳他,特地赏赐了鹿肉,派人给他送到工地。这让他感激涕零,带领着僚属设下香案,望阙磕头,并且上折子谢恩,信誓旦旦地要"勉竭愚诚,实心实力,益矢勤慎"。然而仅仅九个月后,嘉庆帝就发出了将李如枚革职拿问、查抄家产的谕旨。

"好官"也曾染指赃款

光绪《重修天津府志·宦绩》对李如枚的记载

　　李如枚,字怡庵,出身于内务府镶黄旗汉军。嘉庆九年(1804),他以内务府郎中、四品佐领衔出任淮关监督,嘉庆十一年(1806)调任长芦盐政,兼管天津钞关。像其他许多内务府的人一样,他得到的职位都是肥缺。不过他还是做了一些实事的。在长芦盐政任上,他重修了北仓廒、海神庙,替盐商们争取了不少利益。他尤其重视文化建设,在任淮关监督时主持续修了《淮关志》,并在淮安修建了文津书院。做了长芦盐政之后,他又主持续修了《山东盐法志》。天津地方志记载,他在天津期间很重视培养人才,常常拿出自己的俸禄资助书院里的生童,在他的鼓舞振兴下,天津文风蔚起。其本人也著有《怡庵诗草》,其诗《古北口晓行》被晚清徐世昌收入了《晚晴簃诗汇》。

　　李如枚官声一直不错,似乎可以算得上是一个"好官",但谁又能猜到表象背后不一样的真实呢?嘉庆十三年(1808),一桩隐匿已久的大案让人们重新认识了李如枚。这年六月,一个砖商控告一名笔帖式在修建嘉庆帝陵寝的吉地工程中侵吞银两,在审讯的过程中,曾经主持吉地工程的"国舅爷"盛住侵吞工程款九万多两的旧案浮出水面。嘉庆帝极为震怒,一方面因为臣下竟敢打自己陵寝的主意,另一方面他觉得盛住这个人实在是忘恩负义。按照嘉庆帝自己的说法,盛住"屡经获咎,皆经格外保全"。远的不说,就在嘉庆九年(1804),盛住主持吉地工程后曾因私自在陵区内开采山石而被问斩,后来经嘉庆帝格外施恩,改为发配新疆,并且于嘉庆十二年(1807)被起用为叶尔羌办事大臣。现在嘉庆帝才知道,对盛住来说开采山石不算什么,侵吞吉地工程款才是"正事",他焉能不怒?然而盛住已经于前一年死掉了,于是嘉庆帝就把怒气转移到了曾参与分肥的其他官员身上。李如枚当时以内务府郎中的身份参与了工程,并且分得了赃银两千两。嘉庆帝立刻下旨,李如枚革职拿问、家产查抄。

"巨额财产来源不明"

　　六月二十八日,侍郎穆克登额和乾清门侍卫塞布征额带着嘉庆帝的谕旨来到天津,在长芦盐政署内当堂向李如枚宣读。李如枚"伏地叩头,口称辜负皇上天恩,只求从重治罪",便即刻被摘掉了顶戴花翎,丢到囚车里押解回京。天津镇总兵本智及天津府知府李师一刻也不耽误,家产查抄迅速而细致。因为怀疑李如枚有隐匿的财产,他的管事家人也被抓起来严审。很快,一份让人有点眼花缭乱的家产清单就开出来了。这份清单详细开列了金银、衣物、家具、首饰、器皿、牲畜的数量,其中最引人注目的是玉器和银子。尤其是玉如意,竟有九十余柄之多,其中白玉如意五十六柄,青玉如意三十五柄。另外还有玉山子、瓶洗、烟壶、扳指、带钩、戒指、玉簪、环镯等二百余件玉器。然而最让查抄家产的人有成就感的,是当场搜出了一万一千余两库平纹银。这些财产,对于一个刚任职两年多的盐政来说,的确是有点多了。尤其是在家里存放一万多两现银,十分可疑。根据李如枚的家人交代,玉器是准备进贡用的,银子是李如枚从做淮关监督起,从养廉银内节省累积来的。

　　盛怒之中的嘉庆帝怎么也不相信这一万多两银子是李如枚节省来的。他在上谕中做了这样的推测:"李如枚于万年吉地工程分得扣成银两,其承办淀津差务亦难保无藉名染指情事。"于是他命令穆克登额把长芦盐商召集起来,详细询问李如枚有没有挪用公款,有没有营私舞弊,有没有勒索摊派,大有不得证据誓不罢休的架势。然而询问的结果出乎意料地让嘉庆帝失望。商人们众口一词地说,李盐政在任两年多,因为知道商力疲乏,从来没有向商人索要过银钱,甚至连端阳、中秋两节,商人们送去的水礼,李盐政也一概不收。嘉庆帝不信,令穆克登额严讯,商人们伏地叩头,据理力争,说如果李盐政平时勒索我们,此时正好揭发,怎么会替他隐瞒呢?实在是因为商力疲乏,李盐政不敢向我们要钱,我们也不能送李盐政钱。

　　穆克登额只得如实向嘉庆帝汇报。嘉庆帝仍不死心,下令提审李如枚。李如枚的解释也很合理:他在淮关监督任上一年多,每年三千多两的养廉银子不肯花费,都存了下来;调任长芦盐政两年来,又存下了七千两养廉银,这样加起来正好一万一千多两。这和他家人的说法是一致的。嘉庆帝无法,又下令查在京的王公大臣以及太监中是否有人与李如枚有来往馈送,有没有书信。然而这次他又失望了,穆克登额已经检查过李如枚的书信,但都是一些"亲友通候书札",无关紧要,于是"当即销毁"了。新任盐政伊昌阿又派人密访,结果仍是"并无实在踪迹"。于是,李如枚的一万多两银子最终

《晚晴簃诗汇》收录李如枚诗《古北口晓行》

成了来源不明的巨额财产,李如枚被判斩监候,秋后处决。

"不是不报,时候未到"

不过李如枚还是幸运的。到了十月勾决死刑犯的时候,冷静下来的嘉庆帝想到李如枚在吉地工程款案中只是从犯,他的巨额财产又没有证据证明是贪污来的,而且因为自己的吉地工程杀人太多也不吉利,因此加恩免勾,李如枚逃过了一劫。嘉庆二十年(1815),李如枚被释放出狱,发往盛京效力。

天津地方志中记载,李如枚被捕的时候,"士子涕泣送之"。他是一个"好官",但"好官"不见得不贪;他贪得不多,但贪不在多少。政绩再多,贪的再少,前者也无法抵消后者。为了两千两银子,李如枚从一个被信任的官员变成了被怀疑的对象。也许他曾为分了肥而没被发现而窃喜过,但正应了一句话——"不是不报,时候未到",时候一到,琳琅满目的珠宝玉器和白花花的银子在李如枚的宦囊里就成了匆匆过客,本来光明的政治前途也被拦腰斩断了。这本是在他伸手的那一刻就注定了的。

(吉朋辉)